策略公共關係

理論與實務

李湘君　著

五南圖書出版公司 印行

～謹將此書～

獻給以下公關人

堅持行動勝於雄辯
形象必須反應事實
溝通是告知而非操縱

同時獻給那些遵循上述腳步的學生

推薦序一

　　我與李湘君小姐相識二十餘年，非常榮幸能爲《策略公共關係——理論與實務》一書作序。

　　李小姐在公共關係領域的學養、實務經驗俱佳，留美返國後，即在各科技公司與產業機構從事公共關係、行銷等工作，內容涵蓋主要的公關範疇：媒體公關、行銷公關、員工關係、公共事務、產業公關、校園公關、危機公關、社會公益活動等。

　　李小姐以其豐富的專業知識與實務經驗完成本書，堪稱公共關係界極爲完備的論述。除公共關係的歷史與發展外，對於各項公共關係領域均有精湛之著墨，其中並對當今重要議題，如公關與道德、法律、消費者的關聯，有深入的闡釋。

　　更難能可貴者爲本書在公共關係的研究與評估方面的介紹，使公共關係的科學實證性得以發揮，擺脫公關工作僅爲請客送禮的傳統印象。

　　公共關係的應用層面頗爲廣泛，目前在政府機構以及相當多的民間企業均有設置公共關係部門，以加強對特定對象的雙向溝通。公共關係的主要功能具有其社會面與經濟面，不但對形象的提升有積極性的貢獻，更能增加對產品與服務的認知和喜好，進而促進銷售業績與市場占有率。

　　現代人除專業知識外，公關素養應爲一基本要件。無論是否從事公關工作，每一個人的業務，或多或少都與公共關係息息相關。本書立論精闢，脈絡分明，實爲各界的公共關係重要參考著作。

IBM行銷推廣處專業經理

王仰安　謹序

I

推薦序二

　　每次演講完，總有聽眾仍興致盎然地提問有關公共關係的範疇和技巧：「維繫好媒體關係是否就是做好公共關係？」「如何做好個人公關？」「不同產業的公關策略是否不同？」「如何培養危機處理的技巧？」以及「促銷和贊助是否是公關或廣告的一部分？」等，看得出公共關係已在現代行銷範疇中，引起相當程度的重視。

　　今天，公共關係以各種面貌與角色在各行各業中出現，並成為不可或缺的一項管理功能。無論是運用創新議題的媒體關係、理性與感性結合的企業贊助、化險為夷的危機處理、或是溝通導向的不同目標群之關係運作等，這些傳播策略彌補傳統行銷執行的不足，也強化了整合行銷傳播在品牌經驗方面的經營。

　　運用公關策略達到企業經營目的，已逐漸成為行銷人年度規劃的要點之一；重視品牌的國際和本土企業，也開始尋求專業的公關諮詢與專案服務。最近幾年，愈來愈多的有志青年到以公關學術知名的歐美國家取經，返國後致力推行公關實務，忙碌工作之餘，也不忘將所學與實務歷練，和所有專業公關人分享。本書作者李湘君小姐就是其中一人，她在公關領域的學養與實務經驗兼具，是目前國內少數擁有完整公關資歷的人才，看得出她在這本書的全心投入，其努力的精神令人感動。

　　這本書介紹公關理論與實務的概要，提供讀者一個全面性的公關常識，其中針對不同視聽眾的公關運用亦有完整的敘述，同時也揭露企業公關的功能與規劃管理，是一本非常實用的參考書。

　　欣聞李小姐的書將出版，很榮幸被邀請寫推薦序，我相信透過一位專

業的公關經理人所呈現的公關實務是最貼切的，我十分樂意把這樣一本好
書推薦給所有的讀者。

奧美整合行銷傳播集團董事長

白崇亮

推薦序三

　　閱讀湘君的公關著作使我彷彿回到從前，回到年輕時剛到美國攻讀公共關係碩士之時。為什麼？因為這本著作裡，保留了最原始的、美國式公關概論的養分、精神與內容。公共關係源於美國，1980年代傳到臺灣，早期的公共關係著作裡，還多多少少保存了最正統的美國課堂裡教公共關係的內容與重點，可是後來有關公共關係的著作四起，各種定義、詮釋與內容充斥，使得公共關係的純粹性喪失，坊間什麼樣的公關讀物都有，誰都可以寫本公關書，結果反使得最正統的公共關係內涵消彌。

　　那麼哪些才是真正的公共關係該重視的課題呢？諸如公共關係的道德、法律、教育與效益評估等均是，本書裡就有專章論及，這是本書與眾不同之處。

　　提起公共關係在臺灣的起落，看在曾親身參與的我眼裡，只有嘆息。曾幾何時，公關已被濫用，當年我在創辦公關基金會時，曾夢想著發揚公共關係的精神，希望企業、政府與大眾，能本著雙贏的理念，利己利人，達到政通人和，共存共榮的境界。但即使在當時，我也曾預言，如果不依正統的公共關係學理與心態來做公關，則泛公關的結果，真相會被掩蓋，公關會淪為形象的化妝師，社會會充斥噱頭與造勢活動，而公關人，也會被矮化成辦活動的人，門檻很低，也不需要專業與策略，僅憑著勞力，無休無止的辦活動，賺份辛苦錢，無法晉身專業，也不受人尊敬。以上被我當年不幸而言中。

　　直至今日，臺灣整個公共關係行業，在置入性行銷的衝擊下，早已變成唯錢是鶩的金錢遊戲，且淪為廣告與行銷的附庸。公共關係失去了主體性，公關人也失去了尊嚴，而公關各界仍各有盤算，為一己之名利汲汲營營，枉顧公關精義，棄弱勢利益而不顧。這情景使我想起《妙法蓮華經》

中的譬喻品第三——火宅喻，房子都失火了，孩子仍只顧在火宅內嬉戲，富翁使盡了辦法，都不能使孩子脫離即將來臨的火海，最後富翁以三車滿載珠寶的車子，成功誘使孩子脫離苦海；而那三乘珠寶，其實是佛乘——了悟生死的非凡知識。只有知識與智慧，可以帶來真正的自由與解脫，公共關係也是如此。

今年夏天，我去廈大教課，竟然又碰到對公關充滿熱愛的學員，滿腦子美好憧憬，問我公關相關知識；那希冀對公關多瞭解的渴求與嚮往，覺得它可以救社會，使一切更美好的感覺如此熟悉，我無言。眼前的學生，就像當年的我，使我恍悟一個被我自己厭棄的東西，原來仍是後來者眼中的珍寶。世世代代的人，在剛認識公關時，都充滿了夢想，是什麼使得他們後來對公關如此失望？不正是公關人自己嗎?! 如果正統的公關知識，好比那三乘珠寶，可以糾正世人錯誤的觀念，那麼這本書就很珍貴了。

本書作者有公關實務經驗，也具備公關學理涵養，又受過正統的公關教育，這在今天的環境裡，不可多得。我個人覺得這本書彌補了我自己相關著作的缺失，我的《新世紀營銷——公關、趨勢、行銷》（聯經出版），是一本以說故事的筆法娓娓道來什麼是公共關係的入門書，而我的《公共關係理論的發展與變遷》（五南出版）一書，又是本談公關理論的進階書，這兩本中間，就是缺了一本討論公關概論、不深不淺的中級書，而本書適足以彌補這個空白。有興趣的讀者，不妨把它們循序併讀，相信就可以進入公共關係的堂奧。

財團法人公共關係基金會創辦人

張依依　謹識

推薦序四

　　「公共關係」或「公關」，在臺灣是個混淆或是有點令人迷惘的觀念。政府部門設有公關單位（如行政院發言人或新聞局），大企業有公關組織，在業界也有「公關公司」這樣的行業；但另方面，酒店小姐拿出名片上面印的職稱是「公關」，有朋友會喝酒、會哈啦，我們也說他會「公關」。

　　到底什麼是「公關」？

　　我們可以從以下的一些例子來思考：什麼是公關？

　　Q1：企業或政府單位發布新聞稿？

　　Q2：企業捐款給慈善或藝文團體？

　　Q3：總統先生舉行年度記者會？

　　Q4：企業改善總機小姐的服務態度？

　　Q5：IBM認養社區地下道？

　　Q6：酒商邀請記者到法國參觀酒莊？

　　Q7：企業發行內部刊物？

　　Q8：發生爆炸案後，麥當勞邀請當時的財政部長王建煊到店裡吃漢堡？

　　Q9：企業招待社區民眾參觀工廠，宣示環保決心？

　　Q10：不同類型的企業共同聯名刊登廣告，呼籲防治SARS？

　　上述的十個例子，事實上都是「公共關係」活動，因此，「公關」就是一個涉及面廣泛的觀念。所謂「公關」，我曾嘗試將它的英文名詞（Public Relations）拆開來解釋，以說明公關的意涵：

　　Public：對某一議題（issue）有興趣的一群人；或與某機構有互動關係的一群人。

Relations：促進善意（goodwill）與瞭解（understanding）的傳播活動。

因此，所謂的公關就是：對某議題有興趣的一群人，或與某機構有互動關係的一群人，利用傳播活動，增進其對本議題或本機構的善意或瞭解的過程。

公關涵蓋面廣大，李湘君女士的新著《策略公共關係——理論與實務》，正可幫助我們從大的面向來瞭解公關。湘君女士是國內少數念完新聞、轉念公關，再從事實務工作並有教學經驗的學者，這本書正是她十餘年來工作與教學的心得。

我與湘君女士認識甚早，90年代初期，我們一起在銘傳大學兼課，一樣是教公關課程，每週二早上八點上課之前，我們有個短暫的「清晨約會」，聊聊教學與工作經驗。湘君女士的新書出版，要我寫「序」，言序不敢當，敬筆數語以爲賀。

國立政治大學廣告學系教授

鄭自隆

自　序

　　2004年出版《當代公共關係》三刷後，該專業一直推陳出新，此次由五南圖書出版公司出版特色為加入整合行銷傳播、數位公關、議題及危機管理、理念行銷、非營利組織公關及全新國際得獎案例，幾乎每章內容皆有更新。

　　我自1989年學成回臺，即一直從事科技公關十餘年，有感於學界與業界差距待縮小，同時在學校兼課，從事公關教學多年，並在各地演講與不斷撰文，希望藉由知識的傳播，還原這個社會科學的本來面貌，這本書更是我多年持續不斷學習之結晶。摯盼臺灣公關專業能持續與國際接軌，邁向康莊大道。

　　對公關概念與技術的全盤瞭解，是進入此百年行業必備的條件。本書內容以中、美、英等國際學者及協會發表的研究報告及新書為依歸，並參酌臺灣本地發展，盡量以簡潔的筆調，深入淺出的方式，將公關的理論與實務介紹給讀者，讓初學者、一般管理者及有興趣者，皆能從中獲益。本書共計三篇：

　　第一篇「緒論」：包括本質、歷史、理論、公關道德與法律。

　　第二篇「公共關係規劃與管理」：讓讀者瞭解成功公關四部曲，依序為研究、行動、溝通及評估。

　　第三篇「公共關係的應用」：以實例解釋策略公關在八個主要範疇的應用，涵蓋企業、員工、社區、媒體、議題管理與危機管理、科技、大學、非營利組織。

　　公關的迷人之處，是為組織與目標對象，透過不同的溝通工具與管道，建立雙向溝通的橋梁，需運用管理技巧與發揮創意，也是二十一世紀最被看好的新興行業。

　　最後要感謝父親對我多年不悔的支持與鼓勵，美國公關教授對我的啟蒙，臺灣公關學界及業界惠我良多，編輯辛苦校閱。敝人學驗有限，謬誤之處，在所難免，敬祈賢達不吝指正。

李湘君　謹識

～感謝～

王品集團

中租控股

臺灣IBM公司

弘道老人福利基金會

成功大學

奧美公關

提供本書相關圖片

（以上排序依公司筆畫）

目　錄

第一篇　緒　論

附　錄

參考書目

第一篇　緒論

　　本篇介紹公關的產生、發展歷史、定義、理論模式、道德操守、教育重心、專業條件，以及業界發展現況，使欲窺其堂奧的入門者，能迅速切入要旨。公關人更需具備基本法律常識，才可確保組織與自身的權益。

第一章
本質

第一節　公共關係的挑戰

公共關係（內文簡稱公關）在全球組織生活中持續成為最具活動力及多元化之行業，因其專業需眾多技巧及實務能力，公關植基在與目標對象有效雙向溝通管理及關係之建立，大部分公共關係從業人（Public Relations Practitioner，內文簡稱公關人）之溝通是具說服力和目的，影響團體、政策及議題。

現今傳播業的快速成長，象徵一個社會進步的指標，而溝通技巧這項稀有民生必需品，仍有許多公關人在跨國企業或小型公司不斷進行試驗與改革。

公關其實是在解決問題，範疇包括組織內部共識的建立、市場行銷支援、讓對外訊息傳遞系統更人性化、外在社會及國家政策等相關環境改變的監看、股東關係、消費者及社區活動的舉行等。

瞭解及掌握公共關係的各種功能和作用，便可明確的設定目標及執行方案。良好公關獲致成功的大前提，必須獲得政府高級行政長官和企業最高主管，對社會和公眾責任高度重視，其目的在使組織關心公眾利益，其基本貢獻是透過民主的社會機能，促進公眾資訊系統的運行。

美國公關人約有三十餘萬人，33%在企業界（以科技及零售業為主），33%在公關公司，14%在公協會及教育基金會，10%在醫藥界，政

府及宗教慈善界各占5%，全部組織每年公關花費總額超過一百億美元，至2020年前之成長率超過20%。歐洲規模約為美國的三分之一，亞洲以中港日韓新馬成長較快，其他快速成長區域為拉丁美洲及非洲。

　　據紐約Spring Associates 2012年5月全美公關人平均年薪調查（區域涵蓋八大都會：華盛頓首府、波士頓、紐約、亞特蘭大、休士頓、芝加哥、洛杉磯及舊金山）顯示，企業公關副總約十五萬美元、處長約十三萬美元、經理約九萬美元、專員約七萬美元，企業平均薪資優於公關公司。2006年PR Week調查，前五類公關專業平均年薪資分別為投資者關係十六萬五千美元、危機管理十五萬美元、名譽管理十四萬三千美元、公共事務九萬八千美元、社區關係六萬美元。

　　1990年後全球企業公關之發生及策略公關爆發性之成長，主因有三：

1. **網際網路（Internet）快速成長，促進數位公關之發展**
   組織重視品牌，經常更新官網，成為媒體信賴訊息來源，Google、部落格（blogs）、網路廣播（webcasting）、影音分享、臉書（Facebook）等社群媒體（social media）、YouTube及行動通訊等數位公關之盛行，讓整合廣告、公關及活動之整合行銷傳播（Integrated Market Communication，簡稱IMC）更趨進步，使組織方便議題管理。不只公關人進行研究、溝通及評估受惠於它，大眾、非營利組織、募款、政治及社會運動等，在有限經費下，皆用此免費科技，不僅符合其需求，且經營更具競爭力。

2. **資訊透明與時間壓力，造成全球溝通之遽增**
   全球產業競爭激烈，加速產品介紹及財務報告資訊之更新，公關環境需與跨文化、國家及地區之媒體同步，分秒必爭。

3. **溝通管道及目標對象多元化，凸顯策略公關之重要性**
   公關人需滿足有線電視、新雜誌、傳統及線上媒體（online media）對資訊之不同需求，持續因應不同目標對象的資訊需求，如員工、投資人、消費者、供應商及捐贈者等，主導企業社會公民

（Corporate Social Responsibility，簡稱CSR），協助議題及危機管理。

1994年美國《錢雜誌》（*Money*）評比公關職業聲望是普通，但工作壓力很大。茲將其所面臨的挑戰，說明如下：

一、組織最高指導思維

策略公關是組織的最高指導思想，貫穿於組織的各方面，並影響其整個活動過程。一個組織的特徵和被公眾接受的程度，與其領導者的行為是密切相關的。當一個公司高級主管或政府官員無視公眾利益，將個人利益置於公眾利益之上，或亂用公眾的信任，最後整個組織的聲譽便會問題百出。在建立和保持各種基本關係，引導管理行為和最高管理者，對社會與公眾責任高度重視方面，公關人員應責無旁貸地發揮其應盡的職責；若其表現受到大家肯定，將逐漸享有較高的聲望。

一個具備優良溝通計畫的組織，必定包含下列三項要素：

(一) 公司高階主管及管理核心重視溝通

組織管理階層與目標對象需相互瞭解，公關人需對外在環境做研究，將目標對象對公司的看法告知主管，且主管樂於見到雙向溝通與雙贏的結果，而大部分傑出溝通是得到主管支持。

(二) 高階公關人的角色及行為

高階公關人決定公關政策，與高階管理者共同解決組織溝通問題，經由正式及非正式研究來監看及瞭解組織外在環境，設計與執行溝通活動，負起維持組織長期聲譽之責任。高階公關人的傳播知識背景及行為，對創造傑出溝通深具影響。

(三) 組織的企業文化

參與式企業文化比獨裁式企業文化，容易培養出傑出的溝通，其特色為非中央集權，重視合作與機會均等，歡迎創新。

二、環境監看與溝通的橋梁

公關還有助於組織對大眾的觀點、市場上的新購買力和生活作風、選民和立法單位的力量變換，以及政治、經濟、社會和科技環境的變化，進行預測並做出反應。若沒有公關，組織將會由於對內外環境變化反應遲緩而運轉不靈。公關透過對公眾需要和利益的瞭解與掌握，促使組織對公眾關心，並在組織的決策和行動中，闡明公眾的需要，同時向管理者提供必要的諮詢。

三、促進民主的社會服務

公關的另一個社會功能，是透過訊息的運用，促進民主活動，使得一些思想與觀點在社會上造成風氣，引起熱烈討論，而使公眾增進知識與瞭解。經由調解矛盾和建立良好關係，促使社會各方面協調一致，這是社會秩序穩定的基礎。其最終結果就是改善和維護能滿足公眾所需的社會系統，將無知、壓制和對立，轉換為有知、妥協和協調，其使命就是為社會服務。

四、肩負社會責任的行動者

公關具有影響個人、組織和社會的作用，專門從事於幫助組織建立和維持與公眾的相互利益關係。這種社會責任激發大眾對公關功能及公共議題日益關心，進而鞭策公關人對實際活動的推陳出新，對專業知識與技能的不斷進修。雖然管理者及公關人在每天的公關實務中，不斷對公關做出新的解釋，但總是反映著社會需要不斷變化。當公關人接受這種社會責任並據以行動時，其他社會成員將會理解和高度評價公關對組織及社會的貢獻。

五、自我專業地位待提升

未來公關人面臨的最大挑戰，是藉由相關協會的成立與專業知識之累積，提升其地位。歐、美、非、澳及亞洲（日本、馬來西亞及中國大陸

等）在這方面的推廣一直不遺餘力，臺灣應急起直追，才可在國際舞臺上占一席之地，在國內吸引各行各業注意公關的潛力，促使管理者認同其在組織內的重要性。公關界日益專業化，依產業分爲科技、金融、消費產品及非營利組織等。

六、公關效益評估待加強

公關活動很難評估其經濟效益，原因有三：

1. 涉及技術任務多過主要功能職掌。
2. 無法將長期貢獻量化。
3. 爲組織其他功能性單位服務，效益無法被獨立評估。

七、網路創造新典範

公關學者來特（Donald Wright）言，以網路爲基礎之溝通，代表組織溝通典範轉移，開啓組織與大眾全面雙向溝通。

(一) 媒體關係

媒體從網站、部落格及社群媒體找線索，公關人則藉由網路找報導媒體、追蹤競爭者發展及輿論趨勢。

(二) 法人關係

企業籌資發展全球市場，需隨時讓投資人及利害關係人掌握企業最新動態；公關人透過網站爲企業建立可信度及知名度，國際大公司已將公關及法人關係整合。

(三) 行銷傳播

公關人在建立品牌接受度是機敏的，網站行銷及更新，不需像廣告耗時月餘規劃、製作及刊出，成爲增加市占率及吸引客戶之重要工具。

(四) 員工關係

對內凝聚共識，塑造企業文化，增進員工生產力及忠誠度，更
重要的是知識管理。

八、組織結構之改造

組織過去法人關係在財務部，員工關係在人資部，行銷傳播及廣告在
行銷部，政府關係在法務部，未來這些溝通工作有整合趨勢，以發揮組織
對外關係之整體綜效。

第二節　公共關係教育

一、教學課程發展經過

自1923年起，公關教學課程在全球展開。1976年，國際公關協會
（International Public Relations Association，簡稱IPRA）針對五大洲調
查結果顯示，當時公關與新聞、廣告皆是傳播下面的選修科目，教課者大
部分無公關實務經驗且無公關學術方面較高學位；但實務界的在職進修，
則由政府與民間公關協會等相關單位提供較新學習機會，故建議建立公關
教育、研究及書目的全球資料庫。

1979年5月在倫敦IPRA世界公關展覽會上，出現至今仍廣為世人採
用的「公關教育之輪」，內環為公關主體，中環為傳播領域，外環為一般
人文藝術，茲簡述如圖1-1。

1980年9月國際公關學者在香港舉行會議，首次對公關教育前景進
行面對面討論，會後發表第一個基本公關教育文件《Hong Kong Docu-
ment》，並針對五大洲百餘位公關學者與業界人士進行調查，內容包括
課程及師資等，是未來公關教育討論的一個始點。

1982年1月IPRA提出公關教育模式，對公關知識的基礎、功能、研
究、效益評估、課程評鑑、師資與業界角色等進行討論，咸認為在大學教
育之外，獲得碩士學位是必須的。

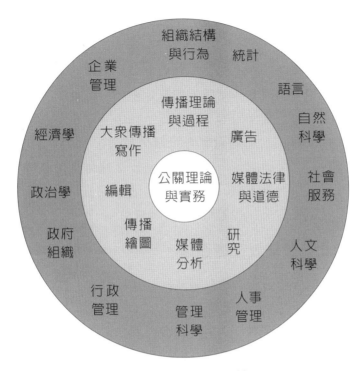

圖1-1 公關教育之輪

(一) 專業公關可應用的行業

1.全國、地方與國際政府機關；2.中小型或全國型商業與產業界；3.社區與社會事務；4.教育機構及大專院校；5.醫院及健康保健；6.教會及任何慈善活動；7.國際事務。

(二) 公關實施之目的

1.鼓勵國際間共同利益分享；2.分析未來趨勢並預測其結果；3.研究輿論、態度及期望，在需採取行動上對管理者進行忠告；4.以事實及充分資訊來建立並維持雙向溝通；5.防止衝突及誤解；6.讓私人與公共興趣和諧共存；7.促銷產品及服務；8.促進產業關係；9.吸引優秀人才並降低員工流動率；10.設

計與推行企業識別系統（Corporate Identity System，簡稱CIS）。

公關教育發展歷史悠久且制度健全的國家爲美、英兩國，其他後來居上的國家爲荷蘭、瑞士、德國、加拿大、丹麥、芬蘭、澳洲、紐西蘭、印度及日本等；其中荷蘭政府除給予經費支援外，公關人需通過國家考試取得證書。1991年10月起，歐洲公關碩士課程由英、法、義、葡及比利時共同提供。塔思及艾德莉（Toth and Aldoory, 2010）從網站資料分析，發現全球有三十九國二一八個機構開設公關課程。

(三) 中高階公關人在職進修

對於中高階公關人的在職進修及產學對話，目前全球已有五個課程發展完整，分述如下：

1. **舊金山研究院**（San Francisco Academy）
   創立於1991年，每年每月兩天密集課程，爲二十位公關高階主管上課，內容包括危機及議題管理、策略媒體管理、行銷及廣告在策略公關管理之角色等，目前與柏克萊大學Haas Executive Development Center合作。

2. **公關主管論壇**（Public Relations Executive Forum）
   成立於1992年，由美國佩姬協會（Arthur W. Page Society）及公關研究教育機構共同舉辦研討會，內容包括危機處理及整合傳播等，兩天半課程已吸引三百餘人參加（包括美國財星百大公司），每次三十人在芝加哥舉行，被業界公認爲高階主管之標準訓練。

3. **公關領袖論壇**（Public Relations Leadership Forum）
   由CPRF（Council of PR Firms）成立，在亞特蘭大爲企業及公關公司高階主管上課。

4. **產學對話**
   由美國IPR（Institute for PR）協調，每年3月在邁阿密大學

（U. of Miami）舉行，讓學者及業界對話以促進專業發展。

5. 布萊克國際高階公關課程（The Sam Black International Senior Public Relations Course）

由倫敦汗雪中心（Henshall Center）及曼徹斯特都會大學共同主辦的三星期課程，內容包括個案研討、實際作業與參觀訪問等，如公關管理、企劃、研究、評估及相關法律。

二、各國公關教育現況

（一）美國

美國是全球公共關係教育之濫觴，1923年美國公共關係教育先驅伯內（Edward Bernays）在紐約大學開課教授第一個公關課程，1972年佛羅里達大學（University of Florida）成立獨立的公共關係學系。如今全美約有八成以上的公關課程是設在傳播或新聞學院底下的一個學程（program），或設在新聞系／大傳系之下的一個組（sequence）。

1980年開始，公關在大學教育中逐漸受到重視，有公關工作經驗及學說背景的人愈來愈多，使理論與實務教學合而為一。

學術界常發表的相關論文或文章之刊物有三：

1. 1956創刊的《公關季刊》（*Public Relations Quarterly*）。

2. 1975創刊的《公關評論》（*Public Relations Review*）。

3. 1989創刊的《公關研究期刊》（*Journal of Public Relations Research*）。

1975年首次針對大學及研究所公關課程進行討論，2006年大學公關教育委員會（Commission of Public Relations Education，簡稱COMMPRED）認為，公關教育是訓練通才，核心課程簡述如下：

1. 傳播：(1)製作技術——撰稿、編輯、美工、攝影、電子媒體製作、演講。(2)歷史與規範——大眾傳播史、法規、重要問題探討。(3)影響傳播過程或結構之理論，對社會或心理的衝擊。

2. 公關：(1)理論與原則。(2)寫作與製作。(3)研究、測量與評估。(4)活動企劃與執行、個案研討、法律與道德。(5)實習。

正式大學公關教育需修完上述五個公關基礎課程，七百餘個公關課程在全美兩百餘個學校進行，平均每年在公關系註冊人數比廣告系多一倍。

2010年10月該委員會發表公關／傳播管理碩士教育報告：

1. 課程自2000年的二十六個增至2011年的七十五個，但缺乏整體一致性之標準。

2. 公關人及學者極力推薦需加強的課程為道德及專案管理，需加強的技巧為嫻熟駕馭語言能力，即說與寫。

3. 企業雇主期待世代交替，公關人及學者推薦具經驗及人格特質之公關人為其所用。

美國公關課程設計，分為兩個方向：1.理論派，即觀念介紹，包括大傳、公關及其他社會科學理論與研究，會授予MA（Master of Arts）學位，是攻讀博士的準備。2.技術派（skill），即大型活動的企劃與執行、各種公關寫作、個案研討、實習及公關道德法規介紹等，授予MMC（Master of Mass Communication）學位。目前三分之一的研究院採行此制，已在業界工作者，具MMC學位會有利於職位晉升，且是擴展新知的很好機會。

1. 大學課程具特色的學校

(1) 波士頓大學大傳系針對各項專業公關開設豐富的課程，包括「媒體關係」、「非營利公關」、「企業公關」、「政府與政治傳播」、「競選活動」等，設立「公關實驗室」

（PR Lab），仿公關公司運作的學生組織，為該區非營利組織辦理各項公關業務。

(2) 雪城大學重視新聞寫作，多達六學分的「國際公關」是另一個特色，選修學生必須到倫敦等地實習。

(3) 佛羅里達大學「公關問題」、馬里蘭大學「衝突管理」、「公關理論」與「公關專題研討」，都是提升學生問題思考能力的課程。

2. 研究所課程具特色的學校

(1) 波士頓大學：素以實務訓練聞名，課程分四個方向：非營利公關（包括政府公關）、國際公關、電腦媒介傳播及企業公關。研究生還可選四個學分的實習課，獲取校外組織訓練之經驗。

(2) 馬里蘭大學：傳播研究所公關組，以理論為主。其中最特別的是「公關倫理與哲學」，該課程乃公關發展成一個理論體系的基礎，以更強化公關研究的理論思想主軸。

(3) 雪城大學：分為「理論組」與「實務組」，兩個組的修課內容大致相同，只不過理論組加修「傳播理論」與「研究方法」，並需寫論文；實務組則只需修六學分的實習課。

(4) 西北大學：整合行銷傳播研究所公關組，五個核心課程跳脫「行銷」的範疇，分別就策略、員工與媒體、行銷、投資者關係及公共事務／議題管理，整合公關與行銷。

(5) 南加大：配合當地就業市場與種族特性而規劃，課程多達十五種，「網路與高科技公關」是所有公關研究所的創舉；選修課程如「國際公關」、「企業與財務公關」、「多元文化公關」、「娛樂業公關」、「體育公關」等，在各研究所中獨樹一格。

(6) 其他學校：佛羅里達大學、阿拉巴馬大學、喬治亞大學等。

(二) 英國

由公關協會（IPR）及公關顧問協會（PPCA）共同發展的公關教育及訓練矩陣，不但是評估學校核准公關課程的重要依據，也是公關人自我生涯發展之參考。針對有志從事公關之士、初入門者、公關專業人士及有經驗的經理人，明確規範需具備以下條件：

1.知識

公關角色、媒體關係、傳播理論及組織管理等。

2.商業技巧

涵蓋溝通、組織與分析三大項。

3.公關技巧（諮商及規劃）

公關目標、策略、目標對象、溝通方案、評估及危機管理等。

4.公關技巧（執行）

媒體製作、特別活動及攝影等。

學校教育以史特伶大學及曼徹斯特都會大學最著名，兩者皆在行銷研究所設有公關碩士學位，其與業界的互動關係，經由一套嚴謹的機制，使其專業不斷獲得提升。

第一個被大眾接受的資格是IPR公關學位證書（Diploma），該證書的考試等相關事宜，是由IPR及其他傳播業界單位所共同組成之「傳播廣告暨行銷教育基金會」（CAM）所舉辦。

就讀公關學位的資格，必須先完成CAM傳播證書（Certificate）。該證書需研讀的科目如下：公關、行銷、廣告、媒介（廣告活動規劃）、直效行銷暨業務促銷、心理學、消費者行為、市場暨社會研究。目前這些課程由英國三十四所大專院校，以半天、夜間及函授方式進行教學，大部分CAM的學生正從事公關相關工作。

公關畢業文憑之獲得，需通過以下三門課程：公關實務、公關管理及管理策略，目前英國有十所院校提供此類課程。學界與業界之關係如圖1-2所示。

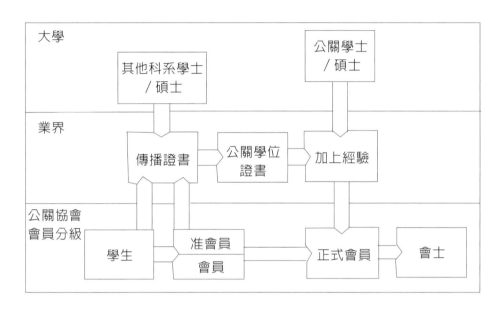

圖1-2　公關學界與業界關係圖

資料來源：IPR

（三）澳洲

公關協會（PRIA）自1985年開始實施公關人認證制度，凡自該會認證之學校畢業者，皆具參與認證資格。學校課程自1991年起，每五年需接受審核一次，目前全澳洲有十一所合格學校，四所提供碩士學位。

為提升公關人之專業，PRIA自1996年起規定，全部會員每年需完成四十小時研習，其中二十小時必須是正式學校課程、演講及研討會，另外二十小時為自我發展之讀書及討論。這項

在職專業教育（CPE）措施，讓公關人可隨時掌握環境最新動態。

(四) 臺灣

2009年104人力銀行調查，各職務釋放之工作數，行銷企劃（含品牌宣傳及媒體公關）高居第二。2012年銘傳大學《銘報》針對大傳相關科系畢業生所做之調查，最希望從事的傳播產業前七名依序為：電視、廣告、雜誌、行銷、電影、廣播及公關。

臺灣的公關教育，1963年在世界新聞專科學校（現在的世新大學）的公共關係科正式萌芽。公關課程在世新大學設在公共關係暨廣告系，政大、輔大、文化及銘傳等校，都是將課程安排在廣告系之下。1998年政大傳播學院開始試行學程制度，公關學程成為傳播學院之下的一個學程，提供新聞、廣電及廣告系的學生選修。文化大傳系、銘傳大學傳播學院及世新傳播學院，也分別在1997、1999及2004年開始提供公關學程。

大學課程具特色學校：政大「公關理論」與「公關研究」；世新的「進階公關研究」與「危機處理與議題管理」；輔大與政大有開設實習課程。

研究所由於各校公關專業師資不足，故獨立的公關研究所尚未成立。公關課程大多涵蓋在各校傳播、新聞或廣告研究所，目前都只是一到兩門選修課，比不上國外大學提供一個組或領域的完整課程，包括獨立的理論與公關研究法的訓練，因此，公關的課並未被列為必修。在選修課程中，最普遍者為「公共關係專題」（如政大新聞所、輔大、世新、師大、中山傳管所）；政大廣告所的「公共關係理論」及「公關管理專題」；輔大的「議題管理專題」；文化與銘傳兩所的公關課程就比較朝向實務的方向，包括「公關個案」、「公關事業管理」與「公關活動企劃」。

　　因受過國外正式公關教育及兼具實務經驗公關人的投入，正式公關教育正在臺灣迅速發展中。據作者統計，目前有二十餘所大專院校教授相關課程，分述如下：

1.研究所

政大廣告、世新公共關係暨廣告、大葉人力資源暨公關、銘傳傳播管理、輔大大傳、文化新聞／資訊傳播、淡江傳播管理、師大大眾傳播、南華傳播管理、臺大新聞／政治、佛光傳播、中山傳播管理／公共事務。

2.大學

政大廣告、世新公共關係暨廣告、輔大廣告傳播、文化大傳／廣告、崑山公關暨廣告、大葉人力資源暨公關、師大社教、政戰新聞、淡江大傳、銘傳大傳／新聞／廣告、臺藝大廣電、玄奘新聞／大傳、慈濟傳播、長榮大傳、靜宜大傳、環球技術學院公共事務設計系、南臺科技資訊傳播、朝陽傳播藝術、中山傳播管理、義守大傳、南華傳播管理、基督書院／基督崇德學院／聖德基督學院／美歐基督學院大傳系、東海與臺北大學公共行政。學校並於共同科目、相關學程、在職專班，醫學、教育、圖書管理、公共事務、企管、英文、觀光、運動及藝術等系開設公關課程。

　　在推廣教育方面，開設相關課程單位包括政大公企、淡江、文化及勞委會職訓局等，對於傳遞公關概念與做法亦有些助益。

　　臺灣公關學術界兩位揚名國際之學者，茲分述如下：

1.世新大學公共關係暨廣告系鍾榮凱副教授（1965年起在該校任教，曾任公關科主任），美國愛荷華（IOWA）大學公關碩士，臺灣第一個獲美國公關協會（PRSA）甄審合格（APR，詳見第二章第四節）及會士（Fellow）資格者，歷任政府公關主管、國業公司總經理，傑出公關公司總顧問（WORLDCOM Group代表機構），國際公關協會

（IPRA）理事駐臺代表，教育部評鑑委員（大學公關科系）。譯著《實用公共關係》爲大學通用課本，及《國際公關學習手冊》，促成三次兩岸公關界交流會議（1997年4月、2002年12月與2010年6月），安排美俄公關界學者人士訪臺，爲英、澳、美、日等公關書報撰寫專欄，過去四十餘年在歐美亞各地演講，推廣正確公關理念不遺餘力。2010年5月獲公關基金會舉辦傑出公關獎頒「公關終生成就獎」。

圖1-3　鍾榮凱副教授獲頒「公關終生成就獎」

2. 香港中文大學之黃懿慧教授，馬里蘭大學公共關係博士，受教於退休著名公關理論大師格魯尼（James Grunig），歷任政大廣告學系教授、傳播學院研究暨發展中心主任委員、傳播學院在職專班主任、中華傳播學會秘書長。曾任五本刊物編輯委員（*Communication Theory*、*Journal of Public Relations Research*、*Communication Studies*、《廣

告學研究》、《中華傳播學刊》）。學術專長：公共關係策略管理、談判與衝突、危機管理與溝通、跨文化及華人溝通與關係管理。榮獲國科會傑出研究、傅爾布萊特獎學金（Fulbright Visiting Scholarship）哈佛大學法學院談判學程訪問學者、美國國家傳播學會頒發PRIDE「公共關係學最佳學術期刊論文獎」等。

3. 世新大學公共關係暨廣告學系、所副教授張依依，美國俄亥俄大學新聞傳播學院公共關係博士，中國大陸公關協會學術委員會委員，臺灣公共關係協會執行顧問，復旦大學國際公共關係研究中心高級研究員。歷任世新大學公共關系科科主任，公共傳播系系主任，財團法人公關基金會創辦人及三任執行長，公關雜誌社社長暨總編輯，「美國寬頻上線公司」公關總監，及臺灣中國時報、工商時報「公關人」專欄作家，經濟日報「公關人語」、「大中華營銷」專欄作家，對於在臺灣宣揚公共關係理論與實務，良有貢獻。其學術專長在公關理論及文化創意產業等，曾榮獲中國大陸公關協會公關教育二十年傑出貢獻個人獎，著有《新世紀營銷——公關、趨勢、行銷》、《世紀老招牌》——該書榮獲行政院最佳社會科學出版品金鼎獎，及海峽兩岸均有出版的公關理論力作《公共關係理論的發展與變遷》，該書對提升海峽兩岸公共關係專業的研究進程，有極大貢獻。

(五) 中國大陸

中國國際公共關係協會（CIPRA）2006年6月頒布中國公共關係教育二十年白皮書，將公關教育發展分為三個階段：

1.公共關係教育的導入期：1985-1989年

1985年，由海外著名公關教授為廈門大學新聞傳播系的本科生，正式開設了「公共關係原理與實務」課程，有系統地把

西方的公共關係課程引進中國正規的大學課程。同年4月，北京師範大學開設公關講座，其他學校陸續跟進。

1987年國家教委（國家教育部）正式把公共關係列入行政管理、工業經濟、企業管理、旅遊經濟、市場行銷、廣告學、新聞學等專業的必修課。1989年由南京中山大學等校聯合發起，在深圳大學舉辦首屆大學公關教學研討會，當時全國已有二十多所大學設立公關課程，有三百多所大學開設了公關必修課或選修課，大學從事公共關係學科課程教學的教師已有一千餘人。

2. 公共關係教育的膨脹期：1990-1995年

社會掀起推廣企業識別系統（CIS）的熱潮，帶起公關教育的虛熱。由於公關專業屬於應用型學科，比某些傳統的非應用型專業，在就業上有較大的優勢，更易受到學生的青睞，部分大學將不景氣的專業轉為公關專業。

因公關課程教師缺乏應有實務經驗，教學品質和效果受到影響；研究停滯後，從國外移植的教材難以適應國情；更有甚者，把辦公關課程作為賺錢手段，盲目追求招生數量等，培養出來的公關人才難以適應社會發展的需要，這個時期培養的畢業生數量雖大，但最後多數都沒進入該行業工作。

1990年深圳大學以其率先創辦專科公共關係專業教育這一項目，獲國際公關協會首屆「世界最佳公關金獎大賽」（IPRA Golden Awards for Excellence）金獎，創造在短短幾年內只有幾個老師卻培養出幾千位畢業生的世界紀錄。
南京中山大學在1994年經國家教育部批准，正式設置試辦公共關係本科專業，成為中國內地首家有權授予學士學位的大學。

3. 公共關係教育理性發展期：1996年至今

目前中國有三百二十多所大學設公關課程，設公關系前十大大學為南京中山大學、深圳大學、廈門大學、浙江大學（杭州大學已併入該校）、上海復旦大學、上海外國語大學、上

海東華大學、上海師範大學、國際關係學院、北京中國傳媒大學，其中具備學士碩士及博士班之學校爲復旦大學及上海外國語大學。2003年第一個碩士班在復旦大學新聞學院誕生，後續跟進包括南京中山大學的政治與公共事務管理學院的政務公關、國際關係學院的國際公關、廈門大學的公關與廣告整合、中國傳媒大學、上海外國語大學及北京林業大學等；上海交通大學及中國人民大學設博士班。

　　CIPRA下面設學術工作委員會，2009年提出未來發展方向如下：

1. 加強公共關係基礎理論研究教育。
2. 充分吸收國外先進的公關研究成果，結合國內情況，勇於創新。
3. 營造更加寬鬆、和諧的學術交流環境。

　　CIPRA與學校合作有二：一是設立相關研究單位，如「復旦大學國際公共關係研究中心」與中國傳媒大學「現代公共關係教育科學研究所」；二是開培訓課程，如清華大學公共管理學院「公共組織公共關係」課程。
未來大陸公關教育趨勢，將其作爲一門綜合性極強的學科。公關教育主要是兩大部分：一是公關思想、公關理論和公關職業道德；二是公關實務技能。爲適應產業變化，就要求培養的學生必須具備以下幾種核心能力：外語、公關實務技能（包括寫作、演講、談判、遊說、調查等）、對新科技的敏感以及組織規劃才能。

　　在課程設置方面，可採用跨系的方式，將公關教育編列成一個學程，以方便學院之間不同系的學生主修。這種整合的做法，可以降低行政與教學的成本。公關教育的重點在於整合式溝通管理與關係管理，才能避免教學者與學生過於從廣告系的「廣告行銷」，或是從新聞系的「公關新聞」的角度，狹隘地思考公關的操作方式。「整合行銷傳播課程」是

021

值得注意的課程調整趨勢。

在教學方法方面，將借鏡西方國家經驗，改變目前課堂知識教授爲主的教學培養模式，提倡實戰型的案例教學法。建議推廣國外大學中的「PR Lab」教學實踐方式，即：由畢業班的同學組織一個機構（工作室、公司等），實際向企業組織承接公關業務，代理研究、規劃、製作及執行。

在教材方面，1987年郭惠民、居易等出版的《公共關係譯文集》，深圳大學熊源偉等對國外案例的翻譯，上海外國語大學翻譯的《公共關係與實踐》等，經由翻譯介紹西方公關理論，在當時對公關理論在中國大陸的傳播發揮了重要作用。2006年由復旦大學主持的教育部「十一五」規劃教材《公共關係》。

三、全球公關教育發展

1999年10月由世界八大傳播單位：PRSA、IPRA、IPR、IABC（國際商業溝通者協會）、ICA（國際傳播協會）、NCA（美國傳播協會）、WICI（女性溝通協會）、AEJMC（新聞暨傳播教育協會）共同組成之公關教育委員會，經討論及調查後，共同發表《二十一世紀公關教育報告》，爲目前全球公關教育發展之重要遵循依據。

未來公關人不僅是溝通者，且需幫助組織與策略對象維持良好關係。該委員會提出大學公關教育發展建議，如表1-1所示。

表1-1　大學公關教育發展

知識	・溝通與說服之觀念及策略，包括大眾傳播媒介、組織小眾團體，以及人際溝通管道 ・溝通與公關理論（包括公關在社會及組織扮演之角色）、公關歷史 ・關係之建立、社會趨勢、研究與預測 ・道德議題、法律需求與多國文化和全球相關議題 ・組織變革與發展、管理觀念與理論、行銷與財務

技能	・研究：包括方法、分析、建議、報告、環境與社會評估、統計 ・資訊管理：包括其在公關過程之角色、訊息可信度之評估 ・書面與口頭溝通之熟練度、對人際溝通具敏感度、對跨國文化與跨國性別之敏感度 ・問題解決與談判、策略規劃 ・溝通管理、活動與資源管理 ・議題管理，包括環境監看、議題預期、風險分析與改善方法 ・目標對象區隔、針對不同對象所需之說服式寫作 ・加強專業領域學習，如社區關係、消費者關係、投資者關係、員工關係、政府關係及媒體關係 ・科技與視訊學習（包括Internet及桌上出版），發展新媒體及訊息策略、訊息設計 ・流利的第二國語言、公眾演說與簡報能力 ・道德抉擇、參加專業公關組織 ・特別溝通訊息的寫作與製作
課程	・公關介紹（包括理論、起源與原則） ・公關個案研討 ・公關研究、測量與評估 ・公關法律與道德 ・公關寫作與製作 ・公關規劃與管理 ・公關活動執行 ・實習 ・選修課程（如政治、財經、社會心理、商業管理與行銷等）
行動呼籲	・業界公關人需對現今公關教育的新面貌有所瞭解 ・業界公關人需對專業認證及學校課程認證大力支援 ・對於傑出公關教學單位需建立獎勵制度 ・成功公關人應多主動回饋公關教育，讓實務經驗得以承傳，並加強對學者與學生的支持，如獎學金提供等 ・公關人及學者可針對當代社會現象，共同參與討論，發揮影響力 ・產學研究合作，不僅增加雙方互動，也擴大公關之知識範疇

資料來源：《二十一世紀公關教育報告》。

　　2006年11月公關教育委員會發表報告，討論主題如下：

1. 公關道德：公關專業道德根據每個人的道德觀，故在大學應加強此課題。若無法開設該課程，一小時或小型研討會方式，皆會對學生產生影響。

2. 多元化：包括一元／多元文化溝通及多元化管理。

3. 快速進步的溝通科技：強調實際使用網路之重要性。

4. 公關教育全球化的啓發：包括文化價值、法律、公共政策及國際交流等。

5. 強調五大大學標準課程如下：

    (1) 公關介紹，包括理論、產生（origin）及原則。

    (2) 公關研究、測量（measurement）及評估。

    (3) 公關寫作及預測（projection）。

    (4) 由被公關人帶領之公關工作經驗，如實習。

    (5) 公關法律、道德、規劃與管理、個案研討、策略思考、問題解決、主動力及活動舉辦等。

2010年3月塔思及艾德莉（Elizabeth L. Toth, Linda Aldoory）發表第一個全球公關教育深入分析，橫跨五大洲二十國（中、港、韓、新、南非、美、加、巴西、英、德、西班牙、俄、澳洲等），主要發現如下：

1. 公關一般被定義爲建立及維持關係之策略功能。

2. 大學課程基本爲未來公關人而設計，研究所課程強調進階理論及策略思考。

3. 課程通常反映2006年公關教育協會所強調五大標準課程。

4. 課程設計會強調文化差異，如奈及利亞強調關係及政治與健康及發展相連結；紐西蘭專注國家發展及社會問題，同時將公關策略全球化；歐洲重視社會責任及道德實踐；中國重視孔子思想，將公關及其他行業建立在和諧並存的架構上，公關的負面名聲爲媒體關係及宣傳。

5. 理想公關課程發展之障礙包括資源（缺乏師資及資金）、政府（政治觀點及教育法規）、國家文化（重視賺錢及不重策略管理）、課程架構（大學官僚及重商主義盛行）及專業關係（公關人無公關教

育背景及學界無專業經驗）。

6. 美國及歐洲公關教育對其他國家有中等程度之影響，如使用美國教科書、與美國大學建立夥伴關係，以及採用美國公關教育協會所強調五大標準課程。

(一) 公關人面臨全球化挑戰

　　一般公關學者與公關人會說公關教育的目的是使學生具備職業能力，如清晰表達的寫作、編輯或圖形設計能力，以及商業知識（市場、會計、財務企管等）；此外還有說服技巧、運用民意的能力，以及改變目標大眾行為等。

　　雖然上述課程都對，但今日公關課程在進入二十一世紀新紀元時，還必須教導學生在變遷迅速、價值模糊的世界裡，分辨領導潮流與隨波逐流的能力。「變化」是公關行業及個人生命中必經之歷程，也是與管理者、客戶及大眾溝通時需面臨的挑戰，公關人必須預測並掌握變化，而非維持現狀。

　　變化的步伐是快速的，它對社會、政治、經濟所造成的影響深遠，身為公關人應該最解其中意。為管理者預測事件的未來及從中創造公司的利基，是高階管理者決策時尊重公關角色的兩個要素。

　　學者特克（Judy Vanslyke Turk,1997）曾指出，公關從業人面臨的挑戰有四：

1.企業環境改變

　　競爭增加時，企業需重整或縮小編制，即解僱員工與關廠來集中市場，這時，公關只提供運籌式溝通支援系統是不夠的（如發新聞稿）。管理者期盼公關人能提供銷售支援、公共政策形成的意見、議題管理的仲裁，以及促進組織效率的新想法。

　　這時，企業需要創新的策略、大膽的做法、優異的執行能力，以及對全球工商界、政府與文化嫻熟的人士。管理者

需要經驗豐富的公關人，而非自報界退休尋求第二春的人。

2.企業國際化與全球化

公關人需協助管理者因應全球政治、經濟及文化的改變，如舉世關心的事件發生時，公關人必須替主管構思出公司對該事件的看法與立場。再者，公關本身也成為全球事業。以往只是企業總部的一個單位，現在公關部門會變得以分權方式散布全球，這時，公關人需加強語文及對政府事務的瞭解，否則將會很快被市場淘汰。

3.迅速解決問題可避免危機發生

未來世界問題會迅速升級成危機，過去組織內問題可關起門來解決，現有民意與壓力團體監督，解決問題的風險愈來愈大，稍一不慎就會付出慘痛代價。公關人必須在問題剛發生時即採取行動，免得小題大作，釀成危機。

4.大眾市場消退，分眾市場興起

特定群眾及利益團體只對特定議題有興趣，這時，公關人必須針對不同小眾媒體，提供適當的訊息。

(二) 公關教育之重要性

1.提升公關專業形象的關鍵角色

公關教育可改變公關從一個工作（work）到一個專業的地位（career），因此短期訓練是不夠的，唯有完整的理論基礎加上實務驗證，才可讓專業角色提升。公關教育為真正想從事該行業的人，提供最好的奠基石；而公關界亦要優先錄用受過正統公關教育者。

2.建立與使用公關專業知識

就如律師、醫師與會計師一樣，在取得執照執業前，必須學習理論與案例。公關理論與觀念研究不斷在增加，實際案例隨時在發生，有志者必須加強學習能力。

3. 認證（Certification）制度已是全球規範

　　學校公關教育可幫助專業人士通過一定標準的資格認證（包括筆試與口試），讓專業公關人的地位益形穩固。

第三節　公共關係部門與公關公司

　　臺灣自1990年起正值公關蓬勃發展期，在國外公關以傳播支援功能為起源，其組織角色早與生產、行銷、研發、人事等部門並駕齊驅，成為組織管理的必要組成部分。公關人工作的選擇，不外乎服務於組織或公關公司兩種型態。

　　公關組織並非總是在增加組織利益條件下產生，如產品和服務宣傳；公關單位應是在組織面臨危機處理，能即時滿足大眾情報需求，其角色因組織需因應不斷變化的社會需求、機會和價值而鞏固下來。策劃建立組織形象的公關活動，與隨時回應不斷變化的大眾態度，是公關人的主要職責，故公關的每一功能，需有一定的目標，並依環境變化進行調整。

　　公關單位是一個幕僚機構，其長期成功的要件如下：

1. 受到高階經營管理者支持。
2. 擁有專業公關人員。
3. 制定明確公關政策。
4. 具備與內外目標對象雙向溝通之能力。
5. 協調各單位為實現共同目標而努力。

一、公共關係部門

(一) 公關在企業的角色

　　面對詭譎多變的環境，企業負責人視公關不只是單向宣傳，而是會與策略目標對象建立良好關係。基於這個新的訴求，使得公關人必須是策略溝通的經理，而非傳統的溝通匠（technician）。一項由國際企業溝通人協會（IABC）進行的調查顯

示，企業執行長（CEO）認為，公關的投資報酬（ROI）僅次於客戶服務及行銷業務，大公司在做政策決定的過程中，較易將公關部意見納入。

公關的功能是負責規劃及協調公司與非客戶間的介面，即保護公司既有的商譽，並建立公司在未來公共事務上的定位；同時建立大眾對公司的接受度，如行銷部門建立客戶對產品接受度一樣。

為達成其扮演之角色，公關常採取兩種做法：一為面臨外界攻擊時，為企業採取防守；二為積極主動增強公司在市場的商譽與善意。它必須協調企業表現，以符合大眾興趣，同時也讓大眾認知並瞭解企業的努力。好的企業公關肇始於公司高階管理者，制定與執行公司政策必須誠實、具社會責任且符合大眾興趣，然後公關部門的功能才會彰顯出來。

（二）公關功能的範圍

在企業公關角色的實務裡，會隨著公司型態及大小而有不同。唯有瞭解其功能的管理者，才能善用內部公關或外部顧問的專長，發揮其綜效。既然公關是企業生活的新風貌，正確使用公關的觀念仍有待推展。在一些現代化且較大型的公司，公關角色已被清楚定義與實踐，且累積相當豐富的實戰經驗。

公關在企業正確的做法，是它必須在高階管理團隊中的構成要素，如其他財務、人事、法律一般，在企業的基礎決策過程中提供意見；同時它必須向公司及各部門主動提供溝通規劃與服務，訊息主題包括公司新方向、財務現況及產品宣傳等。

為達成上述目標，普特（Charles Prout, 1983）提出公關人需在下述四項基本服務範圍展現其功能：

1.忠告（Advice）

針對與公關相關之主題，對最高管理者及其他部門主管提供忠告與諮詢，內容包括一項公司行動的最佳做法、建議改變

公司某項基本政策、提出讓公司與大眾興趣相符的活動、分析審理中的政府政策或法規對公司的影響、設計一個公關活動來協助公司達成目標或面對難題。

2. **溝通服務（Communication Service）**

該項目最常與公關業務有關，它包括經由任何適當媒介，將公司與其活動訊息向外傳播，如企業形象的設計；企業公民模範的建立，將公司行動與動機（如環保、產品安全等）藉由小冊子、演講與廣告等方式傳遞出去；將公司對待審法案的看法，向政府官員、員工、股東或其他目標對象溝通。簡言之，就是將個別情境經由適當方式讓大家知道。

3. **公共議題研究與分析（Public Issues Research & Analysis）**

該項目是目前較鮮為人知的活動，但是企業公關發展成長最快且重要的階段，需將外界既有價值亦會影響公司事務的資訊確認、評估向公司內部溝通。管理者一般皆忙於公司營運，很少有機會充分瞭解外界對公司的看法，經由與大眾媒體單位的熟稔，善用專業雜誌、剪報服務與意見調查，公關部能發現與公司相關的趨勢，預期事件的發生，並找出會影響公司運作的民意形勢。

4. **公關行動計畫（PR Action Programs）**

包括與公司各種目標對象（客戶、社區、股東等）建立互動所設計的活動，或促成公司對當代議題表態。一般而言，公關活動範圍較為廣泛與具創意，可產生新的或增加既有的商譽，如增加客戶對公司的接受度，即間接刺激銷售；如參與社區相關活動，可減少產業困擾的磨擦，並吸引更多的好員工。

　　非商業的公關活動如贊助，不但可協助目標對象解決問題，且可為公司未來增加業務與合作機會。愈來愈多的企業慈善贊助是被周詳規劃的，有利於企業長期的利益，這種回

饋社會的公關活動，對企業與目標對象皆是雙贏。

一些公關活動可向行銷部門提供如產品宣導一樣的功效，做法包括在大眾媒體或商業雜誌刊登相關訊息；在可形成影響力的地點及時機舉辦活動以增加曝光，造成大眾對公司或產品深刻印象，這些是單純的廣告或促銷所無法達成的。

(三) 公關部門的功能

企業公關部門為達成其角色，在不同公司所扮演的功能皆會不同，但一些標準功能已在大部分部門產生，分述如下：

1. 公關政策

發展並建議公司公關政策，在形成公司決策時，提供公關的看法，協助定義並建立公司公關的定位，對高階管理者及各部門提供服務。

2. 媒體問答及意見調查

協助媒體在資訊取得或安排人物專訪，意見調查包括公司形象、員工、媒體、法人及客戶等。

3. 社會關係

尤其有工廠的公司更需注意社區關係，協調企業是好鄰居的活動，包括遵行政府環保標準、孕育平等受僱的機會、與政府合作都市發展活動、協助社區對企業需要的瞭解。

4. 產品宣導

經由印刷與電子媒體管道，發布新產品訊息、定期規劃與執行促銷產品活動。

5. 企業促銷

針對目標對象所做之企業廣告、公關刊物之製作、特別活動及高階主管演講及撰文準備等。

6. 員工關係

出版員工刊物、舉辦與高階管理者溝通會議等。

7.股東關係

建立公司與投資社區之關係，包括公司政策與財務結果的公布、年報與季報的準備、協助規劃股東會並預測突發狀況的解決之道。

8.企業捐贈

制定公司捐贈政策，處理捐贈要求，協助公司成立之基金會，對於公司通過的募款運動，號召內外大眾加入。

9.政府關係

與中央及地方政府維持聯絡，報告政府發展對企業之影響，並在需要時提供忠告，協助企業準備出席相關公會的資料，設計活動以表達公司在法規方面的看法與立場。

10.訪客關係

外賓來訪接待活動，如工廠參觀等。

(四) 公關部門的組織架構

其組織架構之設計，依公司規模大小及需求而有不同，大多數部門名稱為公關、公共事務（Public Affairs）、企業傳播（Corporate Communications）、企業關係（Corporate Rela-tions）或行銷傳播（Marketing Communication，簡稱Mar-com），平均成員五至二十人，但亦有小至一人的部門，大至多達約兩百人（如奇異公司），職稱由高而低分別為副總、處長、經理、主任與專員（specialist）等；大部分皆直接向總經理或副總報告，跨國企業的報告系統是採雙軌制，即直接向區域企業高階主管、行銷主管或工廠負責人報告，間接向公關主管報告。茲將三種常見的組織架構分述如圖1-4、圖1-5、圖1-6。

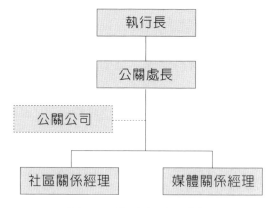

圖1-4　典型小型公關部

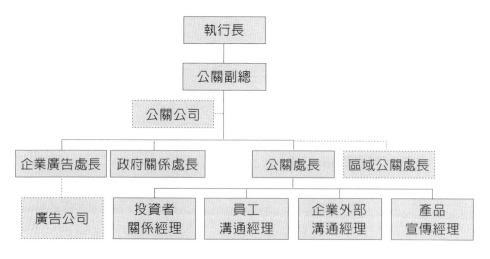

圖1-5　典型中型公關部

（五）公關部工作的優點與缺點

在公關部工作是件令人振奮之事，當協助組織達成目標時，可提供公關人成就感，其優點如下：

1. 有機會跟一群專業同儕一起工作。

2. 擁有廣泛的內部資源與人力支援。

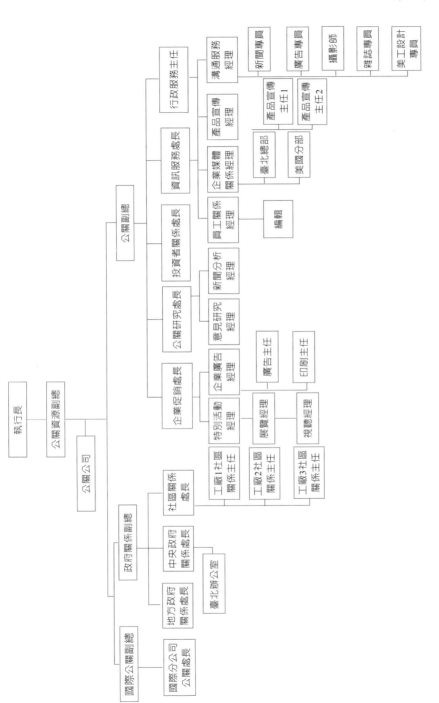

圖1-6　典型大型公關部

3. 對組織及企業文化的瞭解。

4. 較具成本經濟效益，掌握公關企劃執行之主控權與資源。

5. 服務的即時性與廣泛性。

在公關部工作之缺點如下：

1. 在資訊製作或傳遞出去前之冗長核准程序。

2. 缺乏管理階層對公關功能的瞭解。

3. 在小部門則缺乏晉升之機會。

4. 在一段時間內從事變化少之例行活動。

5. 若只接受管理者指派之工作，貫徹其目標與計畫，將逐漸喪失真正功能與地位。

二、公關公司

雖然公關日益擴展其在企業之角色與功能是一般趨勢，但當公司縮編或合併時，公關部成員也難免受到裁減之影響，此時，公關公司的顧問及服務角色益形重要，其人員數目成長也日益快速。

不論企業公關部是否存在，外部公關公司皆扮演其重要的角色。若公司無公關部，則公關公司的職責有二：一為對公司的公關問題提出忠告且扮演公關服務的功能；二為協助企業建立公關部，包括政策制定及召募專業公關人。若公司有公關部，公關公司除扮演諮詢角色外，同時亦是企業公關單位的延伸，協助處理較大的工作量、特別專案、提供創意的服務。

高階公關顧問可提供企業活動的客觀評價，以及企業想法與計畫的中立建議。若企業的屬性及規模是偶爾使用到公關部，這時，內部公關人的存在就不具經濟價值；而公關公司靠較多的客戶來維持一個員工是合理的，因此當企業需任何特別任務時，公關公司就有這些人才庫隨時可提供服務。

公關公司不論大小，較易集中於都會區，尤其國際公司更在全球重要大城市設有據點。近年來，國際公關公司更有被廣告公司購併的趨勢，目前約有十餘家廣告公司擁有大型國際公關公司。

(一) 全球公關公司之現況

2011年全球公關顧問業成長8%，營業額（fee income）達百億美金，員工約六萬六千餘人，著名公關集團包括WPP、Inter-public、Omnicom、Publicis及Havas，證明大眾對日益複雜的產品與服務渴求資訊，特別是科技、醫療、食品與財務業，而大眾與小眾媒體（依專業分工，如財經、體育、科技等）為滿足此需求，亦在規模與影響力不斷成長。

廣告可創造娛樂效果，引起大眾對產品與服務的興趣，但很少人會只因廣告而有購買行為，消費者需經由大眾及專業媒體、朋友與網路獲得更多訊息，簡單而明白的口碑是決勝關鍵，公關正是以較低成本在短時間內造勢。

由荷姆斯報告（Holmes Report）依美金營業額公布的〈2012年全球前十大公關公司〉如下：1.Edelman，2.Weber Shandwick Worldwide，3.Fleishman-Hillard，4.MSL Group（法），5.Burson-Marsteller，6.Hill and Knowlton，7.Ketchum Pleon，8.Ogilvy PR Worldwide，9.EuroRSCG Worldwide（法），10.FTI（美、英）。其中排名第1、2、4、7及8皆已在臺設分公司。

(二) 公關公司之服務

服務項目除前述企業公關單位的功能外，尚有以下三種常見服務：

1.發言人訓練

對象為企業高階主管及發言人，內容為如何做公共演說、面對印刷及電子媒體訪問注意事項等。

2.危機溝通

企業面對影響聲譽的危機發生時，應如何因應。

3.調查與媒體分析

前者依預算多寡進行目標對象之態度與認知調查，後者針對媒體報導做內容分析。

(三) 公關公司之運作

基層員工稱為專案執行（Account Executive，簡稱AE），其角色為與客戶互動的窗口及活動執行者，其層級同企業公關部，總監（Director）級以上肩負很大的客戶開發壓力。在公關公司工作需具備多種專業知識及技能，但以下列五種尤顯重要：

1. 客戶關係與服務。
2. 決策與問題解決能力。
3. 新聞稿寫作與媒體關係。
4. 創意與想像力。
5. 同時處理數個不同客戶的專案管理。

公關公司有不同的收費方式，但一般而言，以下三種較多：

1.月費（Retainer Fee）

客戶按月付的行政人事費，會明訂多少小時內用此計價，超過部分每小時另計；實報實銷（Out-Of-Pocket，簡稱OOP）一般另計，包括交通費、住宿費、餐費、電話傳真、交際費等，客戶可要求超過某上限金額前，需預先告知用途並獲其同意。

2.月費以小時計算（Hourly Fee）

若有實報實銷另計，是目前使用最廣且最具彈性的方式。所謂小時，是以花費在此客戶的可收費小時，包括與客戶開會以準備相關事宜之資料、意見調查、媒體訪問與稿件刊登、監督新聞稿與照片的郵寄發送、為客戶準備相關視覺資料，以及往返與客戶業務相關之交通時間等。

3.固定專案費（Fixed Project Fee）

為某一專案所花的費用，如做公司年報、通訊（Newsletter）

及特別活動等。本收費方式目前較少使用，因事先很難預估
實際所有工作與花費。

(四) 公關公司工作的優點與缺點

1.優點
升遷較易、團隊易腦力激盪出新點子、因客戶不同而變化
多、擁有廣泛的外部資源。

2.缺點
需不斷教育客戶、因人員流動率高而無法經驗傳承。

(五) 公關公司的選擇

選擇公關公司的標準，依優先次序排列如下：

1. 客戶服務能力：潛在客戶衝突、對產業瞭解程度等。
2. 簡報技巧：熱忱、自信、創意、廣泛性、管理者參與度。
3. 媒體關係：全國與地方版見報率、寫作與編輯技巧。
4. 團隊陣容：學經歷完整、專業性、務實性及代表客戶能力。
5. 創意產出：願意嘗試創新、將成本考量與整體策略結合。
6. 對外聲譽：客戶、協力廠商及同業評價、社區形象。
7. 對外關係：行銷支援力、影響力的範圍（產、官、學界）。
8. 財務管理：收費結構與系統、預算審核過程。
9. 專案管理：活動執行監督、結果評估。
10. 客戶互動：會議準備、在截止時間內完成工作。

第二章
歷史

第一節　公共關係的社會環境與溝通趨勢

一、公共關係的社會環境

　　社會加速發生的變化和新價值觀的產生，讓大眾思想產生分散性，以說服為主的溝通活動是必要的，這使得各組織中公關的任務變得更加複雜與艱鉅。在這溝通過程中，公關人扮演重要角色，同時組織管理者開始認識公關所建立的新管理概念，以及它促使企業適應環境的能力。《經濟學人權威預測：2050趨勢巨流》指出七大重要趨勢與發展如下：

（一）重要趨勢

1. 進入亞洲世紀

   亞洲實質GDP將占全球48%，中國就占20%，主宰二十一世紀的國際貿易。

2. 都市化加速與流行病威脅

   2025年後，全球居民超過一千萬巨型都市有三十個，成長最快是居民一千萬以下之四百個大型都市，成為消費火車頭。

3. 產業轉向發展服務

   隨著經濟更加富有與複雜，大家會投入更多資源發展服務，

而非生產物品。

4.窮國富起來與國際貧富差距縮小

新興經濟體之經濟成長比先進國家快，全球生活水準將大幅拉齊，中產階級增加會提高教育等公共投資。

5.新興市場勞動力變聰明

教育水準改善，讓彼此差距縮小。

6.未富先老與政府養不起

人口老化相關支出，將增加GDP的10%，年金設計、工作年限改革及健康照護將是新議題。

7.簡約創新成典範

大幅降低成本，要求降低90%，而非降低10%的漸近創新，例如印度塔塔推出兩千兩百美元的汽車。

（二）趨勢發展的結果

這種不斷變化的趨勢，勢必產生重要且深遠的結果，對公關具有重要意義，為公關提供許多機會，產生的結果如下：

1.相互依賴性因地球村觀念而增強

如某國食品安全堪虞，其他國家立刻停止進口，2008年美國金融海嘯對全球影響甚巨。

2.公眾輿論力量增強

一個小團體意見可運用組織技術或抗議活動，讓公眾的聲音在輿論法庭得到迴響。公眾輿論的巨大衝擊力，是取代舊趨勢的力量。

3.贏得公眾的競爭加劇

企業和政治團體常花費資金，爭取民眾支持自己，使公關、說服、溝通與協調的功能顯得更加重要，爭取新聞媒體是組織接近公眾的潛在力量，在今天科技應用推陳出新的時代中，吸引目標公眾的競爭將不斷增加。

4.組織的信任危機

員工因感到不能控制自己的命運而日益與組織疏遠，此時，公關部門的工作應加強團體內的歸屬感，領導者與成員的溝通，其作用表現為透過增強員工對企業的參與感而有利組織士氣；同時向組織外在目標對象解釋企業行為。

5.嚴重的社會失調

不斷加速科技進步的結果，帶來協調的問題，大眾的接受力與這些迅速變化不相適應，進而阻礙社會進步，對公關功能具有重大意義；它不僅是使新思想、新產品、新行動被接受，且有緩和這些變革所引起的緊張氣氛。

6.社會專業化發展

各行各業都有自己的術語，致使溝通產生障礙，公關人可將狹窄領域的語言加以解釋，廣為大眾所接受，故公關專業化發展是這個衝突、變革和進步時代的動力，且當溝通成本增加後，對公關專家的需要，表現得更為明顯。

二、公共關係溝通趨勢

公關的主要任務是為組織提供內部溝通服務，並為組織及其目標公眾間進行雙向溝通，交流彼此的思想及情報。綜合上述因素，使公關的意義更加明確，其溝通趨勢如下：

(一) 環保意識高漲

環保議題已被認為是影響生活品質重要的評估項目，大眾愈來愈關心自己的健康，以及溫室效應、酸雨、空氣污染及廢棄物處理等環境議題。

(二) 議題管理

公司做策略規劃、政策形成、問題分析及衝突解決，皆需公關參與。

(三) 新科技的誕生

讓重要訊息更快速便捷地到達目標對象，如多國語言版的網際網路，可讓跨國客戶、媒體及員工二十四小時掌握公司最近動態。

(四) 員工溝通

居於優先地位，如何讓愈來愈多的女性、少數民族及外籍人士，和諧共處且對公司維持高度忠誠與信任，需透過有效且活潑的溝通方式。

(五) 通才中的專才

經驗豐富的公關人，應是通才中的專才。所謂通才，是具備調查、解決問題及製作刊物、錄影帶、發布新聞、訓練高階管理者如何面對媒體等技能；專才是指深入某個專業領域，如金融、科技、消費或環保等。

第二節　公共關係的產生與發展

在世界歷史發展中，公關早就被用來促銷戰爭、宗教、商品，遊說政治訴求，募款、宣傳、支持政黨及特定人士。公關並不是現今社會的產物，當今公關人可從研究早期專家所用的策略中，獲益良多。研究公關是如何適應社會變化的需要而發展，將有助於觀察公關的功能。若能認識其所從事的行業歷史，便能理解自身在社會中的地位和作用，增加公關行業的重要性。公關的產生和發展是一個複雜且具戲劇性的歷史演變過程，它是現今公關學科體系中一個重要的組成部分。

「公關」二字儘管是二十世紀的名詞，其根源卻可追溯至早期人類溝通方式，像巴比倫、希臘、羅馬及中國古代，人民被說服接受統治者施政方針或某個宗教，大部分透過下述幾種溝通技巧：人際溝通、演說、藝

術、文字、階段性活動及其他方式。上述這些努力在當時未被稱為公關，但其目的及效果卻與今日的公關活動有異曲同工之妙。例如：為政治候選人包裝造勢，並非現今才有，古代希臘及羅馬的政治家就精於此道。古代與現代奧運所製作的文宣，其運用的溝通技巧相差無幾。柏拉圖時代所寫的演說稿，與現今意見領袖或企業主管對外發表的演說稿目的皆一致，必先知道目標群眾，再發揮傳遞新知、改變意見或肯定群眾判斷力的言論。當今教宗說服信徒相信上帝的做法，亦與古代教宗的淑世濟人目標一致。

　　促進近代公關觀念產生的主要動力是文藝復興、宗教革命及工業革命。文藝復興解放人類思想，使得一般大眾得以自由思考、觀察與討論；宗教革命攻擊權威且重視個人價值，把宗教和政治分開，說明領袖、臣民及社會團體之間關係的重要性；工業革命則帶動近代科學與新傳播方法。

　　希臘理論家曾論述過公眾意志的重要性，儘管當時沒有「輿論」這個專門術語。羅馬人的政治詞彙和中世紀的著作中，出現某些語句和思想，與現代的輿論概念相差無幾。當時使用「公眾贊成」和「公眾反對」的用語，並認為「公眾的聲音就是上帝的聲音」。

　　利用宣傳資料去影響公眾的觀點或行動，可追溯到人類文明出現最早的階段。考古學家在伊拉克就發現一份十九世紀的農場公告，內容是告訴農民如何種田、灌溉與收穫等，很像今天美國農業單位所發布的農業公告。在古印地安的歷史中，也能發現公關的一些基本做法，在其早期的一些著作中，關於國王特使的記載，認為這些人的職責是保持國王與公眾的聯繫，鼓動公眾支持國王，散布有利於政府的言論，並負有刺探情報的責任。

　　英國公關起源於數個世紀前，英國國王認為大法官應成為「國王意識的保持者」，且需注意到與教會、商人和手工業者加強聯繫，調整其與政府的關係。十七世紀英國天主教成立傳教總會，「宣傳」一詞於焉誕生。

　　美國的公關起源於封建貴族與大資本家爭奪政權，此後在幾次大型的抗爭與衝突中，領導者都為爭取公眾支持而付出很大努力。今天公關的發展，直接與政治變革運動所引起的政權抗爭相關聯，這些權力集團的抗爭，對公關的發展起了很大的促進作用，因國家政治和經濟集團為了實現

043

統治，必須依賴公共聯繫來贏得公眾的支持。

公關只有在衝突和社會變化相連結時，才表現出其意義。當一個企業的地位受到員工、消費者和輿論的挑戰與威脅時，企業就會對公關表現出強烈需求。例如：當公眾對勞工管理條例表示反對，勞工計畫就會改善；消費者食物中毒，就會要求回收產品；企業排放廢氣污染環境，引發環保團體抗爭等。同理，公關在政府中發展最迅速時期也正是危機時期，例如：第一次及第二次世界大戰時期，一些國家因電力不足而想興建核能廠以解決問題時，卻引起民眾基於安全考量而集結反核人士抗爭等。

第三節　美國公共關係史

美國是近代公關的鼻祖，回顧美國公關發展過程，最能看出公關的基本性質。威克斯、艾特及艾奇（Wilcox, Ault & Agee,1995）依主要功能演變，將公關分為新聞代理、宣傳及顧問三個時期，茲簡述於下。

一、新聞代理（Press Agentry）

新聞代理是以廣告和發新聞稿給新聞媒體的方式，來替戲院和演藝人員等從事宣傳的人。這種工作與古文明某些活動相似，如奧林匹克體育活動所做的宣傳，或為皇帝與英雄塑造神話式神祕氣氛。在十九世紀的美國，新聞代理人主要是替馬戲團和展覽會從事促銷。當時的民眾因十分渴望得到娛樂，不會去探究宣傳的真實性，新聞代理人便利用群眾這種心理，過分誇大新聞內容。例如：當時最受歡迎的馬戲團、遊藝節目和展覽經理人巴納姆（Phineas Barnum），就是擅長用欺詐及哄騙方式，引起媒體注意與報導，而媒體曝光正是現今公關活動的一部分。

二、宣傳（Publicity）

（一）殖民期

亞當斯（Samuel Adams）和波士頓激進派利用報紙、傳單及

特別活動等，成功的號召美洲殖民地居民起來反抗英國殖民政府，因而在宣傳上獲得重大勝利。

（二）萌芽期

美國立國初期的公共事務主要由貴族富紳階級所把持，直到1828年，一生未受過太多教育的傑克遜當選總統，情況才改變。他針對各種問題舉行民意調查，將其理念透過演說及新聞稿方式傳達給大眾，並將報紙有關他的新聞報導或社論加以轉載或複印，廣爲分發，是從事此類公關活動的第一位美國總統。在傑克遜之後，許多美國政治家開始增加使用新聞稿、小冊子、海報和徽章來爭取民眾的支持。1889年西屋公司成立號稱是全美第一個宣傳部；1897年美國鐵路協會第一次使用「公關」這個名詞。

（三）蓬勃期

由於宣傳已逐漸被大家接受，汽車商人福特（Henry Ford）是第一位善用定位及新聞媒體兩項基本公關概念的企業家。1903年他安排福特汽車進行賽車，獲得最佳宣傳效果，今天的汽車製造商仍在使用這種宣傳方式。他曾說過：「企業是一種服務，不是只會賺錢的機構。」今天很多大企業一再重申此理念，深信企業負有社會責任。此時，公關的進步與成長加速，又可分爲三個階段：

1. 發言人角色的凸顯

   由於第一及第二次世界大戰造成社會福利、慈善事業募款及產品促銷等事件興起，使得一些作家成爲某些特殊興趣團體的代言人。

2. 成熟公關融入組織管理功能

   消費運動蓬勃發展、服務業盛行，以及企業危機的出現，使得管理者開始重視公關的管理功能。

045

3.國際公關是地球村的體現

因爲新科技的不斷推陳出新、全球自由經濟貿易的推展、民主政治的施行與教育普及，使得專業公關扮演全球溝通的角色受到肯定，但其面臨的挑戰與競爭，亦是前所未有。

曾任美國AT＆T宣傳部副總的著名公關人佩姬（Arthur Page），提出六項公關原則：

1.告知眞相

讓大眾知道公司的特色、想法與做法。

2.用行動證明

大眾對公司的觀感，90%決定於做，10%決定於說。

3.傾聽客戶

瞭解客戶需求，讓最高決策及公司員工知道公司產品、政策及做法。

4.爲明日管理

減少造成困擾的做法，創造善意。

5.公司需依賴公關

企業關係是管理功能，企業策略執行需考慮大眾影響，公關專業是政策制定者之顧問，能處理廣泛企業溝通活動。

6.常保冷靜、耐心及幽默

正確公關的實踐，存在於訊息前後一致，冷靜與理性的處理問題。

三、顧問（Counseling）

(一) 第一位公關顧問

十九世紀末，美國財富與權力過度集中在少數人手中，是所謂大企業家「爲富不仁」的時代。這些大企業家濫採天然資源和剝削勞工，引起新聞媒體界的「扒糞運動」，專門從事揭發企業內部黑幕報導，例如：「資方的頑固態度」、「不法作爲及

勞資糾紛」等，加上大眾普遍的批評，因而造就第一位公關顧問李艾偉（Ivy Lee）。李艾偉畢業於普林斯頓大學，曾在「紐約世界」報社做過五年商業記者。

1903年起，李艾偉開始從事公關顧問工作，幫很多公司辦過活動，其中尤以協助洛克菲勒家族改善企業形象，最為著稱。在其擔任洛氏家族十八年顧問工作中，曾說服洛氏放下高傲身段跟勞方溝通，並建議洛氏公開宣布捐贈數百萬美元給慈善機構，引起媒體廣泛報導。

但卻有兩件事使他的聲譽受損：1920年主張外交承認蘇聯及其貿易往來，認為這是化解美國與蘇聯間歧見的可行之道。1930年擔任一家德國化學公司的顧問，該公司幕後由希特勒政府支持，他雖在國會上公然表示反對納粹，但卻建議該公司以反對希特勒來爭取美國民眾好感，方便產品打入美國市場。

李艾偉為今天的公關事業做了許多基礎性工作，創造許多技術和原則，一直為人們所運用。其中如推動企業公關部門的發展，成為這一行業最具說服力的發言人，透過其親身實踐與宣傳，為大企業解決問題而成為企業最可信任的顧問。在其三十一年的公關生涯中，對公關的重要貢獻如下：

1. 推動企業應照顧大眾利益的觀念。
2. 任何活動唯有得到管理階層的主動支持，才會成功。
3. 與新聞媒體維持良好溝通。
4. 強調商業必須人性化，把企業公關的層次普及到員工、顧客與鄰居。

（二）公共資訊委員會的成長時期

該委員是一次大戰（1917-1919年）期間，威爾遜總統認識到公眾輿論的重要性，任命曾擔任記者工作的克里爾（George Creel）為主席，他召集一些優秀且具宣傳才能的記者、教師、編輯、作家，及對公眾輿論具有代表性的人物，組成一個「四

分鐘人」組織，這些志願參加者只要收到華盛頓打來的電報，就於四分鐘內將消息傳遞到附近學校、教會、俱樂部及人群聚集的地方。一直到戰爭結束，該組織共傳遞八十萬條消息。

當時企業認識到公眾發動運動的力量，紛紛設立宣傳單位，該委員會於是培養一批公關人員，他們將戰時的經驗應用於未來的工商界，正是現今企業形象塑造的先聲。

(三) 公關顧問功能的發揚光大

1920年美國經濟快速成長，企業利用廣告誇大宣傳，鼓吹分期付款、大量消費及股票投資，詐欺事件叢生，忽視公眾利益，最後終於形成1929年之經濟恐慌。人民深受其苦，檢討結果認為大企業是罪魁禍首，於是大企業紛紛力求自保，乃求助公關專家與廣告代理商，藉以重塑企業形象。

此時，公關引起社會科學學者的重視，在研究公眾輿論、分析宣傳的方式與效果、觀察社會壓力團體的形成及作用等方面，都做出很大貢獻。雖然較完整的輿論評估方法直到1930年才開始形成，但市場調查、社會調查及民意測驗皆在此時逐漸發展起來。

此時，公關人擔任公司與各種機構管理階層顧問的人數大量增加，把這項功能發揮到極致，且引起大眾注意的是伯尼斯（Edward Bernays），預見到被他稱為「公眾支持發動機」的公關行業，會成為他的終生職業。

1891年伯尼斯誕生於維也納，是心理學家佛洛依德的外甥。1912年自康乃爾大學畢業，最初為尊重父親意見而學農，後來發覺與志趣不合，畢業後成為醫學健康雜誌的編輯。1913至1916年則為紐約新聞代理公司工作。

一次大戰期間他活躍於公共資訊委員會，曾受命籌辦宣傳活動。例如：當時德義鏖戰於義大利庇亞倍（Piabe），美方要遣送軍艦援義，他建議把該軍艦命名為庇亞倍，邀義大利歌王

卡羅素為這艘軍艦舉行下水典禮，擲香檳慶祝，還把這張照片印成明信片，大量寄給前線德軍，來表示美軍的立場和行動。

1919年他與妻子在紐約創立公關顧問公司，為十五種產業的公司提供服務，並為許多名人如歌王卡羅素及美國五任總統（柯立茲、胡佛、小羅斯福、杜魯門及艾森豪）塑造個人形象。他認為最成功的公關活動，是1940年末期舉行記者會，幫美國卡車業者說服國會及政府多鋪公路，促使國會通過預算，修築六十六號公路，是日後美國州際公路的濫觴。

繼傳播學者李普曼於1922年出版名著《輿論學》之後，1923年他出版第一本公關名著《輿論的形成》（*Crystallizing Public Opinion*），闡釋公關的基本原則、範圍、功能、方法、技巧及社會責任，主張推展公關最重要的工作是瞭解公眾的基本態度與需求，並儘量滿足公眾的需要，進而建立共識，同時提出公關顧問（Counsel）的概念，在市場引起很大注意。同年，紐約大學聘請他前去講學，開課教授美國第一個公關課程。後來他曾至夏威夷大學擔任客座教授，波士頓及東北大學等校並頒發榮譽博士給他，法國及丹麥政府亦頒贈勳章給他，以表彰他對公關及社會科學的貢獻。

茲列舉實例說明伯尼斯如何有效地進行公關工作：

1. 1913年，他首次公開出擊，製作一個以性病為主題的舞臺劇。當時社會把性病視為禁忌語，他設計以首日演的戲票作為社會基金捐款，邀請政商界名流及社會領袖共襄盛舉，結果使得該劇轟動一時，也打響了他的名號。

2. 1920年為協助寶鹼公司（Procter & Gamble）促銷「象牙」肥皂，在學校主辦肥皂雕刻比賽，引起全國小孩與父母對清潔沐浴的興趣。

3. 1929年是愛迪生發明電燈五十週年，舉辦一個全世界注目的慶祝會，全球多家電力公司在同一時間切斷電力一分鐘，向愛迪生致敬。慶祝活動高潮是一項酒會，胡佛總統及許多

政要皆親自出席，美國郵局還主動發行一枚兩分錢的紀念郵
票。

4. 1930年代輿論和某些法律禁止女性在公共場合抽菸，他希望
打開「幸福」牌香菸的銷路，他安排十名剛踏入社會的女郎
在紐約傳統的復活節遊行中公然「吞雲吐霧」，因而打破女
孩不得在公開場合抽菸的禁令。1991年他承認吸菸有害健
康，積極推動禁菸運動，使得香菸廣告禁止在電視及廣播電
臺播出。

與李艾偉同時享有「公關之父」美譽的伯尼斯，1962年
退休後仍繼續從事寫作及演說，最喜歡談的題目是：「公關是
一門專業知識及應用科學」。1990年《生活雜誌》（*Life*）評
選他為二十世紀一百位重要美國人之一，1994年《公關季刊》
（*Public Relations Quarterly*）舉行全球伯尼斯盃大學公關寫作
比賽。他於1995年過世，享壽103歲。

在其七十六年的公關生涯中，重要貢獻如下：

1. 公關理論與實踐，需以社會科學為基礎。
2. 當大部分公關人憑感覺行事時，他開始使用民意調查。
3. 晚年致力推動立法，讓公關人像律師與醫生般取得執照，以
確立公關行業受社會尊重的合法地位，惜未成功，反對人士
認為此舉會違反言論自由。
4. 舉行許多富創意的公關活動，成為後人效法的模式。
5. 作育英才無數，著作多達十一本，除上述《輿論的形成》
外，尚有1927年《生涯概論》、1928年《宣傳》、1940
年《為民主而辯》、1945年《公共關係論文選》及《在和
平桌前就座》、1952年《公共關係》、1955年《共識工
程》（*The Engineering of Consent*）、1961年《你在公
關的未來》（*Your Future in Public Relations*）、1965年
《公關顧問伯尼斯回憶錄》（*Biography of an Idea: Mem-
oirs of Public Relations Counsel*）、1986年《洞察近代公

關1956-1986》（*The Later Years: Public Relations Insight 1956-1986*）。

第四節　全球公共關係史與專業發展

一、全球公關現況

全球公關從業人員約有兩百五十萬人法可尼（Muzi Falconi, 2003），公關協會約十七萬個，公關業已在全球蓬勃發展，區域及國家公關協會更相繼成立，例如：歐洲公關協會（CERP）、英國公關協會（IPR）、美國公關協會（PRSA）、加拿大公關協會（CPRS）、澳洲公關協會（PRIA）；非洲公關協會位於肯亞；亞洲則以日本、印度及馬來西亞三國最具規模；中南美洲公關協會總部在烏拉圭；2012年加拿大及法國正開始傳播專業國際標準ISO2600之初步工作。

目前全球以英、美與加拿大三國的公關發展最成功，產學互相分享資源與新知，包括研討會與實習的舉行，成為上述協會會員，必須有一定的公關工作經驗或曾受過公關教育才准入會，同時鼓勵公關人不斷在職進修，通過認證（Accreditation）制度來提升社會地位。

公關人在世界地球村裡扮演的角色日益重要，1997年IPRA會長漢思（Roger Hayes）表示，公關人是民主政治、市場經濟及有社會責任企業的忠告者，塑造訊息、影響政策、願景及價值，依賴訊息的自由流通來為大眾興趣服務。組織領導人必須具備遠見及道德勇氣，公司在邁向策略性轉型及尋求成功時，公關人需與領導人共創遠景與未來。

產業刊物如下：

1. "PR News"：1944年創刊於紐約之周刊，專注數位公關、公關領導者、危機管理及效果量測。
2. "PR Week"：創刊於倫敦之周刊，專注志工及公共事務等領域，發行量逾一萬三千份，網路使用者逾十二萬人。
3. Ragan Communications：位於芝加哥，專門發行與企業溝通、公

關及領導人發展相關刊物及研討會之公司，1970年發行之"Ragan Report"廣受好評。

4. IABC發行之雙月刊"Communication World"，包含趨勢、研究及案例。

(一) 歐洲的公共關係

歐洲公關協會（Confederation Europeenedes Relations Publiques，簡稱CERP），創立於1959年，由比利時、法國、德國、義大利及荷蘭五國公關協會共同發起成立，會員兩萬餘人，1989年起陸續成立公關公司、教育、公關人及學生四個分會，在歐洲議會（Council of Europe）及聯合國教科文組織具顧問地位，並由歐洲委員會（European Commission）所支持。2000年後該協會不存在，十八個會員加入英國公關公司協會（Chartered Institute of Public Relations，簡稱CIPR）。

比利時公關協會始於1953年，會員包括企業、顧問公司、政府機關及學校等單位，1961年曾組團赴美國學習公關，第一本歐洲公關書籍爲該會出版。法國公關協會成立於1955年，設立道德規章，公關活動以企業公關及政府公關爲主。德國只有大公司才有公關人員，政府亦設新聞處負責新聞發布，1961年海德堡大學設公關科。1970年義大利米蘭與羅馬協會合併爲一，企業及政府相關單位皆設公關單位。

1949年歐洲最早成立公關協會的是挪威，荷蘭公關協會成立於1954年，瑞士及丹麥公關主要由企業發布產品新聞，西班牙公關教育在一些學校進行。其他有公關協會國家包括奧地利、芬蘭、愛爾蘭、葡萄牙、瑞典、捷克、斯洛伐克及斯洛維尼亞。

(二) 亞洲的公共關係

自1980年起，亞洲公關進入快速改革發展期，其原因是跨國公

司的建立與市場擴張、消費者主義盛行、員工關係受到管理者
重視、政府關係受到企業界注意、上市公司在國內與國際上需
主動出擊的金融關係；同時具經驗的公關人加入，積極將國外
公關專業技術移轉本地，促成策略溝通的新公關趨勢在亞洲蓬
勃發展。

1.臺灣

歐美是由民間企業帶頭做公關，政府才跟進；臺灣公關發
展則是由政府率先實施，再普及民間，政府公關已成爲行
政制度之一部分。歷史發展分爲1940-1970年之草創期、
1980-2000年之黃金期及2001年後之重整期。

(1) 政府公關組織

抗戰勝利後，1947年4月17日行政院設立新聞局，負責新
聞發布工作；1950年成立政府發言人辦公室，負責國內
外宣傳等工作。1953年3月20日行政院檢討會議第十三次
會議決議：「各機關公關之建立至爲重要，各部會應指
定專人擔任新聞工作，隨時與政府發言人辦公室取得聯
繫，以發揮宣傳效果。」決議由行政院通令各級機關實
行，此爲政府正式宣布建立公關制度之濫觴。

同年5月1日，交通部根據上述規定，開始在其所轄
郵政、電信、航空、水運、鐵路、公路、港務及氣象各
部門設公關單位，或指派人員辦理公關業務。經濟部亦
在所屬臺糖、臺電及中油等單位推動公關業務。

1954年1月1日政府發言人室改組爲行政院新聞局，
負責政府宣傳與公關工作，並明定局長爲政府發言人。
2012年5月20日政府新聞局裁撤，國內業務由行政院發言
人接續，國外業務納入外交部國際傳播司，其他廣電出
版業務納入文化部等單位。

1958年行政院正式頒布〈各級行政機關及公營事業
推進公共關係方案〉，通令中央及地方各單位實施，自

此蔚成風氣，政府公關制度得以展開：1959年5月1日頒布〈地方各級政府暨公營事業機關推行公關方案〉；1968年1月4日頒布〈臺灣省政府所屬各機關加強新聞聯繫暨公關辦法〉。

其後政府精簡人事，自1978年7月1日起命令各單位之公關室併入秘書室，自此，人事、經費失去獨立性，公關制度推行遭受嚴重挫折。但公關是民主政治發展不可或缺之重要一環，1979年11月6日行政院核准新聞局擬定之〈行政院各部會處局署建立發言人制度方案〉；1982年7月28日行政院再頒布〈行政院各部會加強新聞發布暨聯繫作業要點〉，此兩項行政院頒布之行政命令，為我國政府公關工作最重要之依據，實際執行分為三部分，即媒體關係、國（府）會關係與民眾關係。

1989年因歷經解除戒嚴與開放報禁衝擊，政府准許人口較多之秘書處新聞股，擴編設置新聞室，辦理新聞行政及公關業務。

(2) 企業公關部門

早期民間企業除少數外商IBM、杜邦等公司及本地大型企業外，大部分企業都不知道公關為何物。1985年後，企業發生危機才知道公關的重要性，紛紛成立公關部，指派專職人員負責。國際公關公司登臺，與學有專長的公關人回國，才逐漸揭開多元化公關作業的神祕面紗，遍布各行各業，如百貨、汽車、科技、醫藥、金融保險、消費產品、航空及精品等。

(3) 民間公關協會

①「中華民國公關學會」成立於1956年，1966年改名為「中華民國公關協會」，會員當時包括政府與私人企業八百餘人，活動包括翻譯國外公關書籍及出席國際會議等，目前該會已無活動。嚴靜波副總統在第五屆

中華民國公關年會致詞時指出,公關是要與大眾建立誠信關係,把握民意方向,爭取民意支持的工作。

②財團法人公關基金會(http：//www.publicrelations.org.tw)於1990年12月由世新大學校友發起而成立,目標為導入正確公關觀念,培訓專業人才。1991年曾開辦公關精修班及傑出公關獎,表揚最佳發言人、公關經理人、內部刊物、危機管理、企業形象及社區關係六個獎項;1994年4月5日發行《公關雜誌》已停刊;1997年3月舉辦首次海峽兩岸公關學術暨實務研討會,提供外界諮詢服務,成立公關之友會,召募會員;2003年因經費困難而休會兩年,2007年復會並開始舉辦「校園公關提案競賽」。

③臺灣與臺北市國際公關協會原名公關業經營人協會(http：//www.tipra.org.tw)成立於2008年,主要會員為公關公司。

　　1968年國內第一家公關公司「國業公關」成立。自1987年起,臺灣公關公司快速成長,人事更迭頻繁,有的公司與中國大陸或外商公關公司策略結盟,藉以開拓市場;有的集團則藉旗下幾家公關公司區隔,競爭客戶。

　　1991年臺灣公關公司僅十餘家,2003年多達七十家,目前約四十餘家(參見附錄一),90%集中在臺北,其餘散布於臺中、臺南及高雄,公司規模小至一人,大至六十餘人。除威肯公關專注政治公關、世紀奧美公關專注科技公關外,其餘多為綜合型公關公司,即為各行各業從事公關工作之規劃與活動執行;另一些廣告公司亦設公關部,幫客戶規劃與執行活動。隨著國際知名公關公司的設立,為國人帶來正規專業作業原則與觀念,不論本土或國際公關公司,在傳播正確公關概念、教育

客戶與培育人才上，皆扮演重要角色。

　　2000年以後因國際經濟不景氣，公關業的發展亦遭遇部分阻力。目前仍處於未達成熟的階段，故仍有許多空間成長，例如：如何突破企業各界對公關概念的認知，仍有待產業與學界共同努力，俾使公關的運用更專業化。

茲將國內公關公司發展大事記，略述如下：

(1) 聯太公關：由魏景蒙、陳亦及李嘉等三位報業先進創立於1974年7月，是國內歷史最悠久的公關公司。曾與國際公關公司博雅（Burson Marsteller）及宣偉（Shandwick）有合作關係。早期曾發行外銷專業雜誌，1986年將「公共關係業務部」擴編為「傳播事業處」，除公關業務外，更涵蓋廣告、行銷、設計製作及活動等，具備全傳播之雛形，隸屬國內傳播集團「和信傳播」。1994年8月與汎宇公關合營，整合雙方資源。

(2) 精英公關：成立於1987年7月，剛好在臺灣公關業起飛的年代。創辦人孔誠志先生出身新聞界，故能掌握媒體需求來造勢，兩年後成立楷模公關，後來陸續成立多家公關公司。曾跨足大陸及臺灣中部市場，為太平洋崇光百貨公司舉辦開幕活動一役成名，是國內最大本土公關集團。

(3) 奧美公關（Ogilvy PR）：1986年初以部門型態成立於奧美廣告內，1987年5月成立獨立公司，1988年4月更名為奧美公關，是第一個在臺登陸的外商公關公司（圖2-1），並納入奧美整合行銷傳播集團，將國外行之多年的專業做法引進臺灣。2002年7月與本地強調科技公關的二十一世紀公關，合資成立世紀奧美公關。

圖2-1　奧美公關

(4) 宣偉公關（Shandwick）：1996年7月在臺設分公司，
　　總部在英國倫敦，以公眾事務、消費者關係及娛樂業
　　促銷專長為主。它雖是一個控股公司，與全球各地本
　　土公關公司策略結盟，且持有部分股權，但讓本土公
　　關公司保持其原有名稱。1986至1989年藉由三十八
　　個公關公司來快速擴張營運；2000年與以科技見長的
　　萬博公關（Weber）合併為Weber Shandwick。它與
　　2000年來臺成立之高誠公關（Golin / Harris）皆屬
　　IPG集團。

(5) 其他：凱旋先驅公關（Ketchum）於1996年11月在臺
　　設分公司，愛德曼（Edelman）公關於1997年5月在
　　臺設分公司。雙向公關創立於1998年，2011年2月與
　　策略合作七年的明思力集團（MSLG）合併，正式更
　　名為「雙向公關明思力」。

(6) 偉達公關（Hill & Knowlton）：於1989年4月來臺創
　　立，1998年退出臺灣。博雅公關（Burson-Marstell-
　　er）於1990年9月在臺設分公司，1997年10月退出臺

灣。1991年來臺設立之理登公關（Porter Novelli）於2011年退出臺灣。

2.中國大陸

現代公共關係理論和實務因改革開放而由歐美引進，隨市場經濟體制的確立而生根萌芽。經歷80年代初的引進醞釀期、80年代中至80年代末的知識傳播期、90年代初至90年中的專業實踐期、90年代中至90年代末的職業發展期，二十世紀末公關諮詢業終於正式形成。

自1978年以來，中國大陸實行「改革、開放、搞活」政策，首先出現在對外開放的經濟發達地區，如廣州、上海及北京等幾個經濟特區，率先開拓中國大陸的公關事業。現代公關學說及實務於1981年進入大陸。公關協助經營管理的功能，首先在深圳經濟特區的一批中外合資酒店等企業中出現。1984年廣州白雲山製藥廠是中國大陸國營事業第一家設立公關部；1985到1989年出現社會推廣教育的公關講座，深圳市總工會舉辦第一班公關培訓班，接著北京師範大學、北京大學、南京中山大學等各地陸續跟進。

1985年大陸第一家中資公司「中國環球公關公司」成立，隸屬世界五大通訊社之一的「新華通訊社」，該社擁有近七千名員工、三十個國內分社、一百多個海外分社，使得中國環球公關公司擁有訊息、人才及技術優勢，與政府、社團等單位間保持長期良好關係，贏得許多業務。該公司職員皆具大學以上學歷，接受博雅公關約五年專業化系統培訓。

1988年是大陸公關年，深圳和廣州分別在巔峰期舉辦「公關小姐公關先生全國邀請賽」與「公關大獎賽」，報名近百萬人。1989年前是大陸公關熱最為風行的時期，逾十萬人從事專職，受過培訓者約五十萬人，九成是青年；1989年後因理論與實務脫節開始降溫。

1990年後國際著名公關公司為發展其全球業務及維繫原

有客戶，咸認大陸為亞洲兵家必爭之地，以三種形式進入大陸市場：

(1) 獨資建立機構，如偉達、宣偉。

(2) 與當地機構合資或合作，如博雅、中法（Interasia）、福萊（Fleishman-Hillard）、奧美。

(3) 收購在大陸經營較好的公關公司，如1993年及1996年愛德曼和羅德（Ruder-Finn）公關公司，分別收購中法與奧博（Abbott Asia）公關公司。

這些外商公關公司為拓展中國市場，積極導入公關新觀念，致力於公關專業宣傳，對媒體、企業、政府和社會大眾進行公關專業知識的傳播和教育，讓大家瞭解公關作業；同時引進公關最先進的國際職業操作規範和標準，向中國客戶展現專業服務水準。

1991年中國國際公關協會（CIPRA）於北京成立，舉辦優秀公關案例評選活動，在此前後，二十個省市自治區成立省一級公關協會、學會、研究會。

1999年5月，《中華人民共和國職業分類大典》將「公共關係」作為一種新職業而列入中國職業大典，標誌著中國政府正式承認「公共關係」這一職業；同年7月《公關員職業培訓和鑑定教材》通過國家鑑定。2000年3月，《國家勞動和社會保障部第6號令》將「公關員」列入九十個持證上崗職業之一，同年12月開始每年四次公關員資格認證考試，目前已有十萬餘人獲得初、中、高級職業資格證書，2004年頒發《公關師國家職業標準》。

2004年7月公布《公關諮詢業服務規範》，重點摘要如下：

(1) 公關顧問服務是一種個性化的智力服務，提供之專業服務如下：媒體關係、活動管理、行銷傳播、品牌管理、公共事務管理、投資者關係、輿論調查與研究、危機管理與議

題管理、內部傳播、CEO聲譽管理、戰略諮詢、專業培訓及宣傳品製作等。

(2) 收費名目及形式：長期代理費（按月計算，原則上不應低於三萬人民幣）。

(3) 薪酬：目前該職業有著較高的薪酬標準，並保持較好的上升趨勢，薪酬標準幅度約月薪兩千至兩萬人民幣。

(4) 職位晉升：從初級職位晉升到高級職位，大多數專業人員需要八至十年的時間，這其中除了專業技能和職業素養的要求外，還有一個重要的原因就是社會閱歷和工作經驗的積累。

(5) 培訓計畫：初級、中級、高級專業人員保證每年分別為一百、六十、三十小時的培訓。

(6) 對惡意挖角公關人及不當取得商業資料明定罰則。

目前大陸總計兩千餘家公關公司（含臺灣公關業二十餘家），每年以30%快速成長，中外公關公司各有所長，專業分工促使市場重新劃分。據中國國際公共關係協會行業調查，2011年度中國公關市場年營業額約兩百六十億元人民幣，年增長率為23.8%，其中前二十名比上年增長28.7%，前三名產業為汽車、科技及消費產品。

3.馬來西亞

馬來西亞公關協會（IPRM）成立於1962年，會員分為Fellow、Member、Affiliate、Associate及公司五種，通過考試後才授予證書，凡在其承認之機構一年內修九個月課程且通過考試，即授予畢業證書（Diploma）；半年內修完課程且通過考試，即授予檢定證書（Certificate）。目前已有七所大專開辦相關課程。發行會員刊物，並定期舉行大型國際會議來探討當代公關議題，是亞洲區歷史悠久且專業活動最蓬勃發展的地區，重視危機管理與投資者關係。

4. 日本

日本公關協會（PRSJ）成立於1980年，會員分為四級，分別為正式會員A（一般公關人）、正式會員B（公關業者）、贊助公司會員，以及贊助個人會員（即公司會員之員工）；下面設有教育、出版、國際等委員會，定期舉行相關活動。因國際公司想在東京掛牌上市，促使金融公關頗受重視。

5. 新加坡

新加坡公關協會（Institute of Public Relations of Singapore，簡稱IPRS）成立於1970年，宗旨為凝聚專業力量、設定產業標準，及增加大眾對此專業的肯定。會員分為五類，即會士（Fellow）、正式會員（Full Member）、準會員（Associate）、會員（Affiliate）及企業會員。公關發展同時整合廣告及促銷，將品牌或觀念深入人心。

6. 韓國

公關業尚未很發達，目前情形仍是廣告業兼做公關相關工作，甚少設立公關公司。韓國公關協會成立於1989年，會員大部分是學界及廣告從業者。現在全韓國十一所四年制大學、四所三年制專科大學設廣告公關系，重視員工關係、社區關係及危機處理。

7. 其他

泰國及印尼的公關才剛起步，較重視企業公民及社區關係等。菲律賓及印度公關業發展早，僅次日本與馬來西亞之後，最近有被大中華區（大陸、臺灣、香港與新加坡）急起直追的壓力。

二、著名公關專業單位簡介（參見表2-1）

（一）世界公關協會（http://www.ipra.org）

1955年5月1日創立於倫敦（即目前總部），目前會員遍布八十

餘國，每三年召開一次大會，有行爲及道德守則，詳細規範公
關人的個人及專業操守，內容包括對客戶、企業主管、大衆、
媒體及同業，皆有明確的執業行爲說明（見圖2-2）。

圖2-2　世界公關協會（IPRA）會員遍布全球八十餘國

資料來源：http//www.ipra.org

　　同時，IPRA是聯合國教科文組織與經濟社會組顧問及會
員，爲推廣正確公關行爲不遺餘力。例如：曾以卡通人物比賽
來反毒品濫用，並引發全球作品巡迴展等活動，其著名研究文
件《金皮書》（Gold Papers），乃是就教育、道德及品質等議
題作深入探討。

　　IPRA Golden World Award創立於1990年，針對十八個傑
出公關案例進行頒獎，分別爲議題管理、社區關係、員工關
係、投資者關係、行銷傳播、特別活動、環保、藝術等，其中
對世人貢獻最多者將獲頒聯合國獎。IPRA環保溝通分會更明訂
環保守則供會員遵循。會員季刊《IPRA Review》創刊於1977
年，探討許多當代公關議題。

　　第十四屆年會於1997年6月14日至18日於芬蘭赫爾辛基召
開，主題爲「公關未來環境的願景」，共有來自五十四國五百

餘位學界與業界人士共襄盛舉，發表七十餘篇論文及報告。作者代表銘傳大學發表報告〈臺北企業公關人性別與角色分析〉，這個首次實務調查，是針對1996年十個最佳企業形象產業（百貨公司、汽車、營建、食品、電腦、保險、金融、租賃、航空及政府）一百位資深公關人所作的調查，結果顯示性別刻板印象對角色扮演影響並不大，即管理者不一定是男性，執行者不一定是女性。

另外，性別並不會影響職務升遷，但男性薪資仍高過女性。此次受訪的資深主管平均年齡以三十六至四十五歲居多，平均月薪臺幣六至九萬元，男性平均從事公關工作以三至六年居多，女性以三年以下居多。全部受訪者在校未受過公關教育，且大部分以商學系畢業居多。

來特（Donald Wright）暨IPRA教師學會會長，發表論文〈其他行業認為公關在做什麼〉，針對歐美、加公司的製造、行銷、研發、人資、財務等不同部門員工調查，結果顯示公關在組織內功能重要，外部公關重於內部溝通，公關專業技能重於公關管理。

(二) 美國公關協會（http://www.prsa.org）

成立於1947年，總部位於紐約，是目前世界最大公關人專業組織，會員超過兩萬餘人，多數來自工商製造業、公關公司、廣告公司公關部、公協會、教師、非營利組織及政府單位等。致力於提升高專業標準，並提供技能改善、新知與經驗分享的機會，其使命包括鼓勵公關人繼續進修、向大眾解釋公關目標與功能、強調公關是項公共服務且需具高道德操守。

在全美十個地區設立百餘個分會，1961年起，會員依興趣加入十六個公關應用領域，分別是公協會、企業、公關公司、藝文機構、學者、員工溝通、環保、金融、食品、醫療、國際、跨國文化溝通、專業服務、公共事務與政府關係、科技與

旅遊。

專業標準方面，會員在加入PRSA需同意遵守其制定的
〈事業標準守則〉。1964年，PRSA建立一個自願性質的認證
（Accreditation）制度，會員至少需有五年專業經驗，才可參
與筆試與口試。若通過此專業檢測，才可將APR（Accredited
in Public Relations）置於名字之後。目前約有四分之一會員取
得此資格認證。經由在職進修、參加專業組織及公眾服務等活
動累計積分後，1993年1月1日後認證者，每三年需再檢視其資
格一次，這種方式可確保APR資格且不斷增強專業能力。會士
協會（College of Fellow）依經歷授予會士等頭銜，以表彰其
社會地位。1998年1月起，該制度更擴及紐西蘭公關協會等九
個組織，同時頒發獎項來鼓勵專業人員，如金砧獎（Gold An-
vil）獎勵個人對公關專業的貢獻；銀砧獎（Silver Anvil）給予
在十四個分項的傑出公關活動，數十年來只有千餘個機構獲此
獎項；銅砧獎（Bronze Anvil）獎勵最佳溝通工具。

專業發展方面，經由多種管道進行，例如：年會、研討
會、錄影帶、函授教學及刊物等。刊物包括線上月刊《Public
Relations Journal》、報導新聞與趨勢的月刊《Public Relations
Tactics》、報導議題影響管理者的季刊《The Public Relations
Strategist》。其專業發展對象亦擴及學生，PRSSA（Public
Relations Student Society of America）目前會員超過九千餘
人，藉年會、比賽與實習等活動，培養學生專業能力，在兩
百七十個校園設有分會。

（三）英國公關協會（http://www.ipr.org.uk）

創立於1948年，總部位於倫敦，英國約有兩萬餘位公關人，
其中一萬五千人服務於政府與企業，七千五百人服務於公關公
司，並有規範嚴謹的守則讓大家遵行。

要成為該會會員，需經嚴格審核，在指定十一所學校受

過專業教育或數年公關工作經歷，始可成為下列五種會員：學生會員、Affiliate會員（三年以下工作經歷）、Associate會員（在核准學校上過課或三年公關工作經歷）、會員（需受過核准學校教育及四年公關工作經歷，或十年公關工作經歷）、會士（具特殊貢獻者）。

全英國設有十三個分會及應用領域，分別為市政與財務、營造業、義工、政府事務、醫療、內部溝通、資訊科技、科技工程、地方政府、行銷傳播、媒體關係、汽車及學生組。

活動方面，除每年的年會及平日研討會外，生涯日（Careers Day）是讓學生認識公關工作。每年春季會依不同公關領域，頒發傑出獎（Sword of Excellence Awards）；每月交叉發行刊物《IPR Journal》及《IPRupdate Newsletter》；每年年初會發行上一年度年報《Report and Accounts》。

IPR亦透過Accredited Member方式來管制專業的品質，尤其注意培養議題及危機管理能力，加強學習新媒體技巧來因應快速變化的環境，確保公關人不被時代所淘汰的關鍵核心技能。

(四) 加拿大公關協會（http://www.cprs.ca）

創立於1948年，總部位於渥太華，有十七個分會與專業守則，會員分為以下七種：正式會員、認證會員（APR）、Affiliate會員（供應商）、Associate會員（兼職公關人）、個人會員、終生會員（傑出貢獻）及學生會員。

(五) 澳洲公關協會（http://www.pria.com.au）

創立於1949年，總部位於新南威爾斯，其下有八個分會，會員約分為三級，有兩年公關實務經驗為準會員（Associate）；三年工作經驗為會員（Member）；七年以上工作經驗為會士（Fellow）。上述三者皆需經過各分會認證或內部考試，且需

遵守公關道德及專業標準。除每年舉辦公關年會及表揚傑出公關獎外，每月並發行公關雜誌《Public Relations》。

會士協會角色重要，其功能如下：1.道德守則之守護者；2.向同儕提供建議，使專業更好；3.提供技術、經驗、意見論壇，影響會士協會之服務；4.成為卓越公關人之典範，同時積極參與教育活動；5.對公關界提出批評；6.評審年度企業溝通獎；7.建立公關人饋贈託管制度，以利公關教育之推廣；8.支援每區活動，如終生教育等。

（六）歐洲公關教育研究協會（http://www.euprera.org）

歐洲公關教育研究協會（Europe Public Relations Education and Research Association，簡稱EUPRERA），創立於2000年，前身為歐洲公關協會，1990年起開始定期為教師公關人及研究者舉辦研討會，並發表白皮書。

（七）非洲公關協會（http://www.afapr.org）

開始於1975年，2008年於肯亞正式註冊，經由道德規範，建立公關實務，與全球公關接軌，培育各國及已有公關協會六國（西非剛比亞、加納及奈及利亞，東非烏干達及肯亞，南非）之公關專業成長，定期出版產品。會員包括顧問、公關人及學生。

（八）中國國際公關協會（http://www.cipra.org.cn）

成立於1991年4月，總部設在北京，具聯合國經社理事會特別類諮商地位。2002年開始舉辦最佳公關案例大賽，2005年創刊《國際公關》雜誌，2008年開始舉辦大學生公關企劃大賽，2009年開始辦理公關實戰案例培訓班。

團體會員分為四類：A、B、C類皆為企業單位，年費分別為一萬、五千及三千元人民幣；D類為非盈利性單位，年費

一千元人民幣。

　　其主要任務包括致力於公共關係的理論研究和實踐探索，制定發展戰略，實施行業管理；提高行業及其從業人員的社會地位，維護從業人員的合法權益，規範行業及從業人員的行為，透過多形式的國際交流與合作，為國內外組織機構提供諮詢。協會設四個工作委員會，分別為組織、學術、公關公司及企業公關。

(九) 公關公司協會 (http://prfirms.org)

公關公司協會 (Council of PR Firms) 會員包括百餘家大型、中型及各有專長的公關公司，擁護誠信、正直及透明專案執行，加強公關公司之社會教育，協助產業標準之建立，提供會員工作方針。

(十) 公關學會 (http://www.instituteforpr.org)

　　公關學會 (Institute for Public Relations Research Foundation) 創立於1956年，後改名為Institute for Public Relations，簡稱IPR，是獨立非營利基金會，致力於公關藝術下之科學研究，其宗旨在贊助公關研究 (二十五個主題) 與提升公關教育，提供獎學金與實習機會。研究方向有三：

1.公關測量暨評估委員會致力於標準制定。

2.與大學及商業團體共同進行標竿或最佳典範之研究。

3.支持公關工作之重要社會科學研究。

(十一) 公關教育協會 (http://www.commpred.org)

公關教育協會 (Commission of Public Relations Education，簡稱COMMPRED) 自1975年開始發表公關教育研究報告，包括代表公關及傳播界的教師及公關人，探討大學及研究所課程與道德等議題，2012年發表美國碩士公關教育研究報告。

(十二) 全球公關中心（http://cgpr.uncc.edu）

全球公關中心（Center for Global Public Relations，簡稱 CGPR）2000年10月成立於美國北卡羅來納大學，目的在增進全球公關人、學者、教育者及學生公關知識與夥伴關係，經由持續研究及教育機會，相信公關在二十一世紀要在變動政、經、社會及文化下存在，需擁有專業知識技巧的精進、普世價值及最佳範例等。

(十三) 全球公關及傳播管理協會（http://www.globalalliancepr.org）

全球公關及傳播管理協會（Global Alliance for Public Relations and Communication Management）2001年成立於瑞士，有七十餘個全球協會會員，整合專業及分享知識，與全球專業夥伴建立夥伴關係，共同解決專業問題。自1998年起每兩年開一次世界公關論壇會議（World PR Forum）會議，與新加坡、瑞士及西班牙進行專案研究，在新加坡、瑞士及美國提供獎學金進行高階主管碩士傳播課程（MS in Communication Management）。

(十四) 荷姆斯報告（http://www.holmesreport.com）

創立於2000年之公關專業網站，經由提供公關專業知識，提升公關價值。每年公布具公正性之全球兩百五十家公關公司收入排行（Fee），舉辦SABRE案例比賽，並針對年度著名危機案例評論。

(十五) 美國企業通訊（http://www.prnewswire.com）

成立於1954年，協助企業在全球主要媒體發布新聞，並針對汽車、能源、娛樂、財務、醫藥與科技等市場，提供最新動態。

表2-1 著名公關專業單位網址一覽表

項次	單位名稱	網址
1	世界公關協會	http://www.ipra.org
2	美國公關協會	http://www.prsa.org
3	英國公關協會	http://www.ipr.org.uk
4	加拿大公關協會	http://www.cprs.ca
5	澳洲公關協會	http://www.pria.com.au
6	歐洲公關教育研究協會	http://www.euprera.org
7	非洲公關協會	http://www.afapr.org
8	中國國際公關協會	http://www.cipra.org.cn
9	公關公司協會	http://prfirms.org
10	公關學會	http://www.instituteforpr.org
11	公關教育協會	http://www.commpred.org
12	全球公關中心	http://cgpr.uncc.edu
13	全球公關及傳播管理協會	http://www.globalalliancepr.org
14	荷姆斯報告	http://www.holmesreport.com
15	美國企業通訊	http://www.prnewswire.com

三、專業人員職責

一般專業者具有下列五項特質：

1. 共同專業價值，服務別人重於個人經濟所得。
2. 具備專業組織會員身分。
3. 遵循專業道德規範，違反者將被除名。
4. 擁有知識傳統及已建立的知識體系。
5. 經由長期專業訓練獲得技能。

塔斯、沈及布萊斯（Toth, Shen & Briones, 2012）研究指出，成功公關人之特質包括：精密的思考、好奇心、熱情及人生歷練、適應力強之

團隊成員、與組織契合之默契、創新及優質情緒管理、良善價值觀及高道德操守。其他如在有限時間內，完成多項結合策略及技能之專案、終生學習、世界觀、問題分析及解決問題能力、同理心及緊急應變之能力。

公關為社會中眾多機構服務，例如：商界、工會、政府、義工組織、基金會、醫院、教育及宗教機構，這些機構必須和很多目標對象溝通其目標，例如：員工、會員、顧客、社區民眾、股東及整個社會等，瞭解大眾的態度與價值觀，公關人必須擔任管理階層的顧問，協助將組織目標轉變成能為大眾所接受的政策及行動。

為了協助組織制定與執行政策，公關人必須使用各種專業溝通技巧，且扮演組織內部與外在環境整合的角色，其責任就是提醒組織領導者注意環境變化，將公共輿論為組織帶來的壓力與影響，向管理者解釋，故公關人需不斷對社會環境進行研究與分析。

初階公關人之工作包括：回答媒體問題、記者會準備、協助訪客參觀或研究、新聞稿與小冊子寫作、媒體名單蒐集與更新。進階公關人之工作包括：協助管理者準備報告、演講、簡報等撰寫、展示品及視聽物製作、活動策劃與執行監督、研究設計等。公關工作內容需注意保密及品質，一些突發的危機處理，更是考驗公關人的智慧與專業。公關在發揮管理功能時，負責從事下列活動：

1.企劃與執行

包括組織各種活動與重要公共議題。

2.建立關係

成功公關人由組織內部及外部資訊蒐集，以利技能發展與活動企劃，包括員工、媒體、法人、政府及社區等。

3.寫作與編輯

書面印刷物較易被廣大群眾閱讀，故優秀的寫作能力是公關工作必備的要件。

4.資訊傳遞

傳遞資訊給適當印刷或電子媒體之系統建立，及吸引媒體報導組織訊息，是公關人定期的活動。

5.製作能力

各種刊物、企業廣告、錄影帶及多媒體製作等，公關人需具備上述技術之背景知識，以便監督製作流程。

6.特別活動

獲得群眾吸引力所舉辦的記者會、展覽、週年慶、募款、會議及產品服務行銷傳播等，事前皆需詳盡協調規劃。

7.演說

面對一人或群體之簡報，以達到改變其觀點的目的。

8.研究與評估

重要活動之一是事實蒐集，可經由個人訪談、查閱報章雜誌資料、非正式對話及正式意見調查。為達到成功告知大眾瞭解組織目標，需對溝通活動進行長期研究、執行與評估。

9.管理諮詢

在公司政策制定及溝通過程中，對管理階層提供專業諮詢，讓企業將目標對象及社會公民的責任納入考量。

10.資源管理

包括制定目標、策劃、編列預算及訓練人員等。

第三章
理論

第一節　公共關係的定義與理論模式

一、公共關係的定義

　　在過去的年代，各種不同的公關概念，反映在各個組織與社會中所發揮的功能與作用，展現出大眾對正在興起的公關行業的重視，探索其根源與演變的過程，將有助於對定義的瞭解。

　　二十世紀初，公關常被用來保護大企業的利益，抵禦新聞媒體的攻擊與政府的管理。雖然這一時期公關具有許多積極作用，重點是「介紹自己」，制定對應策略，影響公眾輿論，避免公共政策為企業經營帶來影響。第一次世界大戰時期，公關概念被認為是一種控制社會輿論的單向誘導式溝通，即影響他人的宣傳活動。

　　二次大戰後的幾十年中，公關逐漸演變為有組織的溝通活動，發揮雙向的交互作用。韋氏第三版《國際字典》，把公關解釋為：「發展成為一種相互理解與信賴的藝術和科學。」

　　Hutton（1999）綜合學界文獻後指出，「管理」、「組織」與「公眾」乃各類有關公共關係定義之三大共同元素。除此之外，Hutton也指出，實務界對公關的功能有以下六種界定：說服（persuasion）、倡議（advocacy）、公眾資訊（public information）、導因關聯（cause-related，一種重視大眾利益的說服形式）、形象／名譽管理（image/reputation management），以及關係管理（relationship management）。簡言之，組織、公眾、管理、溝通、傳播與關係等概念，是各學派有關公關定義的共同概念。

（一）兩派學說影響深遠

1. 查德（Harwood Child）於1930年代末期，提出公關的基本作用，是從公眾利益方面來調整個人或組織具社會意義的行為。其調整一個組織內外環境的說法，及採用正確行動與溝通策略，是較為科學與先進概念的萌芽，也是比較成熟的公關概念的核心內容，直到最近才為現代公關概念的組成部分重新表現出來。

   一般人常以看得見的技術來定義公關，例如：報紙的文宣、電視訪問組織發言人、或名人在特別活動中露面等。人們無法瞭解公關是一個涉及多重層面的過程，包括研究、分析、政策形成、活動執行、溝通及評估大眾的回饋。基本上，公關人在兩個層次作業：一是客戶或組織高階管理者的顧問；二是製造及散布訊息給媒體的專家。

2. 被譽為「公關研究之父」的哈羅（Rex Harlow），是美國史丹福大學教育學院教授，自1939年開始從事公關教育，在全美為公關人舉行研討會長達二十餘年，當時約有一萬人的第一次正式公關課程，即受教於他。他主動向公關人與管理者闡明社會科學研究有利公關作業，曾寫過七本公關書籍，1993年過世，享壽一百歲。他曾蒐集五百餘個公關定義，發現不管定義簡單或複雜，皆有以下共通性：公關是深思熟慮且有計畫的管理功能，注重大眾利益，使用研究及正當雙向溝通技巧，展現具體成果。簡言之，公關是先有好表現（**Performance**），才會得到認同（**Recognition**）。

(二) 三種定義廣為人知

世界許多國家皆自行揭示對公關的定義，茲列舉三個具代表性且為世人所熟知的定義：

1. 1978年在墨西哥城舉行的世界公關大會（World Assembly of Public Relations）通過此定義，並得到三十四個公關組織採用：「公關是藝術與社會科學，用來分析趨勢，預測結果，為組織管理者提供意見，並施行符合組織與大眾利益的行動計畫。」

2. 英國公關協會（The Institute of Public Relations，簡稱IPR）將公關定義如下：「經由有計畫及不斷的努力，來建立並維持組織與大眾的善意和相互瞭解。」

3. 美國公關協會（Public Relations Society of America，簡稱PRSA）於1982年通過公關的正式聲明，全文如下：「公關促進團體與組織的相互瞭解，因而有助於這個複雜且多元化的社會，得以達成決策及更有效的運作，它使得私人與公共政策合而為一。」

由於公關角色的複雜性，PRSA特別定義出十四個與公關相關的活動：

1. **溝通**
   藉由文字、影像聲音、演說或身體語言來傳遞訊息。

2. **議題管理**
   預期、分析及解釋會影響企業運作的民意、態度和議題，例如：環保議題。

3. **社區關係**
   組織營運必會與周遭環境目標對象建立互動關係。

4. **少數民族關係（如亞裔、黑人等）**
   常發生在跨國企業的員工關係。

5.媒體關係

與大眾傳播媒體的誠信互動，有利於重要訊息傳播。

6.廣告

花錢買下版面或時段，內容雖可控制，但可信度待查。

7.新聞代理（Press Agent）

製造短暫新聞事件熱潮以吸引注意。

8.促銷（Promotion）

經由特別活動，影響輿論形成。

9.宣傳（Propaganda）

單向影響輿論，以便教條廣爲人知。

10.宣傳（Publicity）

規劃好的資訊，免費傳播於新聞媒體或特定媒體（例如：小冊子、企業或協會刊物等），以便有益於組織或個人發展。

11.公眾事務（Public Affairs）

與政府及相關團體共同協助公共政策及法案的制定。

12.政府關係

代表組織與政府及立法單位溝通，包括公眾事務及政治公關等。

13.法人關係

與組織的股東及投資社區溝通。

14.產業關係

與業界其他公司及公會等單位的溝通。

二、公共關係的理論模式

大部分的學者皆同意專業公關被公認爲實務（practice）始於1880年代，一直成長至今，其理論過程的演變與當時的經濟、科技與社會改變有關，包括：

1.企業競爭的危機所導致的獨占資本主義。

2.社會組織的增加及社會專業化的普及。

3.團體間溝通問題的增加。

4.行銷、管理及行政方面科學研究的精進。

5.大眾傳播技術的不斷更新。

6.教育普及。

7.價值觀的改變及平等主義抬頭。

隨著環境變遷，一些理論學派應運而生，茲簡述如下：

皮勒（Pimlott, 1951）認為，公關是一個有用的社會角色，協助社會發展更趨和諧。赫伯特（Hiebert, 1966）則強調公關的民主影響。泰羅（Tedlow, 1979）指出，公關是特別的組織角色，使企業能適應多變的環境。歐斯奇（Olasky, 1987）視公關為組織經由市場控制達到自我經濟提升的利器。

茲將在理論演變史中最常被大家討論的六種，詳述如下。

（一）使用與滿足理論（Uses & Gratifications Theory）

柯茲、布朗勒及格魯契（Katz, Blumler & Gurevitch, 1974）認為人們是媒體積極使用者，會選擇可滿足他們的媒體，公關人若要訊息被注意，需以多種方式塑造及解釋訊息。

（二）議題設定（Agenda Setting Theory）

蕭與麥肯思（Shaw & McCombs, 1972）建議媒體內容設定議題，讓社會討論及互動，公關人提供新聞，讓大眾注意並影響議題設定。要達成上述目的，需找出主題，協助媒體採訪故事。

（三）公共關係溝通四種模式（Model of PR）

格魯尼與杭特（Grunig & Hunt, 1984）在研究公關和外在環境互動行為後，依溝通目的、傳播性質與模式、研究性質、應用領域及採行比例，提出公關行為的四種模式（如表3-1）。該四個模式以規範性理論與實際公關運作所建構，前三者重說服，第四者重平衡組織及大眾興趣多於單向說服。茲分述如下：

表3-1　公共關係溝通四種模式之特性

特　性	模　式			
	報業代理	公共資訊	雙向不對稱	雙向對稱
目　的	宣　傳	傳遞資訊	說　服	相互瞭解
傳播性質	單向；真實並不重要	單向；真實很重要	雙向；不平衡的效果	雙向；平衡的效果
傳播模式	來源→受眾	來源→受眾	來源↹受眾回饋	團體↹團體回饋
研性性質	很少；計算人數	很少；可讀性調查	態度之形成與評估	調查與評估大眾瞭解程度
應用領域及盛行年代	運動、戲院產品促銷（1850-1900）	政府、非營利機構、企業（1900-1920）	競爭的企業、代理商（1920-1960）	管制的企業、代理商（1960-目前）
美國組織採行比例	15%	50%	20%	15%

資料來源：Grunig & Hunt（1984, p.22）

1. **報業代理（Press Agentry）模式**

   古老公關形式，與promotion / publicity同義，目的是單向宣傳（propaganda），道德不重要，很少進行公關研究，讓組織在媒體曝光，例如：名人、贈品、遊行、開幕及傳統商品銷售。

2. **公共資訊（Public Information）模式**

   目的是告知大眾感興趣的資訊，不一定需具備說服意圖。這是美國最流行的模式，採行單位包括教育機構、公協會與宗教團體、大企業等。李艾偉是該時代代表人物之一。

3. **雙向不對稱（Two-Way Asymmetric）模式**

   目的是利用社會科學理論說服大眾改變態度和行為，支持組織，但大眾的回饋很難改變組織，故研究重心在於協助規劃活動、選擇目標，及評估目標是否達成、態度是否改變等。今日仍可見競爭的企業、公關公司及代理商採用此模式。

4.雙向對稱（Two-Way Symmetric）模式

該模式的目的是促進組織與公眾的瞭解，組織與大眾間經由雙向溝通與瞭解，進而互相改變行為與態度，研究重心在學習大眾如何認知組織政策，作為管理者調整政策之依據。該模式是格魯尼認為理想的公關模式，公關專業先驅伯內是此模式的最佳實踐者。

(四) 公共關係開放系統模式（Systems Theory）

卡特力普等學者（Cutlip, Center & Broom,1985）認為組織即可視為一系統，由人事、財務、製造、行銷及研發等相互依賴單位所構成。組織必須不斷調整與上述內部及其他外部公眾的關係，為了生存與發展，面對環境改變做出因應措施，公關在此時必須發揮協助組織偵測環境、適應環境或改變環境的功能。具體言之，公關可支援行銷部推廣公司產品或服務，協助人事部進行員工溝通，也會從外部環境中引進新觀念，刺激組織成長。故公關被學者格魯尼與杭特（Grunig & Hunt,1984）視為組織次系統（subsystem）角色（圖3-1）。

開放系統組織認為，必須隨時與環境進行互動，針對各種變化做出調整與適應動作，才能維持生存，並進一步發展。上述兩位學者提出開放系統的五種特質為：

1. 考慮組織與周遭環境的關係。
2. 挑戰傳統，建立企業典範。
3. 任務導向且重視目標管理。
4. 管理者用量化數據協助決策。
5. 管理者企圖對其他系統進行控制，或自我改變，或兩者並行。

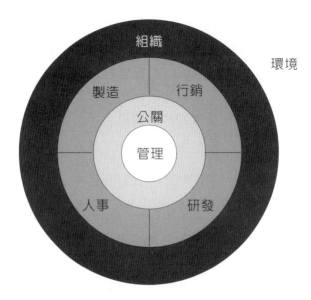

圖3-1　公關是組織次系統

　　公關開放系統在組織內能促進正確的行為產生，進行影響公眾知識結構、觀點與行為改變的工作，具主動力與預警力，是公關開放系統主要和最有效的功能，可防止組織危機發生，且減少危機管理時組織有形（財務）與無形（形象）的損失。一個開放系統，依外界環境的不同而調整自己行為的循環狀態。外界環境的投入，必會對系統的目標狀態發生影響。投入可能導致系統運行方向與目標狀態發生偏離，這時，回饋可使系統在結構與運行兩方面得以調整，如此就可消除或減少偏離。調整可能帶來兩種產出，一是內部可改變或維持系統狀態，另一為外部可改變或維持環境變動（圖3-2）。

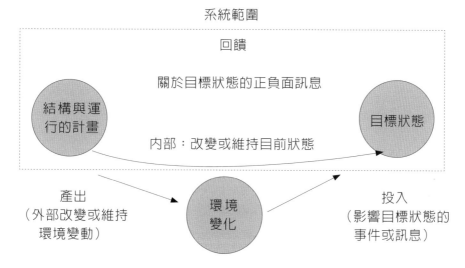

圖3-2　公共關係開放系統模式

資料來源：Cutlip, Center & Broom（1985, p.194）

（五）公共關係混合動機模式（Mix-Motive Model of PR）

普魯門、布魯格斯及黃懿慧（Plowman, Briggs, & Yi-Hui Huang, 2001）提出，意見不同之兩方，經由溝通向中間雙贏區靠近，此模式為目前業界最常使用，分述如下：

爭論：一方將主張加諸另一方。
合作：雙方一起達成互助方案。

調適：一方主張讓步並降低期望。

避免：一方或雙方讓衝突形式化或心理化。

無條件解釋：不論大眾遵循方針與否，組織主動調停組織與大眾之興趣。

妥協：雙方對較喜歡主張之選擇性同意。

原則：雙方持至高道德標準而無法妥協。

雙贏或無交集：雙方擱置同意直到談判開始。

計畫：由外界無興趣之團體介入。

(六) 西方公關理論三個主要學派

黃懿慧（1999）曾針對1990年代西方公關三大理論學派的主要論述進行整理。

1. 管理學派學者（J. Grunig & Hunt，1984率先提出）對公共關係的定義是：「組織與其相關公眾間溝通的管理」，強調「組織」（而非個人）概念，需發揮管理功能以解決組織與其公眾的溝通和衝突問題，組織、公眾、溝通與管理，是四個重要元素。

   管理學派認為公共關係是組織的「溝通管理者」，業務處理的範圍則涵蓋所有組織與公眾間可能透過「溝通」解決的問題，其中尤其包括日益增多的「抗爭」與「衝突」事件。主張需發揮「理想性」與「實用性」的功能，秉持「雙向對等溝通」、「混合動機模式」與「策略管理」的理念，兼顧組織與公眾的利益，透過裁判、協商與合作的方式解決問題。

2. 語藝／修辭學派學者（Toth & Heath，1992率先提出）認為，公共關係是「企業公共語藝」（corporate public rhetoric）的實踐者，公關人員的主要功能是解決組織的語藝、修辭與形象問題。組織與其公眾間的公關作業可視為是一個「企業人」與其他公眾間語藝活動的總和。組織、公眾、語

藝、倡導（advocacy）與議題等元素的組合，似乎可涵蓋語藝學派對公共關係的界定。

語藝學派認為公共關係是組織的「修辭者」，舉凡與符號產製有關的業務，譬如：口號、標語、宣傳、公共演說等，都是公關人員的職責所在，形象與名譽管理更是工作重點。重視大眾傳播效果，強調公關人員必須發揮實用性的功能，爭取組織與客戶的利益，扮演組織「軍械庫」的角色，發揮「抗辯」的功能，說服閱聽大眾採納組織的立場與觀點。

3. 「整合行銷傳播」（Integrated Marketing Communication，簡稱IMC）學派學者（Schultz, Tannenbaum & Lauterborn, 1993）認為，公共關係主要的功能是處理「行銷推廣」問題，對所有產品或服務的消息來源進行整合管理，使潛在與現行顧客採取購買行動，或繼續維持其品牌忠誠度。「訊息傳遞」與增加「品牌接觸」是公關人員兩大重要職責，目的是增加產品銷售及服務使用，重視「資料庫行銷」與一對一傳播，強調「單一訊息」的重要性。

第二節　整合行銷傳播

一、IMC的定義

整合行銷傳播常見定義如下：

（一）美國廣告協會（1989）

是一種從事行銷傳播計畫之概念，強調透過此通盤計畫之附加價值。整合廣告、直效行銷、促銷及公共關係之策略性角色，提供清晰一致的傳播訊息，以符合最大傳播效益。IMC組合（marketing mix）四大要素為：

1.促銷

短期內利用商品以外之刺激物，創造銷售動能，分為對通路及內部人員之內部促銷，以及對消費者之外部促銷，方法包括降價、試用、抽獎、贈品及折價券等。

2.廣告

在付費原則下吸引消費者注意，分為產品廣告、企業廣告及工商新聞廣告（置入性行銷）。做廣告前需先考慮服務類型、目標市場及競爭對手廣告政策。

3.直效行銷

包括關係及資料庫行銷，透過人員銷售、電視／網路郵購、電話行銷及郵寄傳單等方式引發購買。

4.公關

組織及大眾間之傳播管理，透過書面、視聽、免費新聞報導、活動及演說等方式，保持並提升公司形象。

表3-2　行銷傳播工具優缺點比較

行銷傳播工具	優　點	缺　點
促銷	增加誘因，刺激短期銷售	造成大眾期待低價，長期破壞品牌形象及忠誠度
廣告	創造知名度	可信度低且花費高
直效行銷	聚焦客製化一對一傳播及回饋	績效依據資料庫精準度及大小，成本高
公關	創造商譽，媒體主動免費報導可信度高，監控企業或品牌形象，掌握與不同利害關係人溝通，是有效IMC之核心	難以衡量績效，且未必能直接引發銷售

資料來源：Burnett & Moriarty（2002）

（二）舒茲（Schultz, 1993）

將所有與產品或服務有關的訊息來源加以管理的過程，使顧客及潛在消費者接觸統合的資訊，並且產生購買的行為，同時維持消費者忠誠度。主張麥卡錫（McCarthy, 1960）提出以生產者為中心之4P（產品、價格、地點及促銷），應修正為以消費者為中心的4C（消費者、滿足需求的成本、便利性與傳播）。

- Consumer：以消費者所需之商品，取代廠商能製造之產品。
- Cost：以滿足消費者需求過程所需之成本，取代廠商訂價。
- Convenience：考慮消費者購買之便利性，取代行銷通路。
- Communication：考慮如何與消費者溝通，而非一味促銷。

　　發展傳播溝通策略及戰術，除上述IMC傳播組合四大要素外，可用的方法包括事件行銷、店頭商品展示、產品包裝、logo設計、配銷及訂價政策、銷售資料及商品形式等。

　　舒茲及柯俊（Schultz & Kitchen, 2000）修正定義：是一個長期策略商業過程，與客戶及組織內外目標對象，使用可評估且具說服力之品牌溝通計畫。

（三）科特區口（Kliatchko, 2008）

是策略性管理品牌傳播計畫，聚焦於四項重要特質：

1.利害關係人

包括（潛在）消費者、員工、合作夥伴、競爭對手、媒體及政府單位等與組織或產品有關者。

2.內容

強調調性（tone & manner）、主題、特徵、標誌及訴求等溝通訊息之一致性。

3.通路

除傳統媒體外，需重視其他和利益關係人接觸之途徑，掌握訊息曝光頻率和便利性等使用習慣。

4.結果

消費者實際購買行動及對組織增加之營收。

蘋果電腦是全球成功運用IMC之典範,在新產品發表前,先用公關造勢,透過新聞稿及技術編輯產品預覽,讓消費者、玩家及通路商產生預期心理;在接近產品發表時,發布產品特稿及對蘋果迷發動直效行銷;產品發表後,則在各大媒體刊登廣告及促銷活動。

二、IMC的過程

(一) 整合行銷傳播必須由高層往下開展

最高執行長必須主動支持整合行銷傳播的計畫,掃除障礙,讓公司每個員工均清楚瞭解整合行銷傳播的重要性。

(二) 消費者導向的行銷

隨時隨地關心消費者,吸取有關資訊,以瞭解、滿足消費者的需求,使其行銷計畫更能迎合消費者。

(三) 傳播必須成為一個實際有效的競爭優勢

當產品具有同質性、配銷通路類似、價格無差異時,廠商唯一的競爭武器,僅有傳播的安排及其與消費者的關係。

(四) 傳播活動必須中央控制

唯有中央控制的組織,才能有高瞻遠矚的傳播計畫、建構完整的策略,且傳播必須被視為主要活動,方便品牌的建立。

過去的組織架構多以高瘦型為主,不適用於推行整合行銷傳播的概念,故Schultz等人(2001)提出新的改革方案:

（一）建立一個傳播獨裁者

只有在瞭解全盤傳播活動的通才的集中控制下，才可能發展出基本的傳播策略和廣泛的傳播活動。該概念可經由組織中設立由「行銷傳播」（marcom）主管來實踐整合行銷傳播，該職務是眾傳播領域專家的中央控制者，和行銷主管合作，共同規劃全面性的傳播方案。

（二）任務行銷（Mission Marketing）

將策略哲學帶入公司長期規劃核心，影響所有的傳播與促銷活動，並擴散到企業文化。

（三）重新建構組織

主要的改變是來自於從品牌導向的結構轉移到消費者／市場導向，其結構最大的轉變是將重心放在消費者或潛在消費者導向，而不是側重在品牌或公司上。整合行銷傳播計畫必須在「市場區隔」群組中發展品牌，團隊也必須因應管理上的需求。

IMC重管理支出，Marcom團隊有責任找到降低成本的方式，與客戶建立互動系統。組織整合重點如下：

1. 從以內部為重，變成以外部為重。從以產品為重，轉為以（潛在）客戶為中心。
2. 有效之行銷組織設計如下：
   - 產品行銷：產品管理、業務行銷、通路及新事業發展。
   - 行銷管理：4P、競爭分析及市場調查、業務獎酬、競賽及地方管理。
   - 品牌行銷：品牌定位、廣告公關網路行銷、銷售擔保、優惠及活動等。
   - 訓練：業務訓練或開發、客戶滿意度調查。

舒茲（2004）提出IMC五大關鍵步驟如下：

1. 找出客戶：經由資料庫人口統計或網路調查等方式，蒐集資料，並將其分類（現有／競爭／新興／忠誠／游離）。

2. 為客戶建立價值：購買動能、需求占有率、行為目標。

3. 規劃溝通訊息及誘因：品牌知識、目標及行銷工具。

4. 建立客戶投資報酬率（ROI）：預測不同種類客戶之結果。

5. 計畫執行後結果之分析及未來規劃。

舒茲（2004）同時提出IMC之五個R：

1. 關聯性（**R**elevance）：具說服力之傳播、具競爭力之訂價、相關配銷系統。

2. 接受度（**R**eceptivity）：組織採納新觀念及做生意之方法。

3. 回應力（**R**esponse）：找出最佳時機，給予適當回應。

4. 識別度（**R**ecognition）：該品牌與對手之差別。

5. 關係（**R**elationship）：客戶決定及行銷回應。

三、品牌

品牌是企業的保障，儘管經濟持續低迷，加上政治不確定性和天災等因素，但全球頂尖品牌的價值持續上揚，維持並鞏固企業的成長。顧客的行為顯然和品牌有關，協調一致的傳播不但能建立品牌，而且比傳統的傳播取向更加快速、簡單與省錢，例如：聯邦快遞（FedEx）和星巴克咖啡（Starbucks）等公司。

使品牌成為行銷作業之要素，組織主要策略工具，把品牌推向企業核心，有明確方向及獲得管理高層認同很重要。品牌充滿動能，其溝通需明確、精簡及充分協調，由團隊向利害關係人說明清楚。

（一）品牌為公司帶來四大收穫

1. 客戶成長或購買品牌客戶人數增加。

2. 現有客戶使用量或購買力增加。

3. 忠誠度提高，帶進更高客戶現金流量，使品牌有更大需求占

有率，或降低客戶購買變節性。

4. 企業可將品牌延伸至全新或尚未開發的產品或類別，帶進新客戶及新銷售。

（二）品牌三種定義

1. 柯特勒（Philip Kotler）

品牌是一個名稱、標示、象徵、設計或以上之綜合，旨在找出產品或服務，與競爭者之市場區隔。

2. Interbrand創辦人墨菲（John Murphy）

品牌是一個商標，透過妥善管理、技巧性促銷和廣泛使用，進入消費者心中，具備某種有形或無形之價值和特色。

3. 舒茲（Don Schultz）

品牌是一個名稱、象徵、圖像或其他可識別元素所代表之產品或服務，該元素受法律保障、可交換或出售、可創造買賣關係之認知與財務價值，由品牌主管管理以創造持久價值。

（三）品牌權益（Brand Equity）

1. 品牌呈現（Presence）
   (1) 品牌意識（Awareness）
       ① 辨識（Recognition）：認出名稱、標誌或產品。
       ② 回想（Recall）：聯想產品與競爭者比較。
   (2) 品牌顯著性（Salience）
   (3) 品牌偏好（Preference）
2. 品牌識別（Identity & Image）：客戶對其價值、屬性、特色及個性之聯想。
3. 品牌承諾（Commitment）
4. 認知品質（Perceived Quality）
5. 財務價值：品牌權益是前四者之組合，目的在為公司及利害關係人累積長期財務價值。

(四) 強大品牌之特色

1. 差異化和區隔化：如Intel用低階Celeron對應高階Pentium，Toyota用高階車Lexus對應Honda之Acura。
2. 建立在實際組織文化、資產、人資及產品價值上。
3. 與客戶間暗示或約定之績效承諾。

(五) 品牌模式

葛若去斯（Linda Gorchels, 2004）提出重點如下：

1. **分析目標客戶**
   以客觀或主觀語彙描述客戶。

2. **定義差異化**
   解釋為何與對手有區別，為何客戶重視此區別。

3. **定義品牌個性**
   列舉品牌具有之理性或感性成分。

4. **確認承諾客戶堅信之產品要素**
   形容客戶期待之產品表現、品質及信賴感等。

5. **將承諾換成績效標準**
   詳列產品在訓練、支援、績效評估方面的細節，同時定義相關單位之權限。

6. **評估深度和範圍**
   討論品牌結構時，把企業相關議題和品牌議題連結在一起。

(六) 品牌元素

1. **品牌名稱**
   易記憶、有意義、有彈性、可被媒體及市場傳達、可透過法律途徑被保護。

2. **其他要件**
   標誌、標語、符號、包裝、聲音、廣告歌、產品特性。

　　據英國諮詢公司Interbrand公布2012年全球百大品牌排行表，前三名分別爲可口可樂、Apple、IBM，亞洲有十大企業入圍，日本占七家，韓國占兩家，臺灣宏達電曾於2011年第一次上榜，排名第97。2012年臺灣國際品牌價值調查，前三名是宏達電、宏碁及華碩。

　　高貝（Marc Gobe）在《公民品牌，感性行銷》（*Citizen Brand*）書中表示，一般人覺得自己無力對抗那些不尊重本土社群與環境的跨國公司，該無力感對抵制這些跨國企業的反消費主義運動，形成推波助瀾的力道，人們要的是會回應消費者心聲、並努力讓世界更美好的公民品牌，其行銷手法會權衡利弊，滿足公衆利益。

　　全球媒體集團哈瓦斯傳播媒體公司（Harvas Media）2010年品牌永續未來調查（Brand Sustainable Futures）發現，若現今三分之二全球性品牌消失，多數主流消費者並不介意，僅33%被視爲有意義的品牌，因此唯有永續品牌對消費者有意義。另外在全球約一萬種市場中，只有兩百個大市場，98%是小市場。

　　查托佩（Chattopadhyay）與巴特拉（Batra）對新興市場的新跨國企業，提供了四個建議：

1.善用基本優勢

　　就是經濟規模與在地知識。如印度的Marico，利用當地市場知識，生產適於高度氯化的自來水中使用的洗髮精，成功打進中東市場。

2.聚焦

　　新興市場品牌必須找到一個可以成爲世界級競爭者的市場區隔。聯想聚焦在成爲企業客戶的電腦供應商，之後才往一般消費市場擴張；海爾則聚焦在被其他家電商所忽略的學生。

3.創新

　　這些品牌商要不斷推出新產品和流程來吸引目光。宏達電每

年推出多款新手機，海爾則推出適用於大學宿舍的小型帶鎖
冰箱。

4.品牌的建立

新興市場品牌無可避免地從無到有可能要花數十年。最快的
方法是買下一個知名品牌，但品牌的整合並不容易，也可能
要多年後才能產生預期的效應。

第三節　公共關係的角色

企業管理者對公關角色扮演常會問以下問題：

1. 為何公關對組織很重要？

2. 公關到底為組織做什麼事？

3. 公關工作優先次序如何設定？

4. 公關部門如何作績效評估？

5. 公關資源如何被有效利用？

6. 公關部門如何支持組織目標？

1960年代杜拉克（Peter Drucker）提出目標管理法（management by objectives），是以目標達成的程度作為績效評核的指標，強調由主管與部屬根據組織設定目標，共同商定在特定時間內所需達成的工作目標，訂定的目標可以是希望達到的結果，或達成這些結果的手段或措施。目標可以包括主要工作職責的經常性活動，或是基於某特定目標所採取的創新做法。策略公關管理亦採用目標管理，公關目標需以企業目標為依歸，兩者相輔相成才可為組織創造更大的附加價值。目標管理公關與傳統公關之角色差異，如表3-3所示。

表3-3　公關角色之比較

管理工作項目	傳統公關	目標管理公關
1.公關活動主要目的	涉及多種活動	傾向為目標而努力
2.專注範圍	範圍只侷限公關部	範圍擴及整個企業
3.管理公關部	每日例行性工作	未來導向
4.設定優先次序	不清楚方向且常改變	設定優先順序且定期追蹤
5.規劃	短期	長期
6.工作界定	主觀	客觀
7.評估	以很少回饋為依歸	以結果為依歸
8.組織溝通	單向，遵從管理者指示	雙向，溝通管道普及全體員工且跨越部門

資料來源：Ray Eldon Hiebert（1988）

一般而言，目標需具下列特性才較有效益：

1. **具體性**

具體行為或產出標準。

2. **時間性**

明確的任務完成期限。

3. **優先性**

目標的重要性或優先次序。

4. **後果**

達成或未達成特定績效水準可能造成的後果。

5. **目標一致性**

個人的工作目標應與部門目標一致。

目標管理公關需達成可測量（measurable）結果，目標（objective）是將達成活動（或結果）的特別描述，給予明確的目的，詳見表3-4。

表3-4　公關對企業經營的八種貢獻

過　程	主要活動	結　果
1.認知及資訊告知	文宣、促銷	為業務、募款及股票給予鋪路
2.組織激勵	國際關係、溝通	建立士氣、團隊精神及企業文化，提高生產力，有一個清楚的目標
3.議題預警	與大眾相關的研究及協調	提早將社會及政治等改變對企業影響提出警告
4.機會確認	與企業內部及外部目標對象產生互動	發現新市場、產品、方法、聯盟及正面性議題
5.危機管理	適時處理危機、議題及攻擊聯盟建立	保持立場，讓企業正常營運
6.克服高階主管的孤立	向高階主管提出忠告	實際、具競爭力及啟發的決策
7.改變管理者	組織發展、工作生活品質	減少抗拒改變，促進順利轉變
8.社會責任	社會成本計算與公眾興趣有關的活動	建立知名度，經由公關參與所發揮的綜效，增加企業營運經濟效益與成果

資料來源：E.W. Brody（1987）

　　1985年，國際企業傳播人協會研究基金會（IABC Research Foundation）花四十萬美金進行一項大規模研究，第一階段多方面檢視公關文獻及社會、心理、管理、行銷、哲學及傳播相關著作，企圖建立一個範圍廣泛的公關理論，於1992年出版《優異公關與溝通管理》（*Excellence in Public Relations and Communication Management*），書中揭示雙向對稱式公關，可有效處理衝突，且較具道德感與社會責任，並將社會對公關角色的認定分為以下六種：

1.**實用型**（Pragmatic）
　幫助客戶或管理者達成目標所產生的實際附加價值。

2.**中立型**（Neutral）
　一種現象的研究。

3.**保守型**（Conservative）
　保衛利益的工具。

4.**激進型**（Radical）
　促進改善及革新的工具。

5.**理想型**（Idealistic）
　企業及大眾互相管理雙方利益依賴及衝突的機制。

6.**批判型**（Critical）
　大型企業的子系統，針對組織的道德、社會責任及效能提出評估。

　　分析結果發現，實用、保守及激進型社會角色較重視影響力或單向傳播，尤以實用及保守型最顯著，有些限制公關的效益；至於中立及批判型社會角色則較常存在於學術界。

　　第二階段則針對美、加、英三百多家公司的高階主管（CEO）、公關主管及四千五百餘位員工調查，分別在1991及1995年公布結果，發現CEO估計公關功能的投資報酬率達235%，即每花一元回收約為二元，這個數據肯定了公關在組織內的價值。

　　1995年，布魯（Glen Broom）及杜子（David Dozier）檢視組織與大眾間溝通活動的目標及影響，認為公關的協調角色有四種，其中前三者可結合為公關經理之角色，專注找出及解決公關問題之活動，是公司高階管理溝通需求之顧問，為廣泛組織結果負責，茲分述如下：

1.**專家指揮者**（Expert Prescriber）
　定義問題，建議方案及監督執行。

2.**溝通幫手**（Communication Facilitator）
　保持組織與環境雙向溝通順暢。

3. **解決問題的幫手**（Problem-Solving Facilitator）

　　與高階管理者是找出及解決問題之夥伴。

4. **溝通專家**（Communication Technician）

　　編寫溝通製作物，舉辦特別活動，以及與媒體聯絡。

　　現今公關的角色比以前複雜很多，公關人員必須隨時注意周遭環境的變化，提供訊息、情報、建議給決策者，作爲訂定策略的依據。其次，公關的重要任務就是協助機構創造一個有利企業發展的環境，以建立良好企業形象。

　　與時並進之公關人角色如下：

　　1. 從外部議題顧問轉爲內部溝通顧問。

　　2. 從單向傳播轉爲雙向及互動溝通。

　　3. 從行銷支援轉爲整合溝通。

　　4. 從常態性活動轉爲注重程序。

　　5. 從媒體工匠轉爲溝通計畫者。

　　6. 從短視近利轉爲長期關係發展。

　　7. 從救火隊轉爲危機經理人。

　　8. 從操縱轉爲瞭解、談判及妥協。

　　9. 從傳統男性占大多數行業轉爲女性爲主之行業。

　　10. 從地區技術性行業轉爲全球策略性行業。

　　臺灣最近由於民主意識高漲，民衆對生存權的要求，連帶影響對環保的看法，報紙及各黨派亦視爲政治籌碼，引起企業的重視，給公關人帶來很多挑戰。過去致富多年者需反省回饋社會，協助解決社會問題，如何將危機化爲轉機，找出因應之道，使企業在整個大環境中建立其應有之形象，便成爲一大課題。

　　公關的角色就是幫助公司塑造內部企業文化。因爲要建立良好的外部企業文化，必須先有一套良好的內部企業文化。一個重視員工福利、訓練和生涯規劃的企業，關心當地社區居民的活動和福祉，主動從事社會回饋工作，回饋社會，是建立企業形象非常重要的方法，同時也代表一種企業文化。因此，成功的社會回饋不僅可建立良好的企業形象，同時也可贏得

員工對企業的向心力。

　　形象雖很抽象，但會在人們心目中留下印象。印象會隨時空及事件發生而改變，因此，形象的傳播力很強，有賴公關人掌握各種不同的溝通管道，把企業形象在大眾心中建立起來。形象的建立需長時間努力；更難的是如何繼續維持清新的面貌，與不同利益團體間的協調也很重要，其目的是協助企業創造一個有利的環境，讓組織在社會生根成長。簡言之，形象（image）可解析如下：

- **Initiative**（主動力）：企業對內及對外皆需積極發揮溝通創意。
- **Makeup**（包裝）：企業如個人，是一有機體，需注意外在的裝扮。
- **Awareness**（知名度）：口碑建立需透過公關新聞報導及造勢活動。
- **Goodwill**（善意）：產品或服務需誠實無欺，且以公眾興趣為優先考慮。
- **Eternity**（永續經營）：形象無法立竿見影，而是需長期深耕，始見功效。

茲將公關角色與新聞、廣告及行銷之不同，說明如下。

一、公關與新聞的差異

（一）範圍

　　公關工作內容較廣，包括諮商、議題管理及特別活動等；新聞寫作及媒體關係，僅是兩個要項之一。此外，有效公關的實踐，需具備策略性思考、問題解決能力及管理技巧。

（二）目標

　　新聞記者受聘於傳播單位，負責蒐集資訊與報導客觀新聞，其目的即在溝通。公關人雖亦在蒐集資訊，但溝通只是手段，其最終目的是透過整個公關活動，為組織建立知名度，達成教育

或影響大眾改變意見、態度與行為。因此身為公關人，在此過程中被視為一個造成風潮者或輿論鼓吹者。

(三) 目標對象

新聞記者的報導主要是針對無共同點的一般社會大眾；公關活動的對象則根據人口統計或心理特質，區分為不同小眾團體，而經常的媒體研究，可將訊息裁剪為適合特定對象的需求。

(四) 溝通管道

新聞記者透過印刷或電子媒體與大眾溝通；公關則除上述管道外，尚可透過直接郵件（DM）、小冊子、海報及特別活動等方式，達到訊息滲透或擴大瞭解和參與的目的。

二、公關與廣告的不同

(一) 範圍

廣告是為特定溝通功能而製作，需付費購買時段或版面，可完全控制內容；公關範圍較廣，涵蓋組織政策與整體表現，包括從員工士氣到接線生回覆電話的方式等，經由媒體新聞版面的報導，不能確保內容與公司所發布的新聞稿完全一樣。

(二) 目標

廣告是賣有形產品或服務；公關則是為組織創造一個賴以興盛的無形環境。後者需注意會否影響組織營運的政治、經濟及社會因素。

(三) 目標對象

廣告的對象是一般消費大眾；公關傳達訊息的對象包括外部的股東、廠商、社區意見領袖及環保團體等，內部則包括員工。

(四) 溝通管道

廣告大部分透過印刷及電子媒體；公關可透過幻燈片簡報、演講及成功故事報導等工具。

三、公關與行銷的差別

(一) 柯特勒的觀點

行銷大師柯特勒（Philip Kotler）相信，公關已進入一個快速成長時期，因為公司瞭解廣告不再是建立品牌的唯一答案。他曾把公關定義為PENCILS，包括**Publication**（刊物）、**Event**（活動）、**News**（新聞）、**Community relations**（社區關係）、**Identity media**（確認媒體）、**Lobby**（遊說）及Social cause marketing（社會理念行銷）。

1978年，柯氏於《行銷期刊》（*Journal of Marketing*）中建議，公關與行銷功能在觀念與方法上皆可快速結合，因雙方皆提到大眾與市場區隔、市場態度及形象建立的重要，對管理過程的要務，包括分析、計畫、執行及控制也有共識。1989年他於《哈佛商業評論》（*Harvard Business Review*）中更提出大行銷（mega marketing）新策略觀念，結合傳統行銷4P：產品（**Product**）、通路（**Place**）、產品價格（**Price**）、促銷活動（**Promotion**）、權力及公關。2000年他提出社會理念行銷概念，被視為現今企業社會責任（CSR）之前身。

他建議將公關視為行銷的一部分來管理，認為行銷是在既定市場中運用經濟、心理、政治和公關的技巧，來取得多數團體的合作，成功的在市場中運作。公關是推動行銷活動重要的一環，但公關並不全然歸屬行銷領域，原因如下：

1. 在大學課程中，社區關係和募款活動都屬外部關係，由公關系老師教授。行銷活動不是公關的全部，但透過行銷活動的有效管理，可對客戶提供支援服務。

2. 行銷雖提供遠景預測、資料蒐集和特殊行銷技術，卻有其限制，無法處理日益高漲的消費者主義、危機管理及環保議題等。此時，公關找到新的著力點，藉著和消費者建立關係，創造一個良善的社會環境，有助行銷活動的推展。

3. 公關對行銷活動有匡正功能，因爲公關設定的遠景要比行銷來得寬廣些。行銷只重4P，無法兼顧社會成長和消費等面向；而公關關注的是團體間互動的關係、社會關係中的利益衝突及競爭狀況等。

4. 公關活動利用媒體關係和財務公關等實務，來輔助廣告及贊助活動；特別是媒體關係，公關盡可能提供媒體人員需要的訊息，爲企業建立安全、可信賴、能提供良好服務的形象，藉以銷售公司的產品或服務。

(二) 範疇、目標、目標對象及溝通管道的差異

1.範疇

行銷可藉控制少數變項的研究來預測結果，如銷售目標和市場占有率等；但公關是門未來學，其成效與許多變數有關，包括態度、意見和大多數人的行爲、公司整體表現等，故其成果難以推測。不過公關成效不明確也有好處，只要適當管理，即可發揮其價值。

2.目標

公關與行銷的界線一直模糊不清，直到1989年美國加州聖地牙哥州立大學的研討會上，雙方學者及業界人士才釐清兩者的不同如下：

(1) 公關是管理過程，其目標是讓組織完成使命所依賴的社會團體，達成和諧且維持正面行爲，其基本責任是爲組織建立且維持一個親切的環境。重視形象建立，處理名譽管理及危機管理。

(2) 行銷亦是管理過程，其目標是長期吸引且滿足客戶，以達

成組織經濟目標，其基本責任是建立並維持產品或服務所
需的市場。

3.目標對象

一些公關學者認為公關缺乏說服力，其理想目標是經雙向對
話來建立相互瞭解與合作；行銷則較具說服力，吸引客戶產
生購買行動。

公關的目標對象包括員工、社區、股東、政府、供應商
及消費者等，其最終目的是為組織與這些特定對象建立關係
與產生好感；行銷則常提到目標市場，重視為消費者或客戶
提供產品與服務。

4.溝通管道

奇根（Keegan）在1974年推動一個審視跨國公司高階主管蒐
集資訊方式之研究，發現公關人是資訊最佳來源，因一位稱
職的公關人必須不停地進行研究，與任何正式與非正式消息
來源保持密切聯繫，注意公共意見之改變及社會議題趨勢；
行銷則透過網路直銷、經銷商或行銷活動，與客戶進行溝
通。

(三) 公關支援行銷

含有公關的行銷計畫，需規劃出公司的目標、策略及促銷方
法。公關作為行銷工具，可實現下列幾項目標：

1. 協助打開公司及產品知名度。
2. 協助新產品或改良產品上市。
3. 協助延長產品的生命週期。
4. 以少許費用找尋新市場或擴大舊市場。
5. 為產品及公司建立有利的形象。

公關支援行銷的具體做法如下：

1.發掘報導實例

例如：新產品、新服務、新生產方法、成功的客戶使用案例

等。

2. 公眾態度調查

分為客戶或經銷商年度滿意度調整及媒體意見調查兩種，可從中發現企業在市場的定位，作為未來行銷策略改進的參考。

3. 情報回饋

公關人員是資訊最佳來源，因其見多識廣，即使未親身參與會議或活動，也會伸展其觸角將資訊蒐集回來，作為高階主管制定策略的參考。

4. 連結行銷目標

藉著和消費者建立關係，公關可以創造一個良善的社會環境，有助行銷活動的推展。

5. 發揮事半功倍的報導效果

因為媒體報導的可信度比廣告高，所以，報刊雜誌上報導產品和服務的新聞與專欄可善加利用。

6. 有效運用媒體

針對印刷及電子媒體做內容分析，找出適合免費報導產品或服務的機會，如此才可彈無虛發地將訊息透過具影響力之媒體，傳播給目標群眾。

7. 運用專業人才

公關人員基於對外在環境的警覺性高，對內部營運現況較清楚，能掌握行銷活動的規劃，結合專業公關公司人員，在有限人力、時間與經費下，達成最佳效益。

8. 安排特別活動

公關常不停的運用對外刊物、小冊子、錄影帶或展覽等促銷手法，來說明企業市場定位、介紹公司新產品或服務。

9. 與社會團體合辦公益活動

公關設定的遠景比行銷寬廣，會注意社會成長與價值觀改變，以及團體間互動的關係，故可經由與社會團體合辦公益

活動，間接帶出企業的產品或服務。

10.抽印文章（Reprint）

相關產品或服務經報章雜誌刊出後，應將所報導之文章印刷
並發給目標對象，增加其印象與報導效果。

第四章
公共關係道德與法律

第一節　公共關係道德

合法不一定是道德的，合乎道德不一定合法。（What is
legal is not always ethical, and what is ethical is not always
legal.）

公關人關切道德的原因有四：

1. 公關行業有不道德行為紀錄。
2. 公關人是組織道德陳述之代表，社會政策制定之推手。
3. 公關人掙扎去設立適合之道德守則。
4. 公關應代表組織成為服務大眾的道德訴願人（ombudsman）。

近年因全球企業及溝通醜聞時有所聞，強調誠實、公正及透明的公關益形重要，已成為今日企業生存之必備品。

公關人參與公司決策，背負沉重道德責任，需對自己、組織、專業及大眾負責。專業守則、企業政策及法律無法確保道德實踐，唯有健全個人價值觀，才能確保道德行為。公關人是企業高階管理者的道德顧問，知道問題所在，能進行相關道德議題分析，引領組織政策制定，與大眾及媒體溝通，經由此信任感之建立及關係之維持，此即公關專業之終極功能。

公關專業所定義之道德價值包括誠實、公開、公平、忠實、尊敬、正

直與坦白溝通。

專業需符合四個標準：

1. 專家（Expertise）：具備專業知識及技能。

2. 自律（Autonomy）：不爲外力介入。

3. 承諾（Commitment）：非爲強調報酬而投入。

4. 責任（Responsibility）：有所爲，有所不爲。

英國公關協會會長羅德（Herbert Lloyd）於1973年出版全球《第一個公關標準及道德報告》，針對歐、美、非、亞（香港與菲律賓）四十六個國家調查，顯示82%的國家皆已正式實行公關道德守則。該報告建議事項如下：政府應肯定公關貢獻、公關道德應納入公關教育與訓練中、每個國家的公關協會年報中應包括公關道德、表揚遵行公關守則的公關人，同時定期針對媒體、政府及公關人舉辦研討會，協助無公關道德國家建立公關守則。

美國《公關策略》（*PR Strategies*）刊物於1988年針對商業界、教育界及立法界的領導者進行調查，四分之三的受調者認爲，公司高階管理者在爲員工樹立道德標準時，扮演非常重要的角色。

美國公關協會設有道德及職業標準委員會，受理或主動研究會員的抱怨案件，受理之後先把案件送至各區的調查委員會，請其蒐集證據與提供意見。該委員會接著予以審查，若發現會員違反會員守則，作成的裁定可由輕微的申誡、譴責至嚴重的暫停執業，開除會籍，但協會無權禁止被開除會籍的會員繼續執業。

至1985年止的三十五年內，美國公關界曾發生一百六十八個有關公關道德的議題、抱怨與調查，其中三十二件送司法單位，十件受到美國公關協會（PRSA）警告或停止會員身分等不同處置。有關公關道德灰色地帶的爭議不斷，例如：

1. 公關公司是否需查證客戶所提供之資料正確性後，再承接客戶？

   （臺灣就有公關公司查出客戶的減肥藥會導致不孕症而拒絕承接。）

2. 國際公關公司因承接反墮胎案件三十一起而引起廣泛討論，公關公

司是否該承接政治或宗教案例？

3. 美國公關公司承接上市公司案件，公關公司負責人因先得知客戶資訊而涉及內線交易，並與美國證管會簽下以後守法的同意書時，因同時當選PRSA會長，引起非議。並在PRSA道德委員會調查宣判前辭去會員身分，使得道德委員會無法對非會員進行制裁，也因此促使該委員會修法，以後儘管會員辭去會員身分，該委員會在九十天內仍可調查並處置其違反公關守則的行為。

4. 美國公關人因不願發布未獲同意之客戶名單之新聞，遭公司解僱，經官司和解獲十萬美元賠償。

5. Firestone輪胎品質不佳，導致民眾在高速公路發生車禍身亡，可口可樂歐洲飲料遭受污染導致學童生病，公司皆不承認犯錯。

一、公關道德歷史

(一) 1850-1905年

大眾是該死的時代（the public be damned era），不計代價產生宣傳，導致近代公關不道德名義。

(二) 1906年以後

大眾是被告知的時代（the public be informed era），強調說實話及提供正確資訊。

(三) 1958年

荷爾（John W. Hill）最早提出公關是管理者道德顧問，並探討道德、議題管理及公司政策之互動深遠影響，使他成為公關人及學者口中之企業良心先鋒。

(四) 1960年後

政府及企業有高度責任心，導致公關形式較具道德感及社會責

任心，關司（Chase, 1976）提出議題管理功能，讓管理者在政
策制定時注重道德責任。

(五) 1984年後

格魯尼及杭特（J. E. Grunig & Hunt）提出對稱式公關理論，
將大眾想法公平地納入組織決策中。

二、公共關係道德研究

公關高階主管既然肩負如此重要之責任，必須知道比媒體關係更多的
事，精通議題管理、危機管理、領導、組織文化、組織政策及道德，才能
勝任高階管理者之顧問角色。因組織高階決策無可避免地包括道德元素，
如若安全堪虞的產品上市是益處或風險？要在行賄或童工盛行的國家做生
意嗎？從外部大眾、跨國關係、產品標準到內部員工關係，都面臨道德議
題挑戰。

2006年，國際商業溝通人協會（IABC）針對1,827名會員及其他全球
專業溝通者做公共關係道德調查，發現65%的人定期參與組織高層決策，
公關經理扮演組織高層道德顧問角色，並參與策略管理及規劃過程，其中
30%的人直接向執行長報告，35%的人向其他高階主管報告，35%表示無
機會參與決策，只能執行策略決定，幾乎一半的人表示是高階主管道德決
策之顧問，包括管理者知道策略溝通加入決策之價值，或將大眾觀點納入
組織政策制定。

大部分受調查者很少受過公關道德課程訓練，30%表示從未受過公關
道德學術訓練，40%表示聽過公關道德演講或閱讀過相關資訊，70%從未
研讀過道德議題。這些專業溝通者若無道德專業經驗支持，將不知如何面
對道德兩難。另外，65%從無相關在職訓練。雖然調查顯示，向高階主管
報告者受較多訓練，35%有些相關訓練，但男多於女。該研究發現，公關
人在大學沒有或很少受道德課程訓練是值得注意的。

三、公共關係道德研究方式

（一）對話式道德（Dialogical Ethics）

對話式道德源自古希臘哲學，格魯寧（Grunig, 2001）等學者認為，對話是道德的，因公關議題需相關單位投入討論，大家終將就事實達成共識。對話是經由尋求瞭解及關係建立之常態過程，經由雙方對事實之創造來解決可能之道德兩難。何斯（Heath, 2006）認為，對話是好組織與大眾公開溝通之方式，企業責任之高標準是促成為達成事實瞭解之善意對話。

（二）主張式道德（Advocacy Ethics）

寶娃及王（Pfau & Wan, 2006）認為，主張式道德強調公司觀點而非各方意見，也不一定與事實一致，組織會站在有益自己的立場為相關議題辯護，說服大眾瞭解或同意其說明，造成長期對組織之忠誠會與個人對事實之忠誠互相矛盾，如長期改善組織營運有利未來生存，但忽視短期成功卻違反了對管理階層之承諾。

（三）策略管理式道德（Strategic Management Ethics）

格魯寧（Grunig, 1996）認為，策略管理式道德與道德哲學一致，因其強調正向結果，故是利他主義。提利（Tilley, 2005）鼓勵將道德標準納入公關活動策略管理，讓它成為評估的一部分。

四、公共關係道德危險群

當選1987年度公關人的巴德（John Budd），於1991年出版《公關道德進退兩難的實務考驗》，針對潛在問題演變為議題進行討論，將會產生公關道德危險的對象分為三類：

（一）客戶關係

1. 公關公司對潛在客戶建議，可能是不實際的知名媒體曝光結果。
2. 公關公司製造不需要的額外收費，如不需要廣發的媒體資料或不需要的調查。
3. 公關公司怕影響客戶關係，不敢憑專業判斷，對不用做的事說不。

（二）同儕關係

公關公司為贏得客戶，不擇手段地破壞其他同業名譽。

（三）部屬關係

主管對公關道德應言行一致，成為部屬學習的模範。

其實，公關道德標準有時不只是遵行那些已行諸文字的守則，更重要的是公關人所持有未成文的價值觀。

五、美國及世界公關協會會員守則

為避免不肖分子假公關之名，行非公關之實，世界公關專業組織皆明文規定這個行業的行規，其中尤以美國公關協會及世界公關協會最著名，茲分述如下。

（一）美國公關協會會員守則（PRSA's Code of Professional Standards for the Practice of Public Relations）

該守則制定於1950年，較適用公關公司之公關人，中間為因應時代所需，歷經六次修正。2000年重點有三：

1. 減少強調抱怨及違法，董事會仍有權處分或驅除個人會員。
2. 專注普世價值以激勵道德行為或表現。
3. 提供及協助公關人實踐更好道德及商業原則之說明。

會員在六方面提升專業，即：資訊自由流通、資訊揭露、競
爭、保護商業祕密、利益衝突及專業加強。茲將其內容簡述於
下：

1. 溝通過程保持正直，全部溝通誠實且正確。
2. 迅速更正不實的資訊，負起溝通之職。
3. 當給予或接受正當合法禮物時，仍保有無偏見資訊流通。
4. 遵守道德僱用，尊敬收費及公開競爭，不任意中傷對手。
5. 尊重市場智慧財產權，避免欺騙行為。
6. 代表組織調查資訊之真實性及正確性。
7. 透露贊助原因及所代表利益團體。
8. 揭露客戶財務狀況，例如：股東結構。
9. 守護客戶與員工過去、現在及未來之祕密與隱私權。
10. 保護從客戶或組織得到之特權機密及內部資訊。
11. 若發現機密資訊為組織員工洩漏，需立即告知有關單位。
12. 即使忽略個人利益，也要為組織及客戶謀求最佳利益。
13. 避免為爭取商機，或因個人及專業產生衝突時，所採取之
    妥協行動。
14. 對客戶或組織，立刻揭示任何存在或未來會發生之利益衝
    突。
15. 減少服務與本守則相左之客戶或組織。

（二）世界公關協會（IPRA）守則

該協會曾於1961年5月在義大利威尼斯公布會員需遵守公關的
行為守則（code of conduct），專注在尊嚴及人權，其特色摘
要如下：

1. 保持個人及專業正直，即高道德標準與良好聲譽。
2. 與客戶（clients）及雇主關係：
   (1) 在未受到客戶或雇主同意前，不得接受任何人之付費
       （fees）及佣金，作為透露企業全部事實的交換。

(2) 對過去與現在客戶或雇主，皆應負起公平對待之職。

(3) 不該刻意中傷其他客戶或雇主。

3. 與大眾及媒體關係之任何活動，需顧及大眾興趣及個人尊嚴，不得故意傳播假的或誤導大眾的資訊，更不得行賄大眾媒體。

4. 與公關界同儕關係：不得故意破壞其他公關人的專業或聲譽，並共同為支持正當專業做法而努力。

1965年，IPRA在雅典公布國際道德守則，保障人類基本人權與尊嚴，該人權不只是生存與物質需求，還包括知識、道德、社會及跨國文化等考慮。

六、對公關人之務實建議

公關人需於日常工作中實踐道德分析，在有信譽及社會責任組織服務時，必須採取必要步驟讓高階管理核心聽到聲音。當道德議題發生時，公關人需扮演顧問角色提醒管理者，同時知道內部及外部大眾之價值，在道德兩難中用分析達成最高決策。

鮑恩（Shannon A. Bowen, 2007）提出六大建議：

1. 嫻熟組織之價值系統，在其成為公共議題前，提醒高階管理者注意，用道德嚴謹架構分析潛在結果。

2. 知道自己之價值觀，並找到符合此價值觀之組織或客戶，建立專業實踐。

3. 找出議題將成為道德問題，是議題管理最具挑戰性的工作。

4. 找出組織文化對道德分析及決策有顯著影響，組織核心價值對道德及組織文化具有潛移默化之力。為養成最佳道德感，公關在內部溝通時需教育員工，面對道德困境需考慮要件為何，獎勵道德行為，定義議題中之道德問題，鼓勵公開道德辯論之氣氛。

5. 教育組織決策者，尤其是執行長及管理團隊，經由使用議題管理、研究、與大眾之關係來提出道德忠告，衝突決策更是高階溝通者之首要責任。

6. 經由系統化分析來預期道德難題，組織使命聲明（mission statement）是檢視組織道德價值的一把尺，但部分組織流於口號化而未落實實踐，組織道德顧問需具道德勇氣，尤其是與組織營運產生衝突時，爲具佐證之分析作辯論。

第二節　公關涉及之法律問題

組織內部公關與法務人員需建立良好合作關係，始可讓雙方專業互補，並在遇到問題時，發揮組織加乘的作用。當問題牽涉不同法律觀點時，公關人需要法務人員協助釐清，法務人員也需瞭解民意法庭會決定組織未來的命運。公關人與法務人員在組織扮演同樣重要的角色，但著重點不同，公關人重在維護組織或當事人形象；法務人員則重在維護組織或當事人的法律權益，雙方之互助合作步驟如下：

1. 雙方最好屬共同主管管理，以方便行動之採取。
2. 雙方必須同時出席組織會議，定期針對重要議題進行討論。
3. 法務人員需讓公關人知道訴訟進度，以便回答媒體詢問。
4. 面對爭端，公關人可居中協助調解，法務人員可負責處理訴訟。
5. 公關人需知道基本的法律常識，以便與法務人員溝通，贏得其信任。

公關涉及之法律問題如下：

一、誹謗妨害信用與侵犯隱私

依《刑法》第310條，構成誹謗（包括口頭與書面）妨害信用與侵犯隱私的要件有四：1.違反事實之陳述；2.足以引起社會上負面評價；3.陳述對公眾或第三人表達；4.善意與惡意。

侵害隱私權陳述從屬眞實，但因涉及隱私而與公共利益無關者仍受處罰（法律明文保障隱私權）。政府官員及公眾人物之隱私及名譽權受保護之範圍較爲有限，亦即可受大眾檢視部分較廣。轉述他人陳述亦可能構成誹謗或妨害信用。

公關人在內部員工之刊物或外部新聞發布中，凡涉及員工的書面資料與照片使用，皆需事前取得其認可，且對於其離職原因多以個人因素答之，以免吃上誹謗及毀損其專業信譽的官司。

二、著作權

著作權不保護想法，但對於想法所呈獻出來的方式予以保護，例如：語文、音樂、戲劇舞蹈、美術、攝影、圖形、視聽及錄音八種著作。故公關人對於特稿、小冊子、用於活動的動畫卡通、展示攤位、照片、錄音帶、錄影帶、企業識別符號及標語等皆可獲著作權保護，應有所認知。

公關公司蒐集數據表達於圖表內，如該數據為公關公司著作過程之創作，且屬於圖表之著作內容者，即受《著作權法》之保護。某人如利用該數據產生另一著作，著作人專有將其著作改作成衍生著作之權利，如徵得該圖表之著作財產權人同意授與改作權，即不違反著作權法之規定，否則即屬違反《著作權法》之行為。如該數據僅為公關公司蒐集之資料，本身無著作權或係屬輔助說明圖表之用途或功能，而不屬於圖表之著作內容者，則利用該數據作成另一著作，不屬利用他人著作另為創作之行為，並非改作之情形，自不生違反《著作權法》之問題。

公關人應注意與工作相關之著作權事項如下：

1. 為預防競爭對手未授權使用，主要的公關製作物，例如：手冊、年報、錄影帶及白皮書等，最好先取得版權。
2. 著作權資料不可自內容中拿掉，特別當它指組織的服務或產品時。
3. 雜誌中報導組織的文章，若要大量重印，對內部及外部發送，需向原出版商訂購。
4. 照片、卡通人物電視節目或歌曲的部分使用，皆需取得原創人同意，才可用於文宣品上。
5. 任何著作權物若想直接用於增進組織營業之活動，皆需取得原創人同意。

《著作權法》對網路新聞轉貼尚未完善規劃，轉貼時除必須註明出處外，且不可超越合理必要範圍，否則仍可被認為是侵害《著作權法》第

87條重製權或公開傳輸他人著作之行為。若需新聞複製或轉載於官網或其他平臺，最好先經媒體授權同意。目前各大新聞媒體，與企業、圖書館、政府單位或剪報公司，取得新聞授權，保障雙方權益。

三、發布訊息

媒體的報導對企業形象有很大的影響，特別是在有訴訟案件發生的時候。例如：甲科技公司搜索乙公司尋求證據，乙公司不是被告，訊息被媒體揭露之後，乙公司股票馬上跌停。丙科技公司扣押丁公司數十億資產，丁公司集團的股票隨即重跌；八個月後雙方和解，丁公司股票馬上漲停，可見媒體影響力不可忽視。

媒體對企業的商譽也有重大影響，企業的商譽可透過會計方面的專家來估價，通常是年收入的二至五倍。

媒體報導若侵害企業權利，可採取行動如下：

1. 冷處理，即不予理會，或等待另一重大新聞出現，轉移大眾注意力，此法為企業最常使用。
2. 企業單方面發表公開書面聲明或舉行記者會說明真相。
3. 找企業信賴的記者個別溝通。
4. 發出律師函，要求媒體在限期內刊登更正啟事，否則提出訴訟或保留法律追溯權。
5. 對於刑事的誹謗，可請檢察官蒐集證據，或直接到地方法院刑事庭提起自訴，附帶民事訴訟損害賠償。

企業必須學習如何與媒體互動。從法律面來看，企業必須掌握訊息發布的主動權。對於重大訊息公告，《證券交易法》規定：發生對股東權益或證券價格有重大影響之事項，發行公司應於事實發生日起二日內公告，並向主管機關申報。企業若有股票要到美國掛牌，在緘默期（quiet period），公司的發言系統必須與媒體保持距離，否則會影響發行公司股票發行或掛牌的時程。

法律對於媒體第四權亦有規範，雖然《出版法》已廢止，但《民法》及《刑法》還是能保障被報導人的權利。《廣電法》亦規範利害關係

115

人若認為報導錯誤，可在播送日十五天內要求更正，而電臺也應在接到要求後七日內，在原節目或同一時段節目中更正。

四、《遊說法》

臺灣的《遊說法》於2008年8月8日施行，是繼美國、加拿大之後，第三個施行《遊說法》的國家。依據該法，外國（不含大陸及港澳）政府、法人及團體可委託臺灣遊說者為之，但不得就國防、外交及大陸事務涉及國家安全或國家機密者進行遊說。

各級民意代表不得為其本人或關係人經營或投資股份總額達10%以上之事業，進行遊說。未來企業界或工商團體對法案、議案或政策，想要變更或廢止，必須先登記，提出遊說報告書給民意機關或各級政府，被遊說者也必須揭露遊說案的內容、花費，違反規定者將可以處十萬至兩百五十萬的罰鍰。

五、網路部落格代言

社群網路興起，部分部落客假借個人心得分享之名，私底下獲得廠商贊助或有相當的對價關係，形成類似網路廣告代言人的商業行為，衍生許多消費爭議。

2011年10月審查通過《公平交易法》第21條文修正案，新增非知名公眾人物、專業人士或機構的「廣告薦證者」，未來若有收取報酬從事廣告代言，發生不實代言的情形，要與廠商負民事連帶損害賠償責任，最高將付出酬勞十倍賠償金額。

收取廠商酬勞的素人或部落客，若代言廣告誇大不實，與廣告主有「故意共同」行為時，還可依違反《行政罰法》開罰，處新臺幣五萬元以上、兩千五百萬元以下罰鍰。

六、置入性行銷

國家通訊委員會（NCC）於2012年10月公告施行「電視節目從事商業置入性行銷及贊助」等兩項暫行規範，新聞與兒童節目不得以商業冠名

贊助或以商品置入行銷，但可接受文教基金會等機構贊助；香菸仍在禁止之列，酒類則可用贊助方式，但不能行銷。

電視從事商業置入性行銷的暫行規範以「三不一揭露」為原則，包括不影響節目獨立製作、不鼓勵民眾購買、不得過度呈現商品和曝露業者名稱，置入商品的時間不得超過節目總長的5%。廠商贊助行為，必須遵守不介入節目內容、贊助者訊息和節目要區分，而贊助商的識別標識出現時間也不得超過總長的5%，每次呈現不超過五秒。

在新聞廣告化方面，《衛星電視廣播法》第19條，節目應維持完整性，並與廣告區分。若為電視臺之大股東報導產品新聞時間，一樣需接受監督。

第二篇　公共關係規劃與管理

　　本篇介紹公關規劃與管理必經的程序RACE，讓大家瞭解公關是有系統的策略企劃與執行，而遵行此原則的組織，就能如英文縮寫跑得較快、捷足先登。運用說服的技巧來進行溝通，其過程中所設定的目標與結果是可量化測量與評估。

第五章
成功公關四部曲之一：研究

　　公關是為影響重要大眾所規劃具說服力的溝通管理，其過程兼具科學與藝術。馬斯頓（John Marston, 1963）提出實踐成功公關公式四部曲「RACE」，即研究（**Research**）、行動（**Action**）、溝通（**Communication**）與評估（**Evaluation**），一直是業界最使常使用與奉行不渝的理論。

　　公關研究最重要的發展，即將研究融入公關活動規劃。在任何公關活動進行前，一些針對公關問題的研究必須先進行，例如：企業形象調查、員工意見調查、媒體意見調查、大眾態度調查、公眾議題調查，及為投資者關係所進行的股東意見調查等。唯有如此依據，當公關活動完成時才好進行評估。

　　研究在公關是永不止息的過程，包括正式研究來蒐集事實與監控活動，評估式研究來決定如何規劃未來方向。關於公關研究，業界常用次級研究，如個案研討、大眾意見投票及專業部落格分析等。

　　波特及薩勒特（Porter & Sallot, 2005）對美國四百位公關人使用網路之調查，前五項為追蹤新聞使用率、日常研究（預測哪些議題會引發危機）、評估公關工作、監看競爭對手及訂閱客製化新聞預告。

（一）研究

1.調查（Surveys）
(1) 個人化之邀請。

(2) 提供禮券或抽獎之誘因。

(3) 提供分享研究結果之好處。

(4) 線上調查問卷應好填寫（user friendly）。

2.實驗（Experiments）
調查可成為實驗設計的一部分，差別在於實驗設計可控制，例如：網頁、線上論壇，以及吸引大眾興趣的新聞故事。

3.訪談及焦點團體（Interviews & Focus Groups）
調查與實驗為尋求量化數據，訪談及焦點團體為尋求質化敘述，透過電子郵件討論等方式，好處為速度快且具經濟效益。應注意事項如下：

(1) 時間：即時影音會談可節省時間。

(2) 範疇：研究者定義或主題式定義。

(3) 匿名：大家較願坦白回答。

(4) 偏見：過程中需注意偏見之產生，或與表達不滿的部落格對話。

(5) 參與：主持者需保持中立，讓大家皆有發言權。

（二）評估

1.點閱率（Click Through Rate，簡稱CTR）
點閱率數據並不等同於接受資訊的公眾數量，無法判斷對目標對象的態度、觀點及行為改變。

2.到訪記錄
網路監看系統可記錄官網訪問量，包括造訪者點子郵件、每日或每月造訪人數、瀏覽過哪些網頁、平均停留時間等。與點閱率相較，訪問量是較有效的方法。

3. 網站後臺管理

官網活動常以免費加入會員方式，取得造訪者基本資料，進行人口特徵分析及觀察是否參與相關活動。

(三) 網路危機監控

1. 瀏覽各大媒體之線上新聞及企業官網。
2. 專業公協會、特殊利益團體及政府機關之官網。
3. 新聞討論區及社群媒體。

第一節　研究的重要性

研究是有效公關過程的第一個重要步驟，已廣泛為公關人所接受，並整合至公關企劃、活動發展與評估過程中。為深入瞭解與具體描述所面對的公關問題，研究是客觀與系統化蒐集資訊的最佳途徑。藉由研究，組織才可為有效傳播計畫制定正確的決策與策略。至於研究方法的選擇，取決於主題、情境、預算及時間，例如：低成本與需要即時性資訊，會使用非正式研究；政治候選人則需要正式研究（民意調查）得知其支持率。美國調查顯示，公關部門大約會花費3%至10%的預算用於研究。

一、研究的目的

(一) 獲得管理者的信任

組織高階管理都需要公關人經由研究所蒐集的事實，以及與組織目標相關的發現，作為政策決定的依據。

(二) 定義與區隔目標對象

對於目標對象的性別、教育、學經歷、喜好、生活型態、個性與消費習慣等詳細的資訊，皆有助於訊息能傳達給這些人。

(三) 協助形成策略

憑直覺而進行的錯誤策略，導致結果未盡理想，如學校募款，若僅針對校友，結果可能會差強人意；經調查找出正確的策略，擴大目標對象範圍，則會產生意想不到的結果。

(四) 測試訊息

研究可瞭解何種訊息會引起目標對象的注意，如經由調查顯示，會引起大眾注意汽車共乘的主要訊息，不是環保，而是節省時間與花費，故在舉辦鼓勵汽車共乘的活動時，應多加強報導可節省汽油、保險及保養費用支出等訊息，較易引起共鳴。

(五) 讓管理者警覺環境變化

高階管理者日理萬機，較難聽到員工、客戶及其他目標對象的心聲，研究可將大家關切的問題呈現出來，使管理者能客觀的制定較好的公司政策及溝通策略。

(六) 預防危機

90%的企業危機來自內部營運問題，而非外部無預期的天災，研究發現免付費申訴電話與網路上的聊天室（chat room），可事先找出問題所在，避免危機發生。

(七) 監看競爭態勢

有經驗的組織皆會追蹤競爭者的發展，此類的調查如下：詢問消費者對競爭者產品的意見、內容分析競爭者的媒體報導、監看競爭者的網站、查閱網路上的聊天族群，以便看出熱門討論議題、調閱產業界商業刊物的內容，上述研究皆可協助組織因應競爭者優勢與弱勢，塑造出適當的行銷傳播策略。

(八) 左右民意

　　經由調查得到的事實與數據會改變輿論，例如：董氏基金會公布吸菸過量有致癌可能的數據，引起大家注意，許多公共場合紛紛設立非吸菸區，禁菸漸成市場主流。

(九) 產生宣傳

　　調查結果會為組織產生宣傳效果，例如：消費者文教基金會公布市售化妝品含汞量名單，立即會為組織帶來正面或負面宣傳效果，並引起消費者的注意。

(十) 測量成果

　　公關活動的最終目的是在檢查所投入的人力、時間與花費，是否有達到預期的成果；公關過程的最後一個是評估，亦是採用研究手法來進行測量。

二、研究溝通的目標

　　許多管理者認為研究溝通所費不貲，殊不知剛開始不花小錢做檢測，將來就得花大錢解決問題。

　　研究溝通的目標如下：

1. 試探目標對象的基本態度。
2. 測量目標對象的真實意見。
3. 找出意見領袖。
4. 集中力量於目標對象，可節省公關花費。
5. 在正式展開全面活動前，先對活動主題與媒體選擇做檢測。
6. 時機適當性。
7. 確認反對者的力量，是種監督的工具。
8. 達成雙向溝通，確保管理階層對其功能、政策與建議之支持。
9. 先行揭發可能發生之狀況。

10.意見研究本身就是一項武器。

三、研究之陷阱

為求研究的有效性與客觀性，應避免之陷阱如下：

1.顧問團不能反應大眾心聲。

2.不當的樣本。

3.具偏見的訪問者。

4.模糊的回答。

5.自我迷惑的田野調查報告。

6.未及時收回重要數據。

7.對微小差異過度誇大。

第二節　研究的方法

公關人使用及親自參與非正式研究居多，正式研究大多委託外部研究公司，故本節之重點為非正式研究。網路的盛行讓研究更迅速與方便，說明需簡短且填問卷時間不超過三分鐘，以贈品等誘因吸引大家填寫，常用於對網路物件及主題之使用者回應研究、員工意見調查及客戶滿意度調查。

一、非正式（Informal）研究

即次級研究（secondary research），從書籍、雜誌及電子資料庫等文獻中，找出已存在的資訊做分析。因大部分採開放式的描述性語句，故又稱為質的研究（qualitative research）。無一定法則可循，故只能用來做描述，不能用來做預測，使用非隨機的樣本，通常有效但不可信賴，在公關研究中，此方法約占四分之三。

（一）事實蒐集（Fact Gathering）

針對已發生事情的一般想法，但無真實證明，如找出社會或經

濟趨勢，可能影響企業聲譽或公開活動，花費少又方便。

1. 組織資料（Organizational Materials）

　資料內容包括政策聲明、高階主管演講稿、業務人員報告；組織收到外界社區意見領袖、消費者的電話、信件及電子郵件；員工刊物、組織簡介與年報、新聞剪報、廣告；對外產品或服務說明冊子、簡訊、行銷傳播的結果報告等。上述基本資料皆有助於新產品發表等活動的準備。

2. 圖書館資料（Library Methods）

　參考書、學術期刊、報紙、各類雜誌皆可在圖書館找到，政府與產業的統計與研究報告，亦是常被利用的資料。

3. 線上資源（Online Resources）

　公關最常使用的非正式研究為文獻搜尋，而網際網路的發達，使得大量現在及歷史資料能在彈指間取得，方便公開研究的進行。公關人使用線上資料查詢的時機如下：掌握競爭者與自己組織在市場的狀態與評價、為一個演講或報告尋找特別引述語或統計數據、尋求在某議題或策略的專家意見、追蹤媒體對組織與競爭者的報導、瞭解目標對象的特質與態度。

4. 個人接觸（Personal Contacts）

　公關人使用最普通的非正式研究，經由與目標對象，或與專家學者、媒體、官員、利益團體對話，得知其意見與想法，協助公關人於正式研究前獲得洞察力，或於正式研究後瞭解發現的重要性。雖然與少數人對話不能代表多數的目標對象，但其意見或行為對公關人進行規劃時，皆是無價的參考資訊。

5. 顧問團（Advisory Committees）

　公關人常參與地方、社區、產業或政府機構的顧問團，討論議題如都市建議、交通及安全等，從會議中所獲得的資訊，可作為公關人規劃組織溝通活動的依據，使組織隨時掌握外

界環境的脈動，熟悉議題或輿論的發展，不論未來其發展為正面或負面，組織皆能將自己清楚定位，以利長久穩定營運。而那些機構也因外面的專家或公眾代表所提出建設性意見，將問題解決。

(二) 剪報與媒體追蹤（Clip Files & Media Tracking）

組織利用剪報來瞭解媒體報導，協助評估公關活動的成果，由記者的報導得知輿論現況。雖然這種方式比不上正式研究，卻是組織典型且有用的分析市場資訊之途徑。

1. 剪報檔案

剪報是組織蒐集媒體報導，特別是有關組織、競爭者、其他關鍵字（例如：產品或服務等）、議題，及任何組織想知道的訊息，依日期、文章種類（包括投稿、特稿、被提到組織名稱、非產品新聞及產品相關等）、出現次數及不同公司進行分析。公關人用新聞報導出現的次數，來判斷活動目的之達成及媒體對某主題的處理。

2. 等值廣告（Advertising Equivalency）

公關人將其努力成果的媒體曝光版面，與廣告計費作比較，造成廣告與新聞功效以金錢來量化比較。此法目前較少採用。

3. 每千人成本（Cost Per Thousand）

計算到達目標對象的成本。此處亦採用廣告計價方式來統計資訊達到千人的花費，亦簡稱CPM（M在羅馬數字代表千）。例如：某報的發行量五十萬份，內頁整版廣告為十萬元，其到達每千人成本為兩百元（100,000÷500,000×1,000）。

4. 印象成本（Cost Per Impression，簡稱CPI）

公關的新聞報導剪報有時被說成文宣印象，故在公關活動結束後，印象成本可被計算出來。例如：某報發行量為三十萬

份，新聞報導換算成廣告刊登版面花費十五萬元，故其CPI爲
0.5元（150,000÷300,000）。

CPM及CPI都只能測量訊息曝光程度，無法計算影響
力。曝光數目是有用的，但目標對象的多寡似乎有些高估。

5.剪報追蹤研究的限制

該研究只揭露目標對象曝露於媒體訊息中，但無法顯示訊息
所造成的影響。剪報服務與媒體追蹤可促成一些法案修正或
增加公關活動的成功性，但無法找出輿論走向。

(三) 傳播稽核（Communication Audit）

傳播稽核是用來評估組織內外之各種目標對象對組織溝通訊息
的反應，找出重要數據，作爲高階管理者制定組織溝通未來方
向的參考。其範圍依組織規模及複雜性作調整，可測量組織某
單位或某特定員工對某溝通活動的有效性、某特定主題之溝通
或輿論的影響、組織企業公民角色之扮演，甚至幫助成本效益
評估，及對高階管理觀念的再教育。

對管理階層關切的溝通政策、執行的有效性與可靠度，提
供有意義的資訊。一般而言，稽核至少每年舉行一次，對於公
司購併完成、新政策施行與危機處理之後，皆是實施稽核很好
的時機。

稽核的主題包括溝通目標、組織與福利、溝通活動及工
具、個人溝通、會議、溝通之態度與期望等，步驟如下：

1. 舉行會議：決定目標、確認問題、規劃步驟及時間控制。
2. 非正式訪談各階層員工、中階及高階管理者。非正式訪談社
   區領袖、媒體、消費者、經銷商及產業具影響力人士。
3. 蒐集、盤點與分析溝通資料與活動：包括新人訓練資料夾、
   新聞稿、備忘錄、全部印刷品、通訊、政策聲明、小冊子、
   年報、白皮書、郵寄名單、媒體名單、照片及繪圖、廣告、
   商標、訪客接待處及記者會等活動。

傳播稽核可提供資訊以解決下列問題：(1)資訊瓶頸；(2)不平衡的傳播工作量；(3)員工發生誤解；(4)組織內未使用的隱藏資訊，會對組織造成傷害；(5)與組織互相衝突或不存在的觀念。

（四）內容分析（Content Analysis）

用系統化及量化方法，有效檢視公關訊息的頻率及結構，最常用於有關組織的新聞報導，初階分析為不同印刷與電子媒體報導的次數（或則）、尺寸與時間；進階分析為公司名或產品等關鍵字或觀念偏好，議題追蹤、組織刊物與簡介錄影帶內容可讀性等；與服務相關之來信或電話，亦是其分析的範圍。

內容分析是一種以量化或數字來描述訊息的科學研究方法，許多公關人定期發布新聞，並追蹤媒體相關議題與活動的報導，此法也是組織瞭解其在媒體心中的看法，而經由此法所得到的發現，可作為未來媒體關係努力的參考，或作為分析與競爭者訊息差異的一部分，步驟如下：

1.研究問題與假設

此法可適用於任何溝通形式，包括分析不同時間的訊息（由此觀察媒體報導是否變得較正面）、分析訊息發生在不同時機（如與對手競爭的活動）、分析接收訊息的不同目標對象（如商業刊物與一般性雜誌之差異）。通常分析者會檢視兩個或更多變數間的關係，如提到某活動的主題及訊息大綱。

研究者有時會依內容分析的結果來推論訊息的起源，這樣的分析專注於訊息作者所產生的意義與價值，例如：某些記者或媒體特別喜歡某故事主題的類型。

2.樣本選擇

研究者必須接著選擇需分析的訊息，如過去六個月出版的流行雜誌，而區分回答問題或測試假設的樣本是件重要工作。有時會採用多階段取樣方式，如在選舉時，研究者會先挑選

特別媒體來源全部日報的某頁，接著從中選出特別故事報導做分析。

3.**分析單位**

研究者需決定分析單位及內容分類，然後開始蒐集數據。內容分析的每種形式皆被縮小為單位，以方便測量與評估，包括故事、文章、文字、用語、主題、段落及特色等。例如：檢視媒體眼中的組織，其分析單位可包括正負面報導或兩者皆有、組織形象的特別面向、被提及的競爭者，以及其他相關資訊等。

4.**分析類別**

研究者將分析單位做解碼與分類，如每篇文章可被分類為支持或不支持，結構好的分類是重要且需定義清楚。

5.**內容解碼**

將分析單位置於類別內的過程，通常是整個內容分析裡最耗時間的部分，可利用圖表及電腦來增加數據蒐集的便利性。

6.**評論內容分析**

客觀及系統分析研究方法，使得研究者產生的內容描述具高度有效性與可信度，花費不高，且可用於檢視一段時間的變化，給予研究者很重要的未來展望，這是其他科學方法所無法做到的，有時呈現比內容更廣的結論或解釋。公司不該將內容分析與輿論畫上等號，因民意是存在於大眾心中，而非媒體報導中。

(五) 個案研討（Case Studies）

美國達特茅斯（Dartmouth）及哈佛大學等商學院，對特別的人們、組織、活動及過程深入探討，尤其在大部分應用學科，例如：商學、醫學、法律、廣告及公關，方法是提供背景（歷史、財務及溝通策略）做政策評估，對現在問題提供解答。個案研討的優點，在於解釋公關活動後之看法，說明某案例之好

壞；缺點是無法在有效性（validity）及可性度（reliability）上，普及其他問題、情境及機會。

(六) 觀察人們（Methods of Observing People）

賀金、斯特克斯及麥德模特（Hocking, Stacks & McDermott, 2002）將其依研究者可控制程度分為三種：

1.深度訪談（In-Depth Interviews）

研究者可控制程度高，成本高且耗時。公關人為解決問題或探尋意見，常需徵詢他人的想法與建議。在購物中心使用時機有二：(1)在街頭或會議的中途攔截式訪問（intercept interview），例如：環保署調查禁用塑膠袋訊息的接受度，時間約二至五分鐘。(2)針對社區意見領袖或媒體的目的式訪問（purposive interview），因重視其專業與影響力，例如：慈善團體深度訪談企業及社區意見領袖，尋求正確募款方式的建議。

訪問中的深度訪談（in-depth / depth / intensive interview）是種開放式訪問技巧，回答者被鼓勵自由且詳細的討論議題或回答問題。布魯及杜子（Broom & Dozier, 1990）認為，此法是觀察及瞭解個人態度和行為的最佳方式，其過程提供豐富翔實的資訊，整個無結構的訪談，讓受訪者自行表達其態度、意見、動機、價值觀、經驗及感情等，訪問者經由適時的回饋及仔細的傾聽，鼓勵受訪者做深入的自我探索，經由雙方良性互動及關係建立，訪談完會有意想不到的發現。訪問過程中，訪問者需注意不要影響受訪者的思緒，許多意義深遠或有用的資訊較有機會獲得。

魏莫及多米尼克（Wimmer & Dominick, 2000）認為，深度訪談時間約一小時至數小時，基於訪問者與受訪者的信賴感，在敏感議題上較傳統研究方式容易取得精確訊息。

深度訪談的缺點有三：(1)採用非隨機樣本，較難對發

現保有高度信心；(2)非標準化的訪談過程，使得分析或解釋結果是項具挑戰性的工作；(3)無結構的隨興發揮訪談過程，使得訪問者若有偏見便會誤導整個結果，影響有效性與可信度。儘管有上述缺失，但當其他研究方法無法施行時，此一訪談仍不失為可成功蒐集資訊的方法。

2. 焦點團體（Focus Group）

研究者可控制程度中等，成本低且耗時短，可獲得深度訪談無法獲得的資訊，為業界常用，協助找出目標對象的態度與動機。訪談形式是由主持人與五至十個目標對象（例如：員工、消費者或社區居民等），在會議室進行兩個小時以內的非正式討論，討論結果可協助組織調整訊息或策略，以利未來整個溝通計畫的進行。

　　使用質的研究分析團體訪談結果，樣本特質同質性高，即在某方面有共同的特徵，如男女學生就讀大專院校，在學費高漲的今天，皆有財務上的困難；溝通模式是社交導向，企圖定義問題，蒐集大家對解決問題方法的反應，探索組織與團體間看法差異的原因。

　　組織使用焦點團體的時機如下：(1)產品或服務發展過程中，獲得外界看法；(2)產品或服務介紹的訊息測試；(3)決定產品包裝設計及促銷訊息；(4)決定產品或訊息的傳播途徑與目標對象；(5)評估大眾對議題的反應；(6)探索大眾對組織績效表現及社區公民的看法；(7)活動正式展開前，針對訊息主題與溝通策略進行討論與測試。

　　柯魯格（Krueger, 1994）將焦點團體的主要問題分為五個部分：

(1) 開場白式問題：與會者具共同特質，但避免透露自己職業，以免妨礙團體的多元化討論；讓每人有十至二十秒的時間回答事實。

(2) 介紹式問題：使與會者表達和議題有關的經驗。

(3) 過渡式問題：帶領與會者漸漸進入主題，並注意其他人的看法，例如：今年參加過何種活動，以提供進入主題的心理準備。

(4) 主要問題：焦點團體討論二至五個有關主題的問題，例如：訊息測試、觀念形成、意見產生、或任何與議題相關的資訊。

(5) 結尾問題：確認所有觀點皆被討論過，且主持人闡釋已被表達的全部主題，所有事皆被考慮。

3. **參與觀察**

研究者可控制程度低。好的公關人是參與觀察者，方式如下：(1)瞭解組織之規則、角色及運作；(2)觀察並記錄日常運作；(3)將觀察與期望做比較。

二、正式（Formal）研究

即初級研究（primary research），從科學研究得到創新資訊，採閉鎖問題的測量性語句（選擇題），使用隨機抽樣，又稱為量的研究（quantitative research），結果可用來做預測，通常有效且可信賴。

調查研究企圖用標準化的系列問題，測量特定大眾的偏好，是評估大眾行動與意見的重要基礎。描述性統計會讓數據說話；推論式統計則由特定族群的樣本找出結果，其步驟為：1.問題選擇；2.現行研究與理論之回顧；3.假設或研究問題之陳述；4.方法與研究設計；5.數據之蒐集、分析與解釋；6.展示結果；7.結論。

公關研究需使用科學化抽樣的調查（survey）或民意測驗（poll），此時，決定抽樣準確度或有效性的兩個重要因素，為樣本的隨機性及樣本的大小，研究者就從電話通訊錄中隨機抽樣。

一般而言，樣本愈大，其誤差率愈低。例如：全國性民意調查，樣本約在一千五百人，其誤差率約為3%；樣本約一百人，其誤差率約為10%。公關調查是要找出民意趨勢，故只有在為組織做形象調查時，才會採用較大樣本，大部分公關調查的樣本可視實際需求做調整。

第三節　研究的種類

樂賓格（Otto Lerbinger, 1977）指出，四種主要公關研究種類如下：

一、環境監看（Environmental Monitoring）

這是成長最快的項目，觀察趨勢對輿論的影響，社會事件對組織的顯著衝擊，頻率可一次、定期或長期，如議題管理。組織對重要訊息的監看、評估及傳播，讓組織隨環境調整，如Intel Pentium晶片瑕疵，超過十三萬人在網路上討論，使不明顯的問題深植人心，讓企業重視其威力。

（一）早期警示階段

確認議題及危急性，包括：1.刊物有系統之內容分析；2.社區領袖或特定居民的討論會。

（二）主要議題與輿論追蹤階段

1.縱向討論會

在特定時間內，相同受訪者被訪談的次數。

2.橫向輿論投票

舉行一次隨機抽樣調查。

二、公關稽核（PR Audit）

研究組織的公關定位，判斷公司在內部員工及外部客戶、股東與社區領袖心中的地位，其目的是為描述、測量及評估組織的公關活動，作為未來長期公關活動的指導方針，其步驟有二：

1.與各部門高階管理者訪談，或進行公司外部溝通的內容分析等。

2.舉行企業形象調查：內容包括受訪者是否知道代表公司的標誌（logo）、產品及負責人姓名等，對上述事項的態度與感受。

三、傳播稽核（Communication Audit）

檢查組織所產生的訊息，包括內部與外部溝通，常用方法有三：

1.閱讀率調查

測量多少人看過且（或）記住某些刊物（新聞、員工刊物或公司年報）的內容。

2.內容分析

瞭解媒體如何處理新聞，及其他有關組織的訊息。

3.可讀性

審閱公司員工刊物與新聞發布的內容是否清楚明白與簡而易懂。

四、社會稽核（Social Audit）

開始於1960年，近年研究顯示組織與大眾有三種關係：

1.專業關係：服務導向。

2.個人關係：誠信感覺。

3.社區關係：組織需對大眾之社會與經濟利益保持支持與改善之道。

評價組織肩負社會責任的程度，指標包括：贊助慈善教育活動、少數民族人士之僱用、女性升遷平等機會、生態環保、員工平等條款、動物試驗及社區關係等，提供回饋。這是公關研究最新的型態與最具挑戰性的部分。

近年，美國《財星雜誌》（*Fortune*）每年皆會公布〈最佳標竿企業調查〉（Most Admired Corporation Survey），八大評鑑指標為：創新、CSR（企業社會責任）、財務健全、優秀員工、善用公司資產、管理品質、具全球長期投資價值、產品及服務品質。國內《天下雜誌》近年所做最佳聲望標竿企業等調查，亦將社會公益活動及環境保護納入企業社會責任指標內。

第六章
成功公關四部曲之二：行動

針對溝通問題做完研究後，必須提出解決方案來改善現況，謀定而後動的行動較易達成目標，產生公關行動的原因如下：

1. 肇因於目前情況需不斷的澄清與溝通，如危機管理。
2. 議題管理互相衝突的雙方，必須造勢以影響民意。
3. 展示現有產品或組織的特色，以創造業績。
4. 經由創新非營利組織之服務，順利達成募款或會員召募。
5. 組織積極解決問題，本身即是行動的一種形式。

第一節　公關創意

馬家羅（Majaro, 1992）提出創意（creativity）是協助產生想法的思考過程，創新（innovation）是該想法的實際應用，符合組織目標之有效方式。

葛瑞（Green, 2007）認為創意是新內容包含兩個或更多元素，能對一個任務提供附加價值，他提出創意過程五個I：

· **Information**（資訊）：蒐集與調查相關資料，問對問題。
· **Incubation**（育成）：深思熟慮寫下想法或靈感。
· **Illumination**（闡釋）：對上述想法進一步詳述。

· Integration（整合）：改寫或加入新元素。

· Illustration（說明）：考慮時效性及他人經驗，評估最後想法。

公關創意不是無中生有，常用三種創意方法：

一、六頂思考帽（Six Thinking Hats）

代表六種思考型態及方向，是由波諾（Edward de Bono, 1986）創立之思考訓練方法，期望藉由此法消除自我防衛心理、拓廣思考技巧，進而增進對事務的瞭解。認為思考是一種可以被教導的技巧，且被應用在許多方面，如商業管理等，使用六種不同顏色的帽子來代表六種思考方式：

1. 白色思考帽（White for Objective Facts）

代表思考中的證據、數字和訊息問題。例如：已知的訊息及還需哪些資料。

2. 紅色思考帽（Red for Emotions）

代表思考過程中的情感和直覺等問題。例如：我對這件事情的感覺如何？

3. 黑色思考帽（Black for Negative）

代表思考中的邏輯，事實與判斷是否與證據相符等問題。例如：可行性如何？

4. 黃色思考帽（Yellow for Constructive Thoughts）

代表思考中占優勢的問題、利益所在、可取之處等。例如：為什麼這件事可行？

5. 綠色思考帽（Green for Creativity）

代表思考中的新創意及可行性的多樣化問題。例如：是否有不同的看法等。

6. 藍色思考帽（Blue for Control the other Hats）

代表對思考本身的思考。例如：控制整個思維過程、制定整個思維方案等。

六頂思考帽的目的：(1)簡化思考，不用同時處理情感、邏輯、資料、希望和創意，可將其分別處理；(2)可以自由變換思考類型。

六頂思考帽的價值：(1)角色扮演使大家敢想敢說；(2)引導注意力到事情的六個層面；(3)學習思考遊戲規則。

二、心智圖（Mind Map）

是由英國的博贊（Tony Buzan）在1970年代提出的一種圖像式輔助思考工具。心智圖通過在平面上的一個主題出發，畫出相關聯的對象，像一個心臟及其周邊的血管圖，故稱為「心智圖」。因這種表現方式比單純的文字更接近人思考的空間性想像，故常用於創造性思維過程中。

用一個中央關鍵詞或想法，以輻射線形連接所有的代表字詞、想法、任務或其他關聯項目的圖解方式。過程包括筆記、修正集體討論、總結，普遍地運用於研究、組織、解決問題和政策制定中。

其中心通常是一個主題，環繞在中心外的是相關的思想和概念，可用來整理複雜的想法，例如：聽演講時可使用它記下重點。

三、腦力激盪法（Brainstorming）

這是由美國BBDO廣告公司創始人奧斯本（Alex F. Osborn）於1957年首創，是一種為激發創造力、強化思考力的一種方法，。

參與者隨意將腦中和研討主題有關的見解提出來，然後再將大家的見解重新分類整理。在整個過程中，無論提出的意見有多麼可笑，其他人都不得批評，從而產生很多的新觀點和問題解決方法。腦力激盪中有四項基本規則，增強眾人的總體創造力：

(一) 追求數量

旨在遵循量變產生質變的原則來處理論題，假設提出的設想數量愈多，愈有機會出現高明有效的方法。

(二) 禁止批評

與會人員將會無拘無束的提出不同尋常的設想，把批評留到後面的批評階段進行，鼓勵參與者保持熱情。

(三) 提倡獨特的想法

要想有多而精的設想，應當提倡與眾不同，因其常出現在新觀點或是被忽略的假設中。

(四) 綜合設想

事實證明綜合的過程可以激發有建設性的設想。經理和高層不參與，讓大家自由產生奇妙思想。

第二節　公關企劃與執行

一、公關企劃

不論是單一事件（event）、有始有終的大型活動（campaign）或持續活動（program），正式執行前需有周詳企劃，包括人力與時間等資源的評估，並定期的檢視企劃內容且根據環境變化作適當修正。

(一) 成功活動的五大原則

1. 評估不同目標對象之目標、需求與能力。
2. 系統化的活動企劃與製作。
3. 持續監督與評估何者有效與何處需改善。
4. 考慮大眾傳播與人際傳播的互補角色。
5. 透過適當的媒體管道，將訊息傳遞給目標對象。

(二) 成功活動的五大因素

1. 教育

啟發目標對象，給予耳目一新之感。

2. 帶動改變

行為改變是所有活動的最終目標，而改變必須循序漸進如下：認知（awareness）→知道（knowledge）→瞭解

（understanding）→感受（perception）→信念（belief）
→態度（attitude）→行為（behavior）。故如何在活動中將
上述前後相關聯因素納入考慮，始可達成行為改變之最終目
標。

3.**實施**
必須考慮其具體可行性，而非空喊口號。

4.**增強記憶**
將重要訊息透過有計畫的活動，傳遞給目標對象。

5.**評估**
活動後需定期評估目標達成率，作為下次活動的依據。

二、公關企劃案撰寫

（一）準備動作

1. 組織相關單位簡報。
2. 資料蒐集，找出真相或利用簡易基本研究蒐集訊息。
3. 動腦會議。
4. 資源整合
   (1) 經驗、專業知識與可用預算。
   (2) 時間管理：包括表列全部活動、依先後次序分配時間、評
       估全部任務所需時間、確認在重要事情上花足夠時間管
       理。
   (3) 人力與責任配置：可用公關公司或廠商，確認全部主管皆
       瞭解公關基本原則。

（二）內容格式

公關企劃內容雖有不同，一般而言包括八個基本要件，分別是
現況、目標、目標對象、策略、戰術、時間表、預算及評估。
茲以甲公司為例，說明如表6-1。

表6-1　甲公司搬新家慶祝茶會企劃書內容範例

1.現況分析：在臺灣深耕八年並有90%市場占有率的世界網路大廠甲公司，為尋求提供更好服務給客戶，將擴大營業搬新家，並於一樓大廳舉行慶祝茶會。

2.目標：慶祝搬新家的同時宣布與新客戶簽約儀式，展示業務拓展之雄心。

3.目標對象：政府官員、軟體與網路產業公會、客戶及媒體。

4.策略：

(1)邀請高階政府官員及大客戶與會，提升知名度。

(2)經廣告刊登與媒體採訪，增加在市場曝光率。

(3)簽約儀式將為活動創造另一高潮。

5.戰術：

(1)現場以冰雕、汽球、綵帶等裝飾，配上音樂與點心。

(2)製造歡樂氣氛。

(3)舞龍舞獅嘴中吐出帶有公司名的慶賀押韻詩句。

(4)辦公室入口的門包裝成禮盒，中間的紅色蝴蝶結解開，象徵新辦公室開幕啓用。

(5)媒體邀請資料夾準備及現場訪問安排。

6.時間表：

1/15全部邀請函寄出。

1/19確認出席人數及廣告草稿完成。

1/21現場裝潢與新聞稿確認完成。

1/25接待訓練與事前預演及名牌製作。

1/26活動當天廣告刊出與現場支援。

7.預算：　　　　　　　　　　　（單位／元）

全部裝潢	150,000
新聞資料、禮品與郵寄費	60,000
布條、名牌	10,000
設備	60,000
茶點　$100×120（人）	12,000
錄影	10,000
舞龍舞獅團	30,000
總計（不含稅）	332,000

8.評估：吸引共計一百餘位目標對象出席慶祝會，主要印刷與電子媒體報導超過三十則。

---

1. 現況分析／背景介紹（Situation Analysis / Introduction）

唯有深入瞭解背景，才能找出真正問題與原因。常用的策略分析手法為SWOT，即對內部分析企業自己的優勢（**Strength**）與弱勢（**Weakness**）；對外分析所面臨的機會（**Opportunity**）及威脅（**Threat**）。唯有對現況全然瞭解，才能設立有效目標及實踐成功的公關活動。茲將三種常見公關現況說明如下：

(1) 組織為克服影響組織的負面問題或現況，必須進行一個修復活動，例如：市場衰退或銷售銳減等。

(2) 組織需進行一個特別的專案活動，例如：新公司開幕或新產品上市等。

(3) 組織為保有聲望與公眾支持，需加強持續性的活動，如以某成功領導品牌來吸引新客戶等。

現況分析亦包括相關的研究，例如：經市場分析知道消費者興趣所在、經由焦點團體瞭解消費者喜歡「快與簡單」的電腦軟體計算經驗等。

2. 目標

公關目標需增強組織目標，策略公關目標需與組織成長相聯繫。公關活動應被視為生生不息的管理活動，分為兩種：

· 整體長期目標（Goal）：與組織存在有關，通常指一個活動想達到的概念結果與方向，例如：增加民眾使用大眾運輸工具的頻率。

· 短期可達成目標（Objective）：是整體長期具體目標中的特別里程碑，例如：讓年收入七十萬臺幣以下的新竹地區勞工，在此公關活動前半年的大眾運輸工具搭乘率，提高8%。

(1) 目標設定SMART原則

· 特別的（**Specific**）：如「提升在無線通訊市場的地位」。

· 可測量（**Measurable**）：如增加研討會出席率20%。

· 可達成（**Attainable**）：目標可達到之對象需明確界定。

· 實際性（**Realistic**）：期待改變值需具體可行。

· 時間性（**Time-based**）：目標日期或截止日是有責任的承諾。

(2) 一般目標設定有下列六種類型：

· 強化組織正面形象：①產品市場占有率提升或進入新市場；②說明一個零售商策略；③員工表現及滿意度佳，可吸引其他優秀人才加入公司；④善盡社會公民之職。

· 克服組織或產品負面感受：①事業協會會員減少；②客戶抱怨；③員工覺得公司不重視員工發展與規劃；④公司工廠設備老舊，失去競爭力；⑤大眾因公司不重視環保而抵制產品購買。

· 從中立立場執行一個特別專案：①新產品發表、產品改良或已知產品新應用；②為某項有意義的活動進行募款；③與相關單位舉辦公共場合禁菸宣導活動，以促使政府頒布相關法令；④購併其他公司獲股東同意；⑤號召員工參與相關環保活動。

· 發展既有活動以創造或維持有利公司營運的情境：①讓社區知道公司是肩負社會責任之企業公民；②媒體關係；③證明企業是員工最佳工作之處；④年度大型感恩客戶活動。

· 資訊式目標：大部分公關活動主要目的是傳遞資訊給目標對象，強化一個議題、事件或產品的知名度，因較抽象與難以量化，故需用正式調查研究來測量其結果。

· 動機式目標：雖然改變態度與行為是公關活動較難完成的部分，動機式目標卻較易測量與量化，包括產品銷售增加、戲劇表演門票銷售一空、或慈善單位捐贈金額的

達成。

3. 策略（Strategy）

深思熟慮的指導原則，好讓未來活動得以順利執行。一個目標可有許多策略配合，例如：對開車的人展示搭乘大眾運輸工具上班，是個具吸引力的選擇。

(1) 目標代表將抵達之終點；策略代表如何到達那裡，是溝通主題或工具的聲明，將被用來完成一個特別目標。一個活動依其目標與目標對象，可能會有一個或數個策略。例如：蘋果手機上市策略如下：①由媒體活動引爆新產品上市的動能及興奮感；②溝通其技術上的優勢與益處；③展示業界動能與廣泛支持；④在整個即將上市期間，將媒體關注於新產品的正面報導，搶得機先。

其他例子如下：①經由一個具凝聚力與持續性主題的大型活動，吸引全部目標對象；②經由印刷與電子媒體，達到吸引目標對象的功效；③協調與業務部的促銷活動。

(2) 主要訊息與主題（Key Message & Theme）：一個活動的策略要件需在整個文宣中不斷陳述主要訊息與主題，用創意發展主題要點有三：抓住活動精髓、簡短不超過三至五個字、可維持一段時間。一般常見內容包括財務結果、高階人事異動、企業接到大訂單、事業新擴展、產品降價、工廠開工或設備更新、新行銷手法或新服務。

4. 目標對象（Target Audiences）

目標對象需定義清楚以節省花費。一般常見目標對象如下：(1)媒體；(2)客戶；(3)財務金融界：分析師、基金經理人、股東、投資者等；(4)政策制定之相關政府單位；(5)民意代表；(6)社區或議題的意見領袖；(7)教育機構；(8)經銷商、協力廠商；(9)產業同業公會、協會與消費團體；(10)特殊利益團體。

5.戰術／行動方案／活動設計／執行項目（Tactics／Actions／Activities／Program Elements）

經由特別活動的執行，將策略的精髓貫穿於整個公關活動中。戰術需使用特別工具、人員、時間、費用及組織其他資源，它可達成短期目標且支援長期目標的實踐，例如：舉行「我愛搭乘大眾運輸工具」徵文比賽。這是整個企劃的核心，透過活動或特別工作（task），實踐策略，完成目標。

一般常用溝通管道如下：(1)向媒體發布新聞；(2)演說；(3)贊助活動；(4)遊說；(5)小冊子。

微軟公司Win 8上市戰術如下：

(1) 尋求密集媒體曝光，獲取消費與商業刊物的封面報導。

(2) 在二十餘個城市讓消費者試用產品，媒體報導試用結果。

(3) 在微軟公司總部進行新產品發表會，五百餘位媒體應邀與會。

(4) 選擇同一天午夜在全球發行此產品，讓媒體報導民眾在經銷商前大排長龍的搶購熱潮。

6.時間表（Calendar／Timetable）

在規劃公司活動時間表時，可細分爲以下三方面，將影響目標達成的最大效益，茲說明如下：

(1) 活動時機：需將周遭環境納入考慮，特別是對目標對象有意義的主要訊息，如推行共乘制，是在油價上漲及交通擁擠時才有效；捐贈活動最好在聖誕節或農曆年前後，人們較有心與財力去幫助別人，又可節稅；其他一些產品較不依賴節令，如電腦軟體等。

(2) 活動順序：典型的模式即集中火力於活動之始，猶如火箭發射之初激起許多火花。活動開始要吸引目標對象的認知與注意，接下來的火力弱到維持動能即可。在整合傳播過程中，公關最先進行，廣告與直接郵件（DM）接續，微軟Win 8上市即採用此法。

(3) 活動細目：特別活動、錄影帶、新聞資料、小冊子、刊物
　　或電視座談等，皆需事先花時間製作與準備。公關人需事
　　先設想周到，讓事情在對的時間發生，詳細行動方案與時
　　間表是追蹤一切細節的利器。

　　茲將兩種業界常用方式說明如表6-2與表6-3。

表6-2　每週進度表

日　　期	工作項目	負責人	備　　註
星期一 10/1	活動場地預訂／錄影帶腳本討論	某甲	10/15前讓某主管確認
星期二 10/2	新聞稿草擬與照片拍攝準備／小冊子大綱討論	某乙	10/21前定案
星期三 10/3	對外刊物企劃開始／電視座談會企劃擬定	某丙	12/3前完成
星期四 10/4	展覽第一次籌備會議／禮品製作廠商挑選會議	某甲／某乙	10/21開第二次會議並追蹤進度
星期五 10/5	媒體資料庫建立／回答媒體問題資料準備	某丁	10/5下班前完成

表6-3　年度計畫表

月份＼項目	1	2	3	4	5	6
產品發表	■	■				■
應用文章				■	■	
新聞發布		■	■	■	■	■
商展支援					■	■
研討會		■		■		■
媒體餐會	■			■		
公司簡介	■	■				

月份 項目	1	2	3	4	5	6
錄影帶	███	███	███			
電視座談				███	███	███
禮品製作	███	███	███			

※說明：年度計畫表常採用甘特圖（Gantt Chart），左邊垂直欄是需完成工作，右邊水平
欄是時間。

7.預算（Budget）

組織會依公關任務導向編列預算，但使用法有賴公關人依實
際狀況作分配，一般會預留10%的費用以備緊急時機之用。
若聘用公關公司，超過50%會支付公關人薪水及管理費，剩
下都是實報實銷部分。預算制定是基於經驗與廠商報價，預
算控制是公關人的職責，也是事後評估成功的關鍵指標之
一。

8.評估結果（Evaluation）

資訊式目標評估需分析剪報主要訊息被提到的狀況、有多少
小冊子送出、有多少人看到新聞等。動機式目標需測量增加
多少業績、多少人來電詢問資料、活動前後比較人們感受的
差別等方式。

　　活動評估直接與設定目標有關，有效性、可信賴、一致
性與標準化是評估結果常用的指標，一般常用方法如下：(1)
事後問卷調查；(2)電話訪問；(3)一對一面對面訪談；(4)團
體討論；(5)媒體曝光率。

三、公關執行

　　公關執行千頭萬緒，一個小的失誤皆會影響全局，不可不謹慎小心協
調，並將全部細節書面化，做好時間管理與專案管理，並有臨時隨機應變
的能力。

（一）執行前檢查規劃重點

1. 選擇具創意及工作效率的人成立委員會，定期評估進度。
2. 詳列預算項目。
3. 日期與時間選擇勿與社區和學校相關活動互相衝突。

（二）執行戰術的主要工作重點

1. 制定簡明的活動名稱。
2. 目標為募款、引起產業注意或教育等。
3. 全部活動分成數個部分，例如：討論會、演講與餐會等。
4. 不斷協調與進度掌控。
5. 時間與日期儘早設定。

（三）細節

1. **地點需求**
   考慮價格、交通便捷、該單位所提供的服務等。
2. **會議地點聯絡人**
   詳細聯絡資料，以利緊急事件處理。
3. **出席率與入場方式**
   總人數控制、加速入場動線等。
4. **報名**
   方式制定、現場報名處動線設計等。
5. **文具用品**
   訂書機（針）、雷射投影筆、電池與筆記型電腦等。
6. **工作人員**
   活動前訓練，活動中就定位，以有經驗者為佳。
7. **工作委員會與義工**
   必須發揮其追蹤與執行活動之職責。

8.住宿

人數多可談下好折扣，需提早預定並由專人負責。

9.會議室

(1) 大小最好與人數相當。

(2) 座位排法：①圓形：能營造融洽氣氛，適合人數少的會議。②正方形：最常見的會場形式，適合任何類型會議。③長方形：也是常見的會場形式，可容納較多人數；但桌子不宜過長，避免某些人離主席過遠，令主席無法控制全局。④橢圓形：近年最流行的會場形式，兼備圓形、正方形與長方形的優缺點。⑤學校型：與會人數龐大時所採用，適合說明式集會。⑥U字型：適合少數人的座談會。⑦劇院型：適合大型國際會議。

(3) 現場可提供設備：①三槍投影機連接電腦：可提供解晰度高且畫面較亮的高品質。②投影機：製作簡單，但畫面易有梯形出現。③幻燈機：可調整頁面大小，超過五十人會議需用強光型幻燈機。④麥克風：勿直接對到喇叭，以免造成回音。⑤銀幕：幕寬為第一排與銀幕之距離，幕寬的六倍則為最後一排與銀幕之距離。銀幕底邊離地最佳距離為一點二至一點五公尺。一般而言，一百人以內會議可用一二〇吋銀幕；一二〇至一八〇人可用一八〇吋；一八〇人至二五〇人可用二三〇吋。

(4) 避免與前或後場活動時間過於接近，以免無足夠準備時間。

(5) 避免會議與用餐同一地點。若空間許可，兩邊可同時布置好，中間用屏風隔開。

10.會議前視聽設備檢查

(1) 音量適中，無回音。

(2) 銀幕大小適中，並放於視野最佳位置。

(3) 講桌位置（與高度）適中，機關設備齊全。

(4) 電腦、錄放影機、音響、冷氣、燈光等測試。

11.食物與點心

(1) 功能型態：午宴或晚餐、自助餐、中間休息點心。

(2) 確定人數與提供時間。

(3) 食物需易取易食，注意保溫與份量需足夠。

12.桌子布置

桌子形狀、桌布與椅子搭配，花或汽球以外的特別布置等。

13.名人、主講者與其他重要人物

(1) 名單擬定與邀請確認。

(2) 簡歷、照片與講稿大綱最好事先取得。

(3) 依個人喜好調整招待細節。

(4) 事後感謝信。

14.娛樂表演

(1) 型態：脫口秀、頒獎、歌舞表演、獨奏、樂團表演等。

(2) 需符合觀眾需求。

(3) 舞臺布置、燈光音響架設。

15.展覽及貨運安排

(1) 展覽位置勿與競爭對手相鄰。

(2) 展場布置圖及展示項目需先確認，再按圖施工。

(3) 展示物件務必如期運至會場。

16.國際會議

(1) 簽證與護照申請注意事項。

(2) 同步翻譯設備與翻譯者時間確認。

17.安全

(1) 警衛及醫療人員隨時待命。

(2) 緊急處理原則與聯絡電話，發給全部工作人員一份。

18.宣傳、促銷與廣告

(1) 參加人數多的大型活動，應愈早進行規劃與文宣工作，
　　以方便大家報名。一般報名率會是寄出邀請函件總數的　**151**

八成。

(2) 會場記者採訪室布置與會前新聞資料袋的準備。

(3) 一般資料可於進場或出場時發放。

19.當地旅遊安排

(1) 晴天與雨天的出遊節目安排。

(2) 旅行社動線安排與費用議價。

20.預算控制

(1) 事先將前述會發生的費用全部估算進來。

(2) 凡個人自付費用必須有明細表。

(3) 活動後儘量於一星期內將全部花費結算出來。

第三節　特別活動

特別活動（Special Event，簡稱SP）刺激群眾對人或產品的興趣（如圖6-1）。活動經由特別設計與大眾產生互動，是新聞發展的體現，要素包括時間、地點、人物、活動、戲劇化及表演化。一個特別活動可由其他輔助活動構成，例如：比賽、演講及餐會等。

會展（活動）產業（Meetings, Incentive Tourism, Conventions, Exhibitions Megaevent，簡稱MICE），在歐美已是古老產業，亞洲各國近數十年開始盛行，包括展覽、會議、旅遊、博覽會、演唱會等大型活動與比賽，帶動周邊四種服務，即會議行銷、交通運輸、會場食宿及觀光、員工平均產值高。

一、類型

(一) 性質

兒童、文化、專業娛樂（歌手或喜劇演員）、體育、眷屬／客人／重要人物（VIP）、參訪及主題活動。

（二）型態

展覽、不同地點巡迴展示（road show）、市集、遊行、大規模抗議活動、體育競賽、商店櫥窗或街道商業展示、特技表演（例如：空中飛人）、意見領袖演講的宴會或餐會、會議（meeting）、大型會議（conference and convention）。

（三）日期

家庭日、環保週、工安月、音樂季、奧運年。

（四）儀式

上樑典禮、畢業典禮、頒獎典禮、開幕典禮。

圖6-1　2011年6月16日是IBM公司創業滿一百週年，臺灣IBM公司特別在當天舉辦「志工群像100拍」攝影藝廊揭幕儀式，得到首獎的員工曾祥需在得獎作品「緊緊相繫」前留影。

二、注意事項

音樂、娛樂、遊戲（競賽／非競賽）、旅行、餐飲、邀請、現場裝潢與燈光、特別音效、紀念品／獎項、服裝及交通安排。

三、選擇特別活動需考慮問題

1. 該活動應與整個活動設計及會議目的相吻合。
2. 滿足或增進參加者的需求。
3. 評估買保險的必要性。
4. 活動地點的安全性。
5. 提供參加者社會互動與非正式對話的機會。

四、瞭解參加者特質

年齡、男女比例、複雜程度、教育程度、族群個性，以及前次參與活動的反應。

五、地點

天氣、設施、該場地服務人員專業程度。

六、主題發展

它是整個活動的靈魂，需出現在文宣品、會場裝潢、音樂、餐飲及特別音效等方面。

七、舞臺活動設計

可掌握現場的司儀、名人演說、新產品簡報、頒獎、著名音樂家或樂團表演。

八、攝影

找到經驗豐富且價位合理的攝影師，明確告知攝影目的（新聞發

布、未來文宣或正式會議存檔等）、詳細行程、地點、需被攝影主要人物名單、特別背景與時機、照片型態（例如：正式、舞臺、靜態、動態或眞實記錄）。

九、節省經費的辦法

1. 尋找地方音樂或戲劇系師生來協助表演節目。
2. 儘量動員組織內部員工參加。
3. 主題發展圍繞簡單、可直接利用的道具。
4. 地點與主題相關。
5. 避免特殊效果。

第七章
成功公關四部曲之三：溝通

　　在行動過程中，難免遭遇誤解與危機，為順利達成目標，即需做有效的溝通，總計有十個原則：

1. 人性化以增加說服力，戲劇化以增強溝通效果。
2. 訊息溝通方式符合目標對象需求，以其能瞭解的語言溝通。
3. 及時性以減少不必要的誤解，扮演一個必須的公共服務角色。
4. 首先與周遭友人溝通，瞭解其對訊息的接受度，事先預想目標對象對訊息的反應。
5. 即使危機發生時亦要面對事實，使用雙向溝通。
6. 強調正面的好處。
7. 若需要，可一再重複溝通。
8. 克服被拒絕，繼續努力溝通。
9. 專注意見領袖溝通。
10. 讓所有的溝通儘量在和諧氣氛下達成。

第一節　　溝通的程序與管道

一、溝通目標

　　公關學者格魯尼（James Grunig）曾提出溝通希望達到的五個目標：

（一）訊息曝光（Message Exposure）

公關人透過無法控制的大眾傳播媒體，或自行可控制而印刷的小冊子，將訊息傳遞出去且廣為周知，目標對象可經由不同管道與媒介，接受到相同的訊息。

（二）訊息正確傳播（Accurate Disseminate of the Message）

目標對象知道訊息，並可全部或部分保留下來。

（三）訊息接受（Acceptance of the Message）

基於事實考量，目標對象不只保留訊息，並進一步接受其有效性。

（四）態度改變（Attitude Change）

目標對象不只相信訊息，並在口頭及心裡承諾改變。

（五）行為改變（Changing Overt Behavior）

目標對象改變目前行為或開始新的行為。

雖然公關人無法控制訊息傳播後的結果，但根據研究顯示，態度或行為的改變，往往取決於一開始的有效訊息傳播，因此，如何規劃訊息，透過正確管道傳達給目標對象，是公關人很大的挑戰。

二、溝通策略

一般目標對象有兩種，即被動的資訊接受者，與主動的資訊尋找者，在大部分的公關活動中，訊息設計與溝通過程，皆是為達到被動資訊接受者，為吸引其注意而創造出多元化的活動。

將訊息透過娛樂或遊戲方式傳送，較易吸引被動資訊接受者，故訊息必須是具創意與聲光吸引力，此時在訊息設計上需強調視聽效果。常用手法如下：車上廣播重要訊息、電視企業形象或活動廣告、公布欄、海報、

圖片或照片、貼紙、電視牆、錄影帶、多媒體等，皆會使用「KISS」（Keep It Simple and Short）原則，將訊息設計爲簡潔有力、易唸口語化的口號或標語（slogan），此時，溝通目標爲訊息曝光及正確傳播。

　　至於主動資訊尋找者則需要複雜的補充資料，此時在訊息設計上需強調翔實深入。常用手法如下：小冊子、報章雜誌的深入報導、面對面簡報、大型會議、研討會、在目標團體前發表演說、展覽會上現場展示。此時，溝通目標對象爲相信訊息，並進一步改變態度與行爲。

　　清楚目標對象區隔，有效溝通便愈易達成，因公關人可針對不同目標對象，選擇適當的溝通手法或工具。

三、溝通戰術

　　萊柏格（Herbert E. Lionbeger, 1960）提出改變一個人的態度或行爲不是簡單的過程，分析人類接受創新想法或產品的五個階段如下：

(一) 知曉（Awareness）

經由廣告或新聞報導，得知一個新產品或新想法。

(二) 興趣（Interest）

經由訂閱刊物，找尋簡介小冊子與閱讀報章雜誌，取得有關新產品或新創意的背景資料。

(三) 評估（Evaluation）

判斷新產品或新創意是否滿意某些特別需求，周遭親朋好友的意見會影響其最後決定。

(四) 試驗（Trial）

經由使用樣品、目睹實地展示、第三者證言（third party endorsement，大部分爲學者專家），來增強其實證性及可信度。

(五) 採用 (Adoption)

個人開始規律的使用新產品，或將新創意整合至自己的信念裡，且會主動影響周遭友人。

溝通管道即透過報紙、雜誌、廣播、電視及網路五種大眾傳播媒體，與廣大的閱聽人溝通。使用的溝通工具包含書面、口頭、視覺及科技四大類，茲詳述如下。

四、常用媒體特色及優缺點

如表7-1所說明。

表7-1　常用媒體特色及優缺點比較

類　別	特　色	優　點	缺　點
報紙	1.廣泛報導 2.深入調查 3.影響力大 4.強調公眾事務	1.時效性高，讀者可選擇性閱讀 2.會帶動社會風潮 3.達到各階層大眾 4.為新觀念與新產品傳播最快的媒介	1.訊息生命短暫 2.發行量難計算 3.版面有限 4.付費閱讀
雜誌	1.背景介紹 2.企業或高階主管介紹 3.產業綜合報導 4.商業趨勢	1.目標對象區隔清楚 2.達到更多目標消費群 3.閱讀時間較長 4.印刷精美且保存及傳閱率高	1.單價高 2.無法在地方市場發揮影響力 3.缺乏最新訊息 4.時效性低
廣播	1.簡短 2.現場報導 3.專訪／脫口秀 4.隨時插播新聞	1.時效性最高 2.公共服務宣布 3.屬聽覺媒體，想像空間大 4.進入地方市場媒介之一	1.訊息被時間限制 2.某些地方收聽狀況不佳或收不到 3.無視覺吸引 4.複雜訊息無法立即瞭解

類　別	特　色	優　點	缺　點
電視	1.簡潔且具戲劇性與彈性 2.現場訪問 3.具人情味 4.選擇性報導	1.訊息影響力大且迅速 2.結合聲音、影像、文字，易吸引人 3.涵蓋面最廣 4.時效性配合強，富機動性	1.訊息被時間限制 2.訊息若具廣告嫌疑便難播出 3.收訊狀況有時不穩定 4.訊息播出難度高
網路	1.即時性與互動性 2.結合影音多媒體 3.網頁超連結 4.公民報導	1.訊息二十四小時更新，具全球影響力 2.便於訊息分類搜尋及立即性民意調查	1.負面報導永存電腦系統 2.人人皆可撰文，資訊氾濫程度更嚴重

第二節　公關寫作

一、書面溝通

(一) 寫作原則

訊息需針對不同媒介及目標對象，調整寫作方式清楚且吸引人的寫作風格。其六大要素如下：可讀性高、自然、富變化、聽起來悅耳、具人情味、少偏見。

公關寫作需讓文字力求簡潔、清楚與精準，第一個步驟需建立訊息的目標，善用電腦、資料庫與研究，做好寫作前的準備，它在知曉與興趣階段最具影響力，透過大眾媒體，引起人們注意。

1.新聞特徵

第一個時機是當事件發生時就要立刻宣布，例如：組織季報結果、重要人事任命、裁員等。第二個時機包括將資訊與活動或假期相連結，例如：母親節的新禮物是健康檢查。第三

個時機是大眾相關的活動或議題，例如：治療癌症新藥問世。第四個發布新聞時機是將組織產品或服務與目前事件產生關聯性，例如：天災人禍引起大家對某項保險的注意。

新聞特徵寫作原則如下：

(1) 引人注目：組織開幕若無名人是無法吸引媒體的，一般所謂名人包括電影明星、運動員或官員等。但一些大公司是不用名人即可吸引媒介，因其掌握較多資源，影響人們生活。另一常用的方法即公司高階主管頒獎給某比賽優勝者，亦能吸引媒體注意。

(2) 地方性：媒體最喜歡的新聞稿是具地方角度的故事，因其接近性具新聞價值，例如：臺灣發生地震當然遠比它國發生水患來得重要。

(3) 重要性：任何現況或事件會使很多什麼樣的人受影響即為其重要性，例如：教育改革使得官員、教師、學生、家長、學校行政管理者、教科書出版商、補習班等廣受影響，使得相關議題不斷被拿出來討論。

(4) 人情味：人們永遠對他人的故事感興趣，例如：組織公關人說服當地報紙報導其公司新任執行長的故事，因她是該組織有史以來第一位女性執行長。

(5) 不尋常：任何超乎尋常的事情，皆會吸引媒體與大眾，例如：製作大尺寸動物形狀蛋糕慶祝動物園過生日。

(6) 衝突：兩個團體在熱門話題上有不同看法就可製造新聞，因為記者常要兩方對爭議論點表示意見。

(7) 新奇：新產品或服務皆具新聞性，例如：車商每年的新車發表會。

2. 發現新聞

(1) 內部新聞資源：公關人需先完全瞭解所代表組織的現況，研究不失為一良方，範圍包括：①重要文件：政策聲明、年報、組織圖、白皮書、市場研究報告、銷售預估及高階

主管簡歷。②期刊：目前及過去的內部及外部刊物、快報、雜誌。③剪報：有關組織與業界已出版的文章，包括地方、全國及國際媒體。④其他出版資料：組織簡介小冊子、演講、錄影帶及銷售相關資料。

公關人除閱讀上述資料外，尚需扮演記者角色，訪談不同的人，並經常注意即將發生的新鮮事。大部分的新聞故事不會自動跑出來，它是需花時間去找線索的。

(2) 外部新聞資源：公關人需隨時注意周遭環境，抓住時機，製造有利組織發言或發布新聞的機會。靈感來源如調查、商業媒體、財務分析報告、官方發現、產業銷售額及競爭者現況等。

3.製造新聞

創意是公關人重要的特質，其特徵為敏銳的觀察力、永不止息的好奇心、確認議題與產生很多想法的能力、不斷質疑模範、從既成事實中看到機會。茲將公關人製造新聞的方法簡述如下：

(1) 腦力激盪：召集相關人員開會，集思廣益。

(2) 特別活動：如會議、產品發表、週年慶及開幕典禮等。

(3) 比賽：這是製造新聞的普通設計，其種類繁多。企業經由贊助比賽，可獲得全國或國際的品牌知名度。

(4) 民意測驗及調查：媒體對各種調查皆感興趣，民意更受到高度重視，大眾最想知道生活形式、政治候選人、議題及產品品質等民意測驗結果。公關人在從事調查時需注意以下三件事：①主題切合時機，具新聞性且符合組織需求。②委託的研究公司需具可信度。③調查問題能引導具新聞價值的發現。

(5) 名列前十名：雖然調查具可信度，但費時且昂貴，一個簡單製造新聞的方法即名列某排名前十名，例如：具影響力的十位領導者、臺灣十大國際品牌公司、前十名最佳標竿

企業等。

(6) 宣傳特技：雖然媒體不太喜歡此種表演，但若具視覺效果，將會吸引大眾注意。最常見者即打破金氏世界紀錄，例如：世界最大的月餅、在同一天動員最多人打掃環境等。

(7) 產品展示：如科技、化妝品、食品、旅遊、汽車、家具、圖書、藝文及服裝等。

(8) 集會及示威活動：從人情味及衝突角度來看，抗議活動永遠具高度新聞價值，吸引人且具視覺效果。這種活動皆經過細密規劃，其目的是要發表聲明，而非製造暴動、損壞組織行動之正當性，最常被環保組織、勞工團體、選民及企業所使用。

(9) 親自出現：即公司高階主管在公共場合演講或接受媒體專訪。現在因科技發達，爲節省旅行時間，經由衛星或網際網路接受訪問，使用率愈來愈高。

(二) 爲媒體而寫

1. 新聞寫作格式

中、英文新聞稿範例，如圖7-1、圖7-2所示。

(1) 使用A4紙張發布新聞專用紙，或有公司標誌之全白信紙。

(2) 字體大小用10或12級，中文稿用楷書，英文稿用Courier或Times Roman字體。

(3) 聯絡人即新聞稿撰寫者或公關主管之名字、電話與電子郵件地址，英文放在A4紙的右或左上角，中文放在文末。

(4) 標題（headline）居中，字體大一級且顏色較黑，文字力求簡潔押韻，字數不需多，言簡意賅。

(5) 日期：中文稿放在左上角，英文稿放在第一段。

2.新聞寫作特色

(1) 5W1H：何人（who）、何時（when）、在何地（where）、如何（how）、爲何（why）、發生何事（what）。

(2) 倒金字塔式寫作，把結論放在第一段，再寫經過，包括重要及有趣資訊。

(3) 引用專家學者的話，言之有物。

(4) 長度適中，一般約六百至一千字，第一段勿超過五行。

(5) 最後一段提供組織的基本資料及網址，英文稱爲boilerplate。

3.新聞稿類型

(1) 發布性（Announcement）：人事任命、購併、頒獎、週年慶、法律行動、新產品、新廠開幕、新財務報告及新公司政策等。

(2) 創造性（Created News）：邀請知名演講者參加正式典禮，贊助音樂會及舉行大型活動等。

歡慶100歲生日　IBM「志工群像100拍」攝影藝廊揭幕
目標總時數336萬小時　42萬名IBM員工以公益服務迎接第101年

（2011年6月16日，台北訊）　今天是IBM公司創業滿一百週年，台灣IBM公司特別舉辦「志工群像100拍」攝影藝廊揭幕儀式，除了公開表揚優勝作品，也在公司內展出20多幅入選的員工作品。得到「金拍獎」的作品是加入IBM僅八個月的財務分析師曾祥需，他在今年五月IBM單車社主辦的公益活動中，捕捉到IBM員工與新竹家扶中心小朋友溫馨互動的「機會快門」。曾祥需的名爲「緊緊相繫」的作品，在評比過程中吸引了所有評審的目光，一致通過列爲首獎。

台灣IBM公司總經理于弘鼎表示，IBM在年初發起「公益服務慶百歲」活動，鼓勵全球42萬名IBM員工積極參與各地的公益服務，每人至少貢獻八小時、也就是累積總時數336萬個小時，作爲推動IBM邁向第二個100年的起點。于弘鼎說，IBM希望藉由每一位員工親身參與各地的社

會服務工作，以第一手的方式去發現與瞭解那些最迫切、最明顯的社會議題和需求，並嘗試用IBM人的知識、技能、智慧與團隊合作的精神，去協助解決我們所居住的世界與社會共同面臨的挑戰。今年台灣IBM舉辦「志工群像100拍」攝影比賽，就是希望讓員工透過鏡頭，捕捉與記錄身旁的IBM人從事各種公益活動的感動時刻。

台灣IBM的員工積極地響應總部的義舉，包括自發性的籌組百人親友團，協助保育五股濕地；響應「IBM愛必綿延」的東日本大地震賑災活動，慷慨解囊；發起「社團五合一」的聯合公益日，與家扶中心的小朋友同樂；舉辦IBM「工程師週」，到五所北部的高中，帶領3,000個高一學生體驗有趣的科學實驗；二十多位高階經理人前往全台各大學的商學系所、資訊科學系所，介紹IBM的發展與分享個人職涯經歷與心得；130多位經理人前往關渡自然公園擔任環境保育志工，以人工方式清除濕地溝渠裡的外來種植物，防止濕地「陸域化」；參加IBM「志工服務提案大賽」，為自己長期服務的公益團體爭取獎助金。到今天為止，台灣IBM的員工總計已經貢獻公益服務時數超過一萬小時。各項「公益服務慶百歲」的員工活動，將用接力的方式繼續舉辦到今年年底。

除了主持IBM「志工群像100拍」攝影藝廊揭幕儀式，于弘鼎並說明了IBM 2015年企業成長藍圖：

1. IBM將加速投資與發展2008年成立的成長型市場區（Growth Markets Unit）。IBM預測2015年成長型市場的GDP成長將達5%，是成熟型市場的兩倍；人口結構及商業模式改變，帶來龐大的商機。目前IBM成長型市場區的營收佔IBM全球營收的21%，希望該區域的貢獻度在2015年達到30%。IBM成長型市場區包含140個國家，如大中華區、東南亞國協、非洲、中南美洲、中歐、東歐等。
2. 如何分析與運算大量的資料，以最快的速度從中找出有意義、有商業價值的「資訊」，讓企業與市政的發展更流暢、更安全、更繁榮？深度商業分析已經是今日企業的顯學。著眼於這個商機，IBM併購了25家軟體公司，組成一支擁有7,800位專業顧問與數學家的團隊，並取得超過500個與運算分析相關的專利。IBM估計在商業分析業務的營收，2015年達160億美元。
3. IBM已經協助全球數千家銀行、醫療等產業及政府單位的客戶建置雲端運算服務，每天處理的相關交易及運算分析高達數百萬筆。IBM在雲端預算領域的營收，預期2015年將達70億美元。

4.全球正在高速的城市化。資料顯示，目前全球有七成以上的人口居住在都市；城市人口快速增加，對於政府與以城市人口為主要市場的各個產業，都是一大挑戰。從2009年起，IBM向全球產業客戶、政府單位、研究機構、大學等對象介紹「智慧的地球」議題；2010年聚焦「智慧的城市」，城市的建設應該充分運用高度感知化（Instrument-ed）的終端設備，經過物聯化（Interconnected）傳輸，讓城市的管理更為智慧化（Intelligent）。IBM預期智慧的地球解決方案相關營收在2015年可達100億美元。

在台灣，IBM除了全力發展上述成長領域之外，于弘鼎也建議，台灣已經具備硬體設計、開發、製造、全球銷售的絕佳利基與既有優勢，應該採用「硬帶軟、軟拉硬」的策略，協助硬體製造廠商轉型，學習設計、生產附加價值更高的「軟硬合一資訊設備」（Appliance）。不但硬體產業可以因此就近進入新的科技領域、取得更高的獲利能力之外，也可藉此建立軟體服務的商業模式，即透過資訊設備實現的服務交付模式（Delivery Model），帶出軟體的價值，提升軟體設計與開發人員的國際競爭力。

【相關訊息連結】
■邀您一同慶祝IBM 100年：http://www-07.ibm.com/tw/ibm100/index.html（中文）
■IBM at 100：http://www.ibm.com/ibm100/us/en/（英文）
■查詢IBM公司最新訊息：http://www.ibm.com/us/en/（英文）

新聞聯絡人：
IBM公司　　　　　　　劉xx　　　　　　　電話：02-8723-xxxx

圖7-1　中文新聞寫作格式範例

SAMPLE NEWS RELEASE DEFINED
The following is an example of a press release that could be sent to the local press. Note the comments in the left margin:

Release Information Contact Name & Phone Number	**FOR IMMEDIATE RELEASE** Contact：xxxxxx （03）xxx-xxxx
Headline in Boldface Caps	**XYZ Company REPORTS HIGHEST SALES EVER**
Dateline: City, release date **1st Paragraph Answers Basic Questions: Who, What, Where, When**	Hsinchu (January 10, 2004) XYZ Company President Larry King today reported retail sales of $3 million for 2003，a 25 percent increase over 2002 retail sales. The figure represents the highest annual sales in the company's six-year history.
2nd Paragraph explains how and why: with attribution	Behind the domestic surge were healthy sales with new products from major manufacturers such as IBM and Apple and an expanding base of new business buyers interested in popular new applications such as desktop publishing and multi-tasking, according to King.
Additional facts from quoted source--not sales hype	"Stable distribution channels and product innovation have sparked sales growth," King said. "This year a new generation of computers, with advanced graphics and networking capabilities, opened new markets and applications."

Other facts and info. of secondary importance	XYZ Company, which recently announced the formation of a major accounts division to coordinate sales to large businesses, project 2005 sales of more than $3.5 million.
Additional quote most important points have been made. If editor cuts out this graph, nothing crucial will be ost.	"Value-added selling will continue to be our greatest growth area because we are the only local computer retail chain trained to sell and service specialized computer applications," King said.
Boilerplate--always place at end.	XYZ Company is part of a global network of nearly 800 stores in 33 countries.XYZ Company features a complete selection of computer products from the industry's leading manufacturers. The store also provides complete training and technical service. For more information please visit the website at http：//www.xyz.com.
Symbol for end of release.	###

圖7-2　英文新聞寫作格式範例

(3) 現場性（Sport News）：外界發生事件與組織有關，例如：罷工關廠、突然斷電、工廠爆炸或毒氣外洩及劫機等。

(4) 反應性（Response）：用於當某事件損害組織聲譽，例如：工廠工作環境不安全、發現某食品添加物可能致癌、消費者抱怨、研究機構公布調查結果及政府公布產業現況等。

(5) 澄清性（Bad-News）：一些組織對壞消息採壓制做法，最後仍得出面發布澄清性新聞，解釋相關單位對企業的取締等。

4. **特稿（Feature）**

特稿即新聞的深入報導，其處理的方式有四：如新聞稿般發給各媒體、直接發給某一媒體成為其獨家報導、邀請媒體深入採訪報導此故事、直接將特稿放在組織網站上供媒體下載。

一般特稿的形成有下列六種：

(1) 個案研討：個案研討常被用在產品文宣，內容為有關一個產品如何解決某問題、或一項特別服務使得組織省錢或改善效率，皆是有趣且值得報導的。因其能迅速告知市場新的與不同的解決方案、提供最佳曝光機會、展示正在使用的產品與服務、描述一個公司的創新技術、顯示市場的接收度、鼓勵讀者將解決方案與自身需求相連結。

(2) 應用故事：敘述如何將新方法使用於產品或相似產品，許多食品宣傳即採用此法，如新食譜或新變化。另外如技術文章，可描述新產品後面的技術，或可解釋新產品如何在不同時機使用。

(3) 研究：如研究及民調，特別是有關當代生活形式或工作場所的一般現況，例如：求婚方式、技術與行政人員薪資調查等。

(4) 背景資料：做法有三，一是專注在一個問題及它是如何被某個組織或產品所解決；二是解釋某產品來自何處或它是如何製造的；三是給予消費者較多背景資料，以便其作適當的選購決定。

(5) 人物介紹：人們喜歡閱讀有關人的故事，特別是名人或有權勢之人，例如：企業執行長。又如組織內很多員工因其特別的工作、有趣的嗜好或有其他著名事蹟，皆會成為有趣的人物介紹題材。

(6) 歷史片斷：週年、百年或其他主要改變，皆是歷史故事的題材。組織重要歷史里程碑包括設備或人員等，大眾會認為如此穩定與永續經營的組織是項優點。

5.民意版（Op-ed）

為「**Opposite the editorial page**」的簡寫，觀念源於美國《紐約時報》，目前廣為各報所用。它是針對目前新聞事件、政府政策、法案及社會議題，讓民眾自由表達意見的版面。個人或組織可利用民意版面來影響意見領袖，若組織高階主管是某特別產業或主張的代言人，公關人會建議善加利用民意版，字數約四百至七百五十字，學校亦請教職員工與學生投書，增加學校在市場的能見度，使其成為某議題的領導者。寫作可使用事實與統計以增加可信度，意見與事實比例約為一比四。

6.媒體問答（Media Q & A）

事先皆由公關人撰寫好所有媒體可能會問的問題與回答，供發言人參考使用。

7.新聞資料夾（Press Kit）

新聞資料夾通常會為主要活動或產品發表而準備，其目的是要給媒體多種資訊與資源，以方便其寫作。基本內容包括新聞稿、高階主管的簡歷與照片、相關背景資料（例如：產業趨勢）、產品照片或圖表、重要客戶或個人的引用語 **171**

（quote）等。茲將部分內容簡述如下：

(1) 資料簡報（Fact sheet）：一張簡而明的大綱式事實資訊，提供媒體寫作時之快速參考（如圖7-3），可分為以下三種形式：

　①即將發生的事件：事件名稱、贊助者、地點、日期、目的、預期參加人數、與會名人、事件特別之處。

　②組織簡介（或稱corporate profile／backgrounder）：產品或服務、年營業額、全部員工數、高階主管名字與簡介、市場占有率、產業定位、其他相關事宜。一般喜用圖表以方便閱讀。

　③產品特色簡介：產品資訊、製造過程、價格、上市時間、如何符合消費者需求。

(2) 照片：一張圖片勝過千言萬語，研究顯示，人們先被照片吸引，才會接著閱讀文章。一張好的文宣照片需具備的要素如下：

　①品質佳：畫面清晰，明暗對比明顯，易於縮小或放大。

　②主題明確：如新產品、新人事任命、破土或剪彩典禮、團體照片勿超過三至四人。

　③構圖簡單：避免混亂的背景，攝影師應儘量將主題放大，減少旁邊環境不必要的干擾。

　④動作活潑化：如講話、手勢、笑、跑步、操作機器、得獎時的喜悅及敗選的悲傷等互動式的照片，最能吸引大眾目光。

　⑤尺寸調整：為了讓讀者知道實物大小，會使用其他物品作比較，有時所造成的戲劇效果很具新聞性，例如：晶片放在手掌心、大機器前站個小孩等。

　⑥拍照角度：不平常的角度，如大特寫。當以建築物為主體時，站在高樓的底層旁朝天以仰角拍攝，會使樓層感覺更雄偉等。

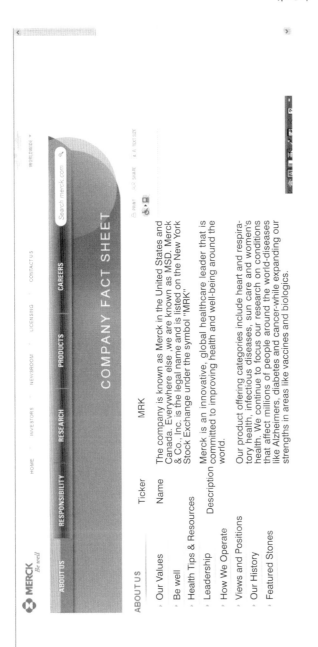

圖7-3 Merck網站上的Fact Sheet範例

資料來源：http://www.merck.com/about/our-history/facts/home.html

⑦燈光與時機：燈光可補強一個人的臉部、產品或背景的拍照效果。選擇拍照場景也很重要，如主題顏色深，背景就需淺色搭配，反之亦然，才可達到效果突出的目的。

⑧彩色用途廣：近年彩色照片盛行，還可用於小冊子、雜誌及報紙的彩色版，種類更擴展為數位檔。

(三) 為特定目標對象而寫

1.信函
公關人寫信時機只有兩種，即寫給個人或團體，目的必須明確，重要訊息放在第一段，形式為標準商業格式。

2.備忘錄
適用組織的員工或會員，目的非常多元化，如報告、提醒或索取資訊等，內容需一針見血。格式有五個要件，即日期、受文者、發文者、主題與訊息，與電子郵件格式相同。

3.企劃書
公關企劃案前面已說明，此處專指一般企劃書，其要件包括前言、目錄、圖表、結論、介紹、正文及建議。

4.白皮書（White Paper）／說帖
是一種特別的報告，通常只有一個主題、議題與組織或產業有關。內容包括陳述議題（前言）、背景、定位及建議（結語），約八至十頁。

5.個案研討（Case Study）
記錄客戶可驗證成功產品應用故事，約一至二頁，配合圖片更生動。

6.公文、會議議程
公文包括主旨、說明與辦法，會議議程將會議需討論事項條例化。

7. **紙本刊物、形象廣告**

組織內部及外部溝通刊物、組織簡介錄影帶腳本、通訊（newsletter）、小冊子（brochure）、年報（annual report）、環保指南書（handbook）、書及企業形象廣告。

8. **電子書**

簡單的投影片或精心製作生動的視覺作品，約二十至百頁，可免費發行或販售。

(四) 組織文宣品

1. **通訊**

刊物的內容是新聞與資訊，這是許多刊物取名Newsletter的原因，組織將上述訊息提供給各種目標對象。專業團體用簡訊來通知會員有關未來的會議及活動；非營利組織告知捐贈者與潛在捐贈者其活動與需求，並確認目前義工的努力；公司告知大批發商有關新產品發展，並提供行銷產品的新想法。其設計是強化內容並反應組織個性，格式是具經濟效益的二至四頁（如圖7-4）。

2. **小冊子**

其製作方式與簡訊類似，需協調內容、字體、美工與設計等，主要目的是給予有關組織、產品或服務的基本資訊。組織常利用不同管道將其送出，例如：郵寄、放在資訊架或隨手發出。依尺寸與內容又有不同名稱，一般所謂booklet或pamphlet是書本格式且頁數多；單張印刷品（leaflet）是在一張紙上做兩面印刷，並做四至八頁不同的折疊；傳單（handbill, flyer）是只做單面印刷，並張貼在布告欄或電話亭。

3. **年報**

組織製作最昂貴且耗時的報告為年報，由企業公關及投資者關係兩個部門共同製作，用途有二：若為上市公司，需送予

圖7-4　臺灣IBM對外季刊《藍色觀點》也可在官網讀到

資料來源：http://www-07.ibm.com/tw/blueview/index.html

證期局審核；另一個用途即藉此機會告訴目標對象，有關組織的經營、成就與未來展望。

　　年報內容通常涵蓋組織的全貌，因此，每個部門皆會有自己的想法，公關人的工作即協調、規劃、諮詢、寫作、設計與製作出成品。一般在出版前半年開始工作與制定預算等事宜。

　　年報的目標在於確實反應企業文化及外在經濟狀況，其寫作有幾個趨勢：使用一個主題貫穿整個年報，例如：致股東書中肯的報告過去一年的實況，強調獨特性，坦白實在。年報同時也是行銷利器，可增加消費者忠誠度與建立企業形象、強調未來的發展性、文字簡明易讀、重視環保、具國際觀，並將年報放在網路上。

4.企業形象廣告

　　亦稱公關廣告，其目的為建立消費者對組織的信任，創造一

個支持的輿論與態度，鼓勵人們支持一個理念或政治候選人，其特色如下：(1)教育或告知大眾有關組織之政策、目標及企業文化。(2)強調組織的管理能力、累積的科學知識、製造技能、科技發展及對社會進步與公共福利的貢獻，創造一個有利組織的輿論環境。(3)建立組織投資的安全性，或改善組織的財務結構。(4)推廣組織是工作的好地方，以吸引應屆畢業生或優秀人才加入行列。

二、口頭溝通

(一) 演講稿

1.寫作時注意事項
(1) 必須傳遞具有發人深省價值的訊息，並不斷覆述。
(2) 目標明確且專注於一至兩個主題來發揮。
(3) 使用敏銳活潑的語言或數據來佐證。
(4) 聽眾型態會影響演講的形式及內容。
(5) 簡短易懂，聽眾對十五分鐘的演講評價優於三十分鐘。

2.寫作的基本格式
(1) 直接進入主題，並以強而有力的聲明爲開端。
(2) 演講主要目的的闡述，並善用幽默。
(3) 主題包括事實、故事、客戶評論、發人深省之語及新聞標題等，利用停頓及數個奇聞軼事來繼續強調主題。
(4) 列舉演講者已建立的重點，此爲演說的核心。
(5) 強而有力的結論，用三十秒總結主要訊息。

(二) 訪問／發言人（Spokesperson）注意事項

1.可做之事
(1) 專注回答企業想要溝通的訊息，會使訪問效益提高。
(2) 閱讀內部事先準備好有關產品、服務或議題的問題。

(3) 知道企業在**趨勢**及競爭力上之對外正式定位。

(4) 認知企業與媒體感興趣的部分會不同，將主題專注於對方感興趣的部分。

(5) 若要談及客戶與廠商，事先皆需徵詢其同意才行。

(6) 訪問時態度要保持自信、友善、愉快、有禮貌及放輕鬆。

(7) 使用例子與比喻來說明自己的論點，加入一些人情味。

(8) 注意假設性問題，可否認聲明且轉到其他話題。

(9) 講話速度適中，並用媒體能瞭解的語言來談話。

(10) 若問題不公平或太個人化，可直說並拒絕回答，但拒絕時要面帶微笑。

2. 不可做之事

(1) 未做準備或未接受發言人訓練即面對媒體。

(2) 表示不予置評（no comment）時，未以較積極正面的方式表達（例如：目前不方便討論今年全年營業額，但到目前為止，市場分析師已將我們上半年營業額名列第五名）。

(3) 針對公司策略等議題給予個人意見，但內容與公司立場互相牴觸。

(4) 說謊，且使用術語或簡稱讓人無法瞭解。

(5) 相信不列入記錄（off the record）的對話就不會刊登出來。

(6) 討論媒體的錯誤或指摘採訪者跑新聞的能力不足。

(7) 態度反應冷漠或過於驕傲。

(8) 貶低競爭對手，且期待印刷前能校閱文章。

(9) 漫談或發表演說，卻未回答問題。

(10) 媒體的問題讓自己情緒失控，且中途打斷問題。

三、視覺溝通

(一) 電視訪問注意事項

1.姿態富變化

運用表情、手勢、頭或肩膀來強調談話重點，以便攝影師運鏡，捕捉較好的畫面。

2.目光接觸

需同時兼顧訪問者與攝影機，並保持警覺性。

3.正確坐姿

抬頭挺胸，身體微向前傾，是比較主動的姿態，並在六十秒內誠懇強調主題及重要訊息。

(二) DVD光碟使用

公關人常使用這種溝通工具，因其具生動畫面、複製與發送方便，使用時機包括對外研討會、募款、法人說明會、記者會、展覽、員工召募及對內員工訓練等。

(三) 照片

百聞不如一見，公關人在與報章雜誌接觸時，除發布書面新聞外，同時也配合內容提供圖文並茂的照片以資參考，使得編輯在做版面設計時更加活潑，讀者看起來不會因全篇皆文字而感到枯燥乏味。但不論是人物或產品等照片檔案，皆要隨時更新。

(四) 戶外展示

常見型態為戶外展示看板、布條、電視牆及建築物外觀裝潢等，設計需簡單，內容需簡潔。

（五）企業識別系統（Corporate Identity System，簡稱CIS）

在商業訊息氾濫的今日，企業透過整體規劃和視覺符號設計的企業識別，不但對內凝聚共識，對外更可以建立明確形象。在設計企業標誌（logo）時，皆會製作一本使用手冊，規範其不同使用時機、方法、顏色、字型及尺寸等。logo表現形式，可分為三種，即文字式（Sony，黑松）、圖畫式（Apple電腦、味全）及包含圖文的綜合式（星巴克、中租企業）。真正CIS之精髓，除視覺一致（Visual Identity，簡稱VI），尚包含兩個重要部分：即理念深入人心（Mind Identity，簡稱MI），以達到行為識別（Behavior Identity，簡稱BI），成為企業文宣當中非常重要的一環。

第三節　數位公關

隨著科技日新月異，網路儼然成為傳統四大媒體（報紙、雜誌、廣播及電視）以外的第五大媒體。網路傳播具有即時、網頁超連結、互動性及多媒體等豐富的呈現方式，也讓其不只是平臺載具，更具有內容獨特性。如今全球使用網路的民眾直逼二十億，約每三人就有一人上網。2012年臺灣上網人口約一千七百餘萬人，上網率達75%。

數位公關（Digital PR）即網際網路（Internet）公關，又名線上公關（Online PR）。網際網路原為軍方、學術研究及教育所使用，後開始大量商用化。1995年全球正式邁入網路時代，2000年後部落格（Blog）開始流行，2005年臉書（Facebook）興起，2009年後大小企業紛紛加入社群媒體（social media）。

1999年美聯社（AP）新聞報導，Internet流量每百日成長兩倍，吸引五千萬大眾，收音機花三十八年，電視花十三年，Internet只花四年。2006年美國《時代雜誌》公布年度風雲人物是「網路鄉民」。2011年初北非突尼西亞出現政局遭到推翻，隨後埃及等國的統治者也相繼被推翻，

民衆透過社群媒體，加上行動電話傳播的密集性，讓茉莉花革命迅速地燃燒，讓社會運動在網路登場。

使用網路溝通的優點有：

1. 經濟實惠且環保，可節省出版品、教育與訓練費。

2. 具時效性與互動性。

3. 組織資訊透明化且方便快速將資訊下載。

瑞尼（Lee Rainie）指出數位空間的三大革命爲：(1)網際網路興起，(2)行動裝置及行動上網，(3)社群網站。三股趨勢創造了一個新時代：人們連結之欲望、互動新科技及網路經濟。據經濟部統計，2012年臺灣電子商務創造了六千六百億元商機，不可小覷。

格魯尼（Grunig）提出雙向對稱公關模式，組織需經常與目標對象進行調查及對話，它的誕生及普及，促使企業與網路公民（Netizens）關係日趨密切。網路公關是企業與目標對象新的互動模式，學習如何與網路公民對話並不容易，對組織未來發展卻是必備工具，企業唯有掌握此趨勢，始可成爲未來溝通上的大贏家。

網路公民包括媒體、員工、消費者、投資者、股東、市場分析師及通路（經銷商、大盤與零售商）。公關人經由網路與廣大目標對象進行即時且直接的對話，促使公關人扮演下列三種新角色：

1. 內容創新者：發展品牌知名度，同時讓使用者認識該企業。

2. 網站多元化：當網站建立時，必須採取主動出擊的公關做法，維持上網者的吸引力及興趣。

3. 建議管理者重視網路發展，以利未來擴充。

Technorati 2013年數位影響者報告調查（針對全美前一百五十個品牌每月一點三億線上使用者）指出，目前大量數位花費用於廣告展示、搜尋及影片拍攝，用於社群媒體花費（包括尋找影響者）約占全部數位花費的10%，未來會增加至40%，仍只占全部數位行銷的十分之一。

該報告指出，部落格仍是最具影響力的媒介之一，深受消費者信賴及愛戴，僅次於經銷網及官網，成爲消費者採購的參考。行銷者及影響者之間無一套有效評估活動成功的機制，前者量測臉書愛好者，後者監看網

站流量相關資訊，免費使用的Google Analytics是首選。臉書、Twitter及YouTube是九成企業最受歡迎的社群媒體平臺，前兩者亦是部落客產生收入的來源。

一、數位公關的應用

（一）網站

1.網站寫作要點

(1) 句子簡短有力且切中要旨，用倒金字塔式寫作，重點先寫，且每段皆要有重點。

(2) 首頁區塊（blocks）少於七十五個字，長文放後頁即可，大部分使用者皆先瀏覽再細讀。

(3) 限制每頁只有一個主要概念，以適當證據支援主要想法。提供與相關想法的連結，使用重點條例式，方便資料尋找。

(4) 避免過度使用超連結（hyperlink），確認超連結之資訊是相關聯的，關鍵字用顏色或字體加以變化。

(5) 提供讀者迴響選擇，有利寫作修正，讓網站更吸引人。

2.建立有效網站要訣

(1) 知道目標對象所需，例如：股東、客戶及媒體等。論壇、問答及聊天室等專欄可建立流通量。

(2) 跨部門團隊合作，首先需有願景，即要如何在網站上呈現，公關單位需協調文案撰寫者、美工與電腦程式員將想法付諸實現。

(3) 使用較少色彩。一個吸引人的網站可使用一個主色來搭配黑色，另再選一色即可。應避免過度使用亮的顏色當背景，會影響閱讀。善用Mega Tag（關鍵字或說明等）以方便搜索。

(4) 遵循遊戲規則。若其他著名網站皆有一個設計模式，讀者

亦期待同樣方式會在不同網站出現。

(5) 欄寬200至400像素較易讀，回首頁連結下載快。提供聯絡方式，避免過度使用斜體或黑體，尊重他人智慧財產權。

3. SEO及SEM

(1) 搜索引擎優化（Search Engine Optimization，簡稱 SEO）：使用者只會使用搜尋結果首頁，故公司展開此策略，設計網站運用有效網域名、標題、關鍵字及描述等方法，提高網站免費出現在搜尋結果首頁及被訪問的機會。具體做法如下：

‧優化關鍵字及描述：關鍵字每頁出現不超過三個，且適量出現於標題中，語句通順，描述重點前二十字含關鍵字。

‧優化網站結構：小型網一層子目錄，大型網不超過三層，即可找到所需資訊。保持簡單及一致性，每頁二十至四十行。

‧內容是王：保持原創性及相關性（專題及外部連結等），合理更新。

‧優化內部連結：logo連結首頁，熱門頁面居首頁，檔案大小合理化（影響速度），少用flash形式。

‧提高網站流量：設計簡單，控制頁面大小（容量數愈小愈好），提高可用性（勿用PDF），為各種設備提供瀏覽。

(2) 搜索引擎行銷（Search Engine Marketing，簡稱SEM）：點擊付費或關鍵字廣告（Pay Per Click，簡稱PPC）是目前常見搜尋行銷的方式，PPC的做法是由廠商或關鍵字廣告的顧問提出想要購買的關鍵字，再透過競標的方式來決定每個關鍵字的網站排名，與每次被點閱的費用，廠商也可自行設定每日預算來控制成本。

（二）部落格

部落格或網誌（blogs），是個人線上日誌及意見交流，可超連結及修正內容，時間排序由近而遠，本為電腦程式員及遊說者常用語，現為公關人常用語彙，能回答客戶問題，解決公關議題，從客戶回饋吸取洞見。根據史密斯（Smith, 2008）調查，全球約有一點八四億個網誌，其中70%的網友每天都會閱讀它。臺灣有70.9%的網友擁有自己的網誌，比例高居世界第二。

　　Tehnorati 2011年調查發現，部落格分為五種類型：1.愛好者（hobbist）占60%，純為自我滿足；2.和3.為無專業之專職及兼職者共占18%，為個人自娛；4.企業占8%，目的在商言商，增加產業能見度；5.企業家（entrepreneur）占14%，分享專業，吸引客戶。

　　發展企業部落格（blog）前需考慮要件如下：

1. 決定企業目標，內部及外部blog不同之目的。
2. 瞭解規則，blog是新興雙向溝通的工具，非正式調性，每週更新兩次，總計不超過兩百頁，需投入時間及資源保新。
3. 法律層面建立方針，讓高層主管及員工知所遵循。

（三）社群媒體

2013年5月統計，每天登錄臉書使用者約6.65億人，2012 Socialbakers統計，臺灣臉書用戶約一千三百餘萬人，排名世界第十九，其中女性用戶占49%，年齡層則以二十五到三十四歲最多，二十四歲以下約五百萬人。中國最大新浪潮微博三億網民中，二十四歲以下約有一億人。

　　社群媒體市調機構Pandemic Labs發現粉絲喜歡的互動類型是照片、影片、留言及連結。企業讓粉絲喜歡其貼文的祕訣有三：

1. 週二、週三、週末及早上九時前，貼文最易被分享。
2. 直接請粉絲分享貼文，且每天持續做。
3. 多使用照片及影片，貼文內容需有趣，避免一直推銷自己。

　　研究機構Forrester根據大眾參與社群網路的情況，將其分為六類：觀察者、參與者、評論者、創作者、蒐集者及門外漢。李（Li, 2008）指出，經營社群網路的策略為POST：

・對象（**People**）：評論者及創作者大於15%就值得做，主動邀請活躍或名人客戶加入。以B2C（企業對消費者）為主，B2B（企業對企業）較難有所斬獲，只能就業務、採購及IT流程討論。

・目標（**Objectives**）：對話、次銷售、新聞回應、支援客戶、新產品發表或讓主管更親民。從小規模著手，先用一產品線。

・策略（**Strategy**）：一或數位作者，或開放員工百花齊放。經由官網、購買搜尋引擎關鍵字廣告及積分制等方式，創造流量。

・技術（**Technology**）：部落格、Wiki或社群媒體。

1. 傾聽網潮六大關鍵
   (1) 找出品牌需傳達的訊息。
   (2) 讓網民說故事，掌握話題移轉的狀況，即價格及對手等。
   (3) 節省研究經費，提升研究回應。
   (4) 在市場找出影響力的來源，部落格、論壇、臉書或YouTube。
   (5) 危機處理，提早聽到風聲，達到預警功能。
   (6) 放「建議區」討論各種議題，改善企業營運及產品開發流程、網羅產品和行銷新構想及新功能、包裝或商店鋪貨等。

2. 企業經營臉書四大訣竅及三不原則
   企業經營社群媒體（social media）需要細膩的互動，瞭解

185

粉絲的地雷區，亦是經營臉書的重點工作。個人在申請加入時，最好同步做隱私權設定，以免資訊讓外人看見。

公關人吉森（Brian Giesen）指出，企業經營臉書的四大訣竅為：

(1) 創造吸「睛」力：在擬定臉書策略、架設粉絲頁後，企業的首要任務便是吸引屬於您的品牌粉絲。透過發起粉絲有興趣的議題，讓粉絲群願意加入，並持續在您的專頁中互動。

(2) 引導粉絲行動：提供折價券、優惠和免費贈品是不錯的選擇，或是發起網路競標等活動，都可以增進彼此的互動。

(3) 增加影響力：挑選特定族群發布訊息、增加品牌官網媒體連結性、或舉辦活動讓粉絲親身參與，都有助於提升品牌知名度。

(4) 建立評估機制：有效記錄粉絲專頁的流量、討論版面的回覆數量等，可作為企業評估活動是否成功的依據。

奧美公關數位影響力論壇，提出對社群影響者合作時的三不原則：

第一不：勿隱藏合作不公開

企業應鼓勵網友將合作的內容在文中明白告知，坦承的做法讓企業與部落客的可信度大增，否則會造成網友不滿或疑心。

第二不：勿邀請無關聯的影響者

企業在找尋網路影響者合作時，要考慮到是否影響者本身常發表的文章，與企業的品牌、產品、甚至形象符合，如此產生出來的文章才會接觸到對的消費者。如客戶是一美食餐廳，希望邀請部落客體驗新菜，就該找個身兼部落客的美食評論家來體驗。

第三不：勿忽略價值交換真正的涵義

如何讓網友體驗產品或品牌精神才是最重要的。福特汽

車邀請部落客飛到西班牙進行Focus新車試駕體驗，對於影響者來說，可獲得一趟飛去西班牙的旅程、獨家搶先試駕福特新車，以及個人影片於福特YouTube曝光；而品牌獲得的則是網友瀏覽次數、重要影響者真實體驗心得、網路口碑及品牌相關搜尋量增加。

　　網路沒有隱私，互相尊重為上策。在資訊裸奔的年代，每個對話都有可能會被公布在網路上，行銷公關人員有時會因時程緊迫，無法讓社群影響者有足夠時間體驗或互動，而發生因溝通不良或受邀者沒試用就寫試用文等事，導致品牌聲譽受損。

　　品牌不妨考慮找出適合且合作意願高的少數影響者進行「長期合作」，如此一來，網路影響可在讀者心中建立一個該產業或品牌專業的形象，一旦讀者發現該影響者可獲得某品牌的最新消息、為大家試用最新產品，不僅為網路影響者培養起一群忠實讀者，品牌也在無形中建立起一群潛在忠實顧客。

　　艾德曼數位（Edelman Digital）指出，品牌訊息需一致且重複三至五次，使用三種媒介：(1)付費（搜尋引擎及買關鍵字廣告）；(2)無償的媒體（活動影響者及支持者主動接觸各方案）；(3)他人擁有媒介（部落格／臉書／YouTube）。

二、互動公關

　　唯有善用不斷推陳出新的科技，才能在資訊爆炸的時代中，有效的達到目標對象。電腦可用來寫新聞稿、做簡報、儲存大筆資料，線上常用名詞之定義如下：

（一）全球網站（World Wide Web）

　　聲音、3D動畫、影音、文字及圖畫等資料蒐集，讓人們從網站上尋找使用，是網際網路的一部分。

187

(二) 檔案轉換規定（File Transfer Protocol，簡稱FTP）

使用者將大型檔案放在電腦伺服器（server），讓其他人從不同地點取出使用。

(三) 電子郵件（Email）

使用者編輯及收發訊息，以電子檔傳送檔案及各種形式的附件（文件、照片、試算表及影音檔案等），雙方非同時性模式的溝通，是現今新聞發布的利器，威力強且具彈性，行銷導向，瞄準通訊錄之特定族群。

(四) 聊天與即時簡訊（Chats, Instant Messaging）

網路文字傳播聊天與簡訊發送系統，使用於一對一或一對多溝通，後者人多，久候較有挫折感。

(五) 網路論壇（Discussion Forms, BBS-Bulletin Board Systems, Newsgroups）

針對某一特定題目之討論，虛擬且非同時。

(六) 內容管理系統及維基百科（CMS-Content Management Systems, Wikis）

CMS是電腦管理網站的軟體系統，用來組織文件或其他內容之共同創造。創立於2005年的維基百科（Wiki原為夏威夷語「快速」之意）讓使用者快速編輯內容，簡單互動讓它成為共同創作的有效工具。

(七) RSS（Really Simple Syndication，免費訂閱更新，個人化供稿機制）

原是一種消息來源格式規範，現統稱免費訂閱部落格文章、新

聞、音訊或視訊的網路訊息，讀者能定期檢閱是否有更新，然後下載至iPods（此模式稱為podcast）或其他可攜式數位媒體（例如：筆記型電腦），可用於內部及外部溝通，告知目標對象組織近況。

(八) Podcast

2005年後開始流行，以iPod為代表的多媒體檔案播放器，接受類似廣播模式所發布多媒體內容的行為，內容可以是聲音檔、影片檔、文件、或以上三種形式的任一組合，可用來提供不同種類的節目，例如：電視或廣播節目、新聞、表演、或其他經過錄製的活動。優點為訂閱免費，選擇多，且會自動更新。網路廣播（webcast）將重大事件的即時網路影音資訊發布。

(九) 追蹤及標籤（Tracking & Tags）

部落格自動相連與追蹤，可找出引用出處，常應用於公關評估。

(十) QR（Quick Response）Code二維條碼

將單向告知訊息轉為雙向回應機制，常出現於印刷品中，引導消費者至網站吸取更多活動、服務或產品訊息。

李（Li, 2008）將網路科技歸納為六類：

1. 創作：部落格、使用者產出內容（UGC），例如：Podcasts。
2. 連結：虛擬世界的社群媒體，例如：Facebook、 Linkedin。
3. 協作：共筆系統，開放原始碼，例如：Wikipedia、 Linix。
4. 互動：論壇、評論及評等，例如：Amazon、eBay、CNet。
5. 管理：由網路的標籤找出關鍵字。
6. 加速閱讀：RSS等工具。

三、伺服器公關

真實新聞報導的網站，是消費者重要消息來源。茲將其功能分述如下：

(一) 資訊蒐集

資料庫對公關人是重要資源，可便利工作之執行。如學校關係之資料庫包括校友、捐贈者、立委、學生、教職員、藝術季與運動比賽持票者及媒體等，若有知名立委要參加校慶，可用線上發出邀請函，回覆個人資訊及確認出席，更可透過系統找出與立委同區之校友。

(二) 資訊包裝

讓訊息聽或看起來很重要，具意義及準確性的內容更重要，即寫作、編輯、設計及排版。

(三) 資訊發送

1. 線上新聞（Online News Releases）：將具價值的新聞發給對的媒體。
2. 電子刊物（E-Newsletter / EDM）：因每個人使用軟體不一，最好是普通文字檔，可用PDF / Word做附件，或用電子郵件通知目標對象至某網址下載，將資訊主動推至目標對象望其閱讀。
3. 公共服務通知：下載影音或新聞錄影等，例如：植樹推廣及搭車繫安全帶。
4. 非預錄的現場直播。

四、策略公關

策略公關超越媒體，需多面向全方位溝通，目標對象涵括Intranet

（內部網路）／Extranet（外部網路）：前者爲員工使用，後者爲客戶、供應商或分析師等使用。具備下列功能：1.告知：品管手冊等。2.教育：知識管理（KM）、線上大學與會議等。3.激勵：經驗分享及參加獎等。

（一）溝通目標對象

1. 員工：員工關係成爲新聞故事的一部分，例如：員工福利、社團、罷工、關廠及裁員等。
2. 客戶及消費者：發行電子刊物、新產品介紹及免費樣品等。
3. 投資者：全部財務資訊及網路會議。
4. 捐贈者：募款、義賣及捐贈等。
5. 媒體：新聞發布、電子資料夾（electronic press kits）、雜誌年度編輯大綱。
6. 政府：經由新聞討論團體（news group）電子剪報來進行議題監測。

（二）科技及內容

1. 商務主導之網頁：包括公司簡介、產品及服務、支援及全球經銷商／據點、聯絡方式及線上論壇等。
2. 一般事實及常問問題（Frequent Ask Questions，簡稱FAQ）。
3. 消費者原生媒體（Consumer-Generated Media，簡稱CGM）：如部落格、社群或評等（rating）網站、第三者討論論壇及podcasts，組織對話題無控制權。
4. 特別活動：如展覽、研討會、比賽、抽獎及贊助等。
5. 危機管理：可將危機最新進展即時置於網站。
6. 調查：評估上網討論的內容、上網次數及客戶意見調查。

五、病毒行銷

病毒行銷（viral marketing）由奧萊理（Tim O'Reilly）提出，又稱

基因行銷或核爆式行銷，是一種訊息傳遞策略及常用網路行銷手法，利用口碑傳播的原理，在網路上像病毒一般的迅速蔓延；通過公眾將訊息廉價複製，告訴給其他受眾，從而迅速擴大自己的影響。在社群網路時代，一般認爲成功的病毒行銷必須要有創意、話題性和爭議性，才能吸引讀者主動分享，達成行銷目的。

病毒行銷中最好的例子就是電子郵件行銷（email marketing），早期以帶來好運或厄運爲訴求的e-mail連鎖信，即屬病毒行銷的一種。電子郵件行銷除了成本低廉的優點之外，更大的好處其實是能夠發揮病毒行銷的威力，利用網友「好康道相報」的心理，輕鬆按個轉寄鍵就化身爲廣告主的行銷助理，一傳十、十傳百，甚至能夠接觸到原本企業行銷範圍之外的潛在消費者。另外亦可製造小遊戲、微電影等放在網路上，供網友轉貼。

病毒式行銷案例如「麻辣鍋也不是故意的」網路文章，因爲內容有趣，引起大量轉寄，最終帶出「吃麻辣鍋前先喝AB優酪乳可保護腸胃」的結論。海尼根廣告影片做出3D子彈，彷彿子彈飛出螢幕，也引起分享。

2012年5月一篇kuso文章，讓在樂天網站上賣了兩年，業績掛零的南投魚池鄉的森林紅茶「淡定」系列，兩天內迅速暴紅。網友在臺大批踢踢實業坊貼了一篇「這是什麼分手擂臺的劇情」文章，描述在餐廳內看到情侶的分手擂臺場景，女主角不斷地哭喊，男生則是「淡定哥」。男主角一直點紅茶，且平靜地問女主角：「你要不要喝紅茶？」「淡定紅茶」旋即在網路上颳起旋風，還打上「淡定紅茶精選，猜猜男主角喝什麼茶？」高度的討論，網友一窩蜂要買「淡定紅茶」，意外追出眞的有淡定紅茶的上市。

六、Web 3.0（行銷3.0）

行銷之父科特勒在2010年《行銷3.0》中分析，企業從行銷1.0產品導向，進入行銷2.0的消費者導向。面對犀利的消費者，企業需要邁向第三階段行銷3.0：「價值導向」的時代，在組織內部與外部號召消費者認同，幫助他們實現自我。

急速動盪的社會、經濟、環境，對消費者生活的影響愈大，消費者變得愈主動，愈想透過參與來展現自我態度和主張。消費者更期盼企業能透過使命、願景、價值，滿足他們在生活、社經、環境問題上的深層需求，並解決社會上的問題。

3.0時代，犀利的消費者是一群有思想與行動力的消費者，此時，企業的全新殺手級應用，就是價值至上的商業模式，要能傳遞引起顧客心靈共鳴的價值，打動人心，才是致勝關鍵。有些企業開始身體力行，並得到消費者認同。文創業的法藍瓷，賣的不只是瓷器，而是中華文化；金融業的大眾銀行不只是賣貸款，而是幫助你完成夢想；服務業的摩斯漢堡不只是賣漢堡，而是傳遞一個新鮮食材、在地契作的價值觀。

早年福特推出Ｔ型車之名言：「顧客可選擇任何他所喜愛的汽車顏色，但我只賣黑色車。」這是典型的1.0：產品導向的時代。

消費者因科技進步而能輕易互通有無，判別類似產品的差異，因此，2.0是消費者為王的時代，強調使用者原生內容（User-Generated Content，簡稱UGC）的個人傳播時代，維基百科（Wiki）、臉書及部落格應運而生。臺灣企業多仍停留在這個階段，尤以汽車業、醫藥業及化妝品業為最，最常用的工具就是顧客關係管理（Customer Relationship Management，簡稱CRM），包括客戶分析、資料庫管理、獎酬管理及廠商管理等。

第四節　說服

說服在溝通過程中扮演重要角色，因其目的是影響別人選擇，建立不同意見，是各方對話的管道，經由不斷討論，形成共識，達到說服的目的。研究發現影響公關說服或行動的因素有三：

1. 來源（Source）：可信度高的來源，訊息接受度愈高。
2. 訊息（Message）：有效訊息考慮特色包括語言強度、訊息主題及證據的質與量。
3. 接受者（Receiver）：接受者的性別、性格特質及好議論程度。

193

歐奇夫（O'keefe, 1990）曾定義說服是經由溝通環境，讓被說服者享有某種自由度，最後成功且有企圖努力去影響他人的心理狀態。說服常專注於改變行為，如增加業績或支持某議題的票數，但態度若未改變，行為改變仍是不夠的；態度若與行為有衝突，強迫便會取代說服。另一方面，有時態度改變，如增加信心，就足夠滿足組織目標，不需伴隨特別行為發生。

公關人所從事的說服工作，是以事實及數據為佐證，並誠實的遵守公關專業從業守則，不鼓吹自己不相信的事情。常見的兩個說服理論如下：

1.**強化希望模式**（Elaborated Likelihood Model）

佩提及卡西波（Petty & Cacioppo, 1986）指出決策會被三因素影響：重複、報酬及可信賴發言人。例如：減重公司提供折扣、免費名人健身影片及食譜等。

2.**說服理論**（Persuasion）

米勒及拉維（Miller & Levine, 1996）認為，成功說服能讓目標對象產生某種形式、認知、情感及行為修正，說服過程如下：

‧認知（Awareness）：第一次接受資訊。

‧態度（Attitude）：對事情喜歡或不喜歡的預設立場。

‧信念（Beliefs）：評估事情之真假。

‧行為（Behavior）：可觀察的行動。

一、說服使用時機

1.改變或讓意見相左之各方持中立態度，如高度恐懼訴求，唯有當減少威脅的行動已採取，才會見效。

2.讓潛在意見及正面態度具體表現出來，如一般電視及收音機訊息比報紙更具說服力，但若訊息過於複雜，印刷媒體較能達成理解內容的目的。

3.讓有利大眾的好意獲得保留，如利他或自利可成為一個強烈誘因，人們願意健康檢查，保護家人的因素勝於保護自己。

二、說服過程六個步驟

(一) 提出論點

如產業界共同提出白皮書，分送相關單位。

(二) 引起注意

如舉行公聽會、記者會或其他活動。

(三) 理解訊息

文宣寫作需簡明易懂，唸起來順口。

(四) 接受訊息

來自權威人士或可信度高人士，其特質為具幽默坦率及自然風度，且有實際行動，非只喊口號。

(五) 重複提醒訊息

如研討會、辯論、海報及簡訊等。

(六) 採取行動

朋友或同儕的團體規範與意見，會影響行動。

三、說服四個原則

1. 說服的論點必須對人類恐懼或欲望等有些直接影響。
2. 人類願意對有具體且易於行動的說服背書。
3. 人類易被可信賴的機構或友人所說服。
4. 說服的訊息必須簡單明瞭才具說服力。

四、成功說服的十大要領

(一) 目標對象分析

包括基本人口統計資料（性別、收入、教育、種族、年齡、購物習慣等）、態度、關心事及生活型態等。

(二) 說服者的可信度

包括專業、誠意及人格魅力。

(三) 吸引被說服者誘因

滿足其需求，例如：權勢、尊敬、財富、福利、技能、啓發、身心健康及同情心等。其他方式包括戲劇效果、統計數字、例證、知名人士推薦、情感及獲媒體支持。

(四) 掌握時機

周遭環境皆有利說服者，意即易被說服，如電腦病毒猖獗時，解毒軟體的熱賣等。

(五) 吸引目標對象的參與

如員工提出提升生產力改善方法。

(六) 具體可行的行動方案

如節約能源小百科等。

(七) 具體訊息結構

富戲劇效果與情感訴求，另外最好包含統計數據、調查、舉例、第三者證言或學者專家背書。

(八) 具說服力的說話方式

給予選擇或尋求部分承諾等。

(九) 吸引社會認同

當周遭人受影響而採取行動，人們便會跟進。

(十) 保持一致性

人們心中若自有主張，經過一段時間仍會採同樣立場，前後保持一致性。

第八章
成功公關四部曲之四：評估

公關的效果是可被評估與測量的，不一定要花費甚多或耗時甚久。造成公關評估益形重要與普及的原因如下：

1. 想知道訊息是否達到目標對象及其反應。
2. 想知道目標對象行為是否改變。
3. 比較推論與實際成果之差異。
4. 愈來愈多公關人在學校受過社會科學調查訓練，使用混合的評估技巧，部分借自廣告或行銷。
5. 唯有數據會說話，讓符合經濟成本效益的公關，整合在組織溝通策略中。

第一節　測量與評估三階段

林德曼（Walter K. Lindenmann, 1988）曾提出公關測量與評估三階段如下：

一、初階評估

測量多少目標對象，經由特定媒體，曝露在策劃訊息中，偏重量化與數據，計算方式如下：

(一) 剪報統計：多少則新聞、特稿及照片等在某段時間內，經由報章雜誌、廣播電視及網路刊登出來。此為最常使用的評估法，如「每年兩則特稿及五十則新聞稿在前十大報紙刊出」。

(二) 報章雜誌的發行量、廣播收聽率、電視收視率、網路上網人數，可算出有多少大眾曾曝露在此訊息中。發行量數字即代表媒體印象。

(三) 曝光訊息所創造的金錢價值（dollar value），與報紙同版面面積大小、電視接近時段的廣告價位做等值計算。因新聞版面不用花錢購買，且其閱讀率及可信度高於廣告，尤其對複雜產品更具說服力。

(四) 利用電腦做系統追蹤，項目如某期間何種媒體常刊出企業重要訊息、刊登次數、哪位記者常寫某組織的新聞及報導角度等。

(五) 從企業設的0800免付費諮詢熱線，可算出有多少人索取某項公關活動中所傳播的訊息或小冊子，而看出此活動之效益。

(六) 每人所花成本（cost per person），例如：某旅遊局花費十萬元新臺幣從事公關促銷活動，吸引十萬人詢問，每人所花成本一元，卻激勵總計約一百萬旅行消費支出。

(七) 出席率：參與活動或會議的人數，亦是常用的簡易評估法。

二、中階評估

需較複雜的方法來測量目標對象對訊息的認知、理解、記憶與接受度。

(一) 調查

例如：某汽車商宣布用信用卡購車可享3%折扣，兩星期後調查多少人是經由何種管道注意並記住此訊息。

(二) 訊息正確度測量

要求受訪者看某段電視或讀某段新聞，第二天訪問其對昨日主

要訊息記憶程度。

(三) 訊息接受度測量

目標對象儘管注意並記憶訊息，但公關人最想知道他們是否進一步接受訊息，例如：某公司贊助教育性公益活動，一個月後可調查公眾是否認為該公司是具社會責任的企業。

三、進階評估

測量大眾的態度、意見及行為改變，是難度較高的評估。

(一) 測量態度意見改變的標竿研究（Benchmark Study）

在公關活動開始前、過程中與結束後，分別測量態度意見的變化，例如：某科技公司在公關活動前後，調查其知名度變化情形，由此判定公關活動的效益。

(二) 測量行為改變方式

1. 封閉式問題，例如：「在興建核能廠議題上，公眾是否寫信至政府或立法院相關單位？」
2. 開放式或非正式問題，例如：「哪些賦稅改革措施，造成貧富差距愈來愈嚴重？」
3. 非正式或正式觀察，例如：「教育改革推行後，學生、教師、家長皆無異議接受嗎？」
4. 行為發生的結果，例如：募款目標金額達成、銷售金額提高、新法案通過、購買某項產品，以及選舉成功等。

第二節　公關企劃與評估連結模式

對於公關效益（effectiveness）如何評估，是管理者最常質疑的問題。IPRA早在1994年金皮書揭示〈公關評估：專業責任〉之辦法，公關

研究暨評估學會（IPRRE）最近亦出版《測量與評估公關效益的準則與標準》。經由學界及業界共同規劃出七個準則，值得公關人及管理者注意：

1. 公關活動前需設定清楚目標及預期影響（input），作為測量結果的依據。公關長期目標需與企業整體營運目標一致。
2. 區別評估公關短期執行結果（output）及長期公關影響（outcome）之不同。
3. 媒體報導內容分析的最大價值，在於可被視為公關評估過程的第一步，可測量企業主要訊息的發出及實際媒體曝光率。
4. 沒有一個單一的測量工具適用全部公關效益評估，通常是多種技術的結合。
5. 公關與廣告效益評估方式截然不同，廣告訊息的刊登可經付費方式完全被控制，而公關經由新聞媒體免費報導方式，刊登內容很難控制。
6. 若企業的主要傳達訊息、目標對象及溝通管道事先能確認，將有利於事後評估。
7. 不論何時何地，公關評估過程需與企業目標及策略規劃相符合。

一、公關企劃與評估連結模式

皮爾契及雪爾曼（Jim Pritchitt & Bill Sherman,1994）曾提出公關企劃與評估連結模式，如圖8-1所示。

（一）目標建立（Setting Objectives）

可測量的目標必須被清楚定義，這個特別且實際的目標必須結果導向，且是可達成的，其可量化的價值與時間因素更是必須考量，例如：「每月十日發行臺幣一萬元內製作的四頁員工刊物，以達雙向溝通之目的。」目標建立時有三個步驟可參考：

1. 建立清楚的起始點

包括目標對象目前的認知、看法與行為。

2.目標建立

經由公關活動，清楚定義目標對象的想法、會採取的行動及行為。

3.成本效益

若與管理者達成目標共識，需經歷多久而有此改變？且其花費多少？並自問這麼做值得嗎？

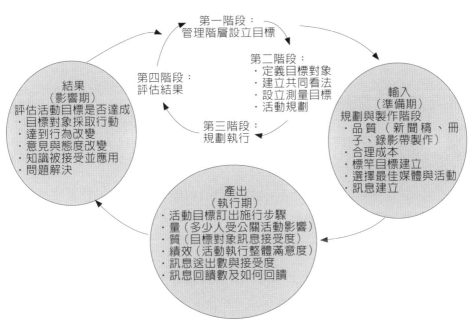

圖8-1　公關企劃與評估連結模式

(二) 輸入評估（Input Evaluation）

評估不是等到活動結束才做，而是從一開始就要準備，且在執行活動過程中的每個階段皆要不斷進行評估，如此已達成目標立即獲評估，活動亦可因應環境改變等因素而隨時做調整，且每個階段的目標之評估方式亦會不同。

此處採用目標管理（Management By Objectives）手法，在開始即發展出評估報告，其內容包括企劃案、達成共識的目標與活動，每個目標可被達成、評估與證實，未來行動的建議才會具說服力的展開。經由系統化評估，對公司管理階層相當重要，公關達成組織使命的貢獻，才會獲得嘉獎與認同。常用輸入評估方法如下：

1. 現在資料分析

   目的在確認已知之事實且資訊正確無誤，例如：審閱過去活動內容、組織政策與溝通的可能管道；知道目前資訊的特性，並找出需更多研究的地方。

2. 標竿研究

   目的在一開始即確認目前情境，包括態度意見、媒體曝光率、刊物可讀性，及與其他公司在公關做法之比較。

3. 焦點團體討論

   目的在做態度、意見及策略的前置測試，藉此機會測驗目標對象對主要訊息的反應與瞭解，其討論反應形式與時間皆可給予高度控制。

4. 測試問卷

   目的在減少誤解；來自少數目標樣本的意見，有助對正式問卷送出前之內容修正。

5. 溝通稽核

   分析組織溝通過程、結構及活動的有效性，審閱組織對外發行的刊物、政策宣言、繪圖與標誌，並與內外目標溝通對象進行非式正的訪談。

6. 個案研討

   審閱過去相似的案例，找出其他公關人用過的策略、解答及避免的問題。

7. 可讀性測試

   包括內容分析、興趣調查及文章被記憶程度，例如：文宣品

被目標對象瞭解的程度，包括簡稱及術語等測試。

8.專家評論

在特定議題上，尋求專家學者的意見，以便規劃出可行的行動方案。

9.大眾意見調查

選擇樣本目標對象，經由團體或個人的電話訪問或郵寄信函，瞭解想溝通訊息的接受度。

10.網路（Network）分析

有系統的分析組織內正式與非正式溝通，並找出客戶抱怨的問題，訊息動向與誰阻止溝通進行。

（三）產出評估（Output Evaluation）

該評估在測量公關努力的過程，例如：發布幾則新聞稿、訪談次數及主要訊息被提及次數。唯有定義明確的輸入評估，才會產生有效的產出評估。常見的產出評估方法如下：

1.訊息傳遞統計

如幾個演講或簡報已發生，有助整個活動的量化評估。

2.媒體監看

計算媒體刊登與播出率，以統計訊息達到多少目標對象。此法僅審閱文宣結果及閱聽大眾的概括範圍。

3.媒體內容分析

用系統的程序，決定媒體剪報的內容報導角度，以瞭解訊息是否正確被報導。此法只探討媒體報導的結果，而非探討目標對象對訊息的瞭解。

4.目標對象分析

針對目標樣本進行調查，以評估活動所達到目標對象的範圍及特性。

5.統計分析

測量大眾對活動的反應，經由反應量化的方式，建立一個統

計分析系統，例如：展覽參觀人數、新產品購買數或民意投書等。

6.反應率

測量詢問活動訊息次數，評估溝通的有效性。

7.媒體語氣報導分析

針對語氣報導中立、正面或負面，做成量化的圖表，以利反應類型分析。

8.態度及形象調查

針對組織內部及外部目標對象進行調查，同時也可以與其他組織做比較。

9.組織文化研究

組織營運的各個面向逐漸形成其企業文化，包括管理模式、決策過程、組織未來方向及溝通方式等。

10.抱怨分析

分析電話與書面抱怨，找出問題所在，作為未來溝通活動的參考。

(四) 結果評估（Outcome Evaluation）

唯有在規劃之始與管理階層對目標設定達成共識，公關努力的結果才可評估。結果評估可以是簡單如法案修正，複雜如特定目標對象的行為改變。常用的結果評估方式如下：

1.焦點團體討論

活動結束後，直接測試目標對象的知識或態度，特別是參與者對主要訊息的感覺。

2.深入訪談

針對特定題目，訪談目標對象所採取信念、態度及行為的動機或背後原因。

3.調查

活動後針對目標對象，蒐集電話訪問、親自訪問及問卷調查

結果，用來分析其知識、態度或行爲改變及其改變程度，是
否是由於接受活動主要訊息的結果。

4.**活動前後差異測試**

針對目標樣本代表，在活動前後態度、信念及行爲之差異比
較。

5.**活動結果**

測量活動目標的結果，例如：停止吸菸、參與反對遊行、業
績增加及通過立法等。

二、媒體評估

媒體內容分析若設計得好，可讓公司瞭解其形象、競爭對手、重要議
題及商業策略，故其功不可沒。就像市場研究般，它協助溝通有效性及決
策正確性，此客觀專業的方法讓公關界受益良多。

資訊就是力量，而具影響力的媒體更是反應輿論的最佳管道。現在許
多成功的大企業公關部，皆會在每日上班兩小時內將當日發生的重要相關
剪報，經由網際網路或書面傳閱，讓管理階層及全體員工知道，以便隨時
就業務上的需要採取應變之道。

研究顯示，一家企業若有超過20%至25%的負面媒體報導，即象徵其
企業形象已受損，而這種無形損失，事後卻需大量花費才能修補。

石油公司艾克森（Exxon）於1989年在阿拉斯加海域漏油危機處理事
件，即最好例證。因其平日缺乏危機應變措施，不但對全部資訊祕而不
宣，且與政府採取互相敵對政策，總計超過兩千則負面新聞報導，導致
一萬八千名客戶退回其信用卡，《財星雜誌》最受推崇企業排名也由第8
名掉落爲第110名，最後因環境污染罪名吃上官司，總計賠償費加上清理
海域費超過一百億美金。據事後的民意調查，50%大眾還記得這項企業危
機。

媒體內容分析可以量化與質化形式進行研究、測量與討論，如多少
報導？其內容支持程度爲何？多少大眾接收到訊息？報導品質如何（標
題、第一段寫法、強調訊息或一筆帶過、照片及企業標誌使用）？哪些

207

媒體記者支持此訊息？媒體引用誰的話多？何項媒體活動有效（包括新聞稿、記者會、訪問、簡報、產品試用等）？我們及競爭對手的企業形象各如何？在媒體報導上有何不同？何種議題被討論（包括企業、產品、相關法案等）？何種訊息不利組織？其內容與組織主要訊息策略有何差異？市場趨勢為何？組織與市場期望的差距如何修正（即形象、定位、議題管理等）？

媒體評估七個步驟如下：

1. **確認研究目標**

   需何種資訊及如何利用它。

2. **選擇具代表性之資料庫**

   印刷與電子媒體的目標對象不同，故選對媒體才會達到想要的目標對象。

3. **決定測量時間**

   標竿研究及未來活動的測量時間必須一致，方便資料蒐集與比較。

4. **確認時間與成本**

   比較組織內部與外部資源，決定何處做評估較符合成本效益。

5. **蒐集資訊**

   公關單位平日需做媒體監看（包括印刷與電子媒體），大型公關活動之媒體監看由外部公關公司來做較適當。

6. **發展測量標準**

   監看並比較與競爭對手在形象方面的差異、組織重視的議題為何、正面與負面新聞的差別等。

7. **分析結果**

   結果需讓大家知道，並告知相關單位（例如：公關單位全部同仁、行銷、廣告、市調及最高管理者等）。

三、網路效益評估

萊特及哈森（Wright & Hinson, 2009）調查顯示，部落格及社群媒

體影響傳統媒體之新聞採訪，鼓勵組織對批評快速回應，使得溝通更即時。傳統新聞媒體的正確性、可信度、說實話及道德操守仍高於部落格及社群媒體，受到極高評價。

　　近年組織要求公關量化其對業績貢獻的呼聲很高，也成為公關專業下一個待開拓的新領域。網路效益分析（web analytics）加速公關產業向新目標邁進，幫助組織將策略優化及展示公關的價值。它可用數據回答下面問題：

1. 企業Twitter是吸引潛在客戶，下載如白皮書之行銷文件，最有效的利器嗎？
2. 哪個重要訊息可吸引客戶造訪企業網站，並進行註冊、下載文件或採取購買行動？
3. 組織需將資源從傳統媒體轉移至社群媒體嗎？
4. 哪些線上群眾會對媒體產生回應並採取購買行動？哪些不會？

鄧肯（Duncan, 2010）提出兩種實用網路效益分析法：

1. 基礎法

可找出何種類型網站是最佳流量轉介（例如：高訪客量網站Techcrunch.com、Yahoo! News），何種會轉換至組織官網，比較無償媒體（earned media）及付費媒體（paid media）之差別，只需資料整合及使用統計模式。所謂無償媒體有三種，即有網站之傳統媒體或稱主流媒體（NYTimes.com、CNN.com）、線上媒體（無印刷或電子同事，例如：Cnet.com、Marketwatch.com）及社群媒體（部落格、論壇、臉書、Linkedin、Twitter等）

投資報酬率（ROI）＝贏得媒體所產生營收－贏得媒體之成本／贏得媒體之成本

　　常用的整合性解決方案為Google Analytics、WebTrends、CoreMetrics、Radian6、Omniture之SiteCatalyst. JavaScript可追蹤以下造訪問者的行為：特別訪客、造訪人數、網頁瀏覽數（page views）、停留時間、目標達成數（註冊 / 下載文件 / 下單）、看一頁即離開者等。

2.進階法

針對訊息及故事內容有效吸引網站流量，達成業務目標，需高階統計學。包括故事或貼文字之重要訊息的呈現及意見、提到公司特別產品或競爭者、公司或產業特別話題、故事或貼文字數或其顯著連結。常用的整合性解決方案為Google Website Optimizer、Tealium（三百餘個無償媒體可追蹤）。

第三節　公關品質

公關表現應如何評價其品質？一般從兩方面來討論：

1.技術面

印刷品是否打錯字或排錯版、錄影帶製作畫面與旁白是否相合、或簡報時投影機出問題等。

2.管理面

包括策略規劃的效益、企業形象調查、公關活動的實用性及解決問題能力等。

其實不論是公關的終端製作物（新聞稿或錄影帶等）或過程，皆需注重品管。公關服務可量化的品管如下：

1.新聞稿內容的準確性（accuracy）及效益。

2.在預算之內準時提供服務。

3.設定目標的達成，例如：新聞報導的造勢、態度及意見改變、銷售或行銷目標達成、新法案的誕生。

國際公關品質協會（IQPR）是1995年在法國巴黎，由世界公關協會（IPRA）、歐洲公關協會（CERP）及國際公關顧問協會（ICO）共同聯合發起成立。1997年在芬蘭赫爾辛基舉辦的第十四屆世界公關大會中，提出公關最低品質標準（Minimum Quality Standard，簡稱MQS），作為跨國與不同產業在從事公關活動時，有一個品質上可遵循的指導方針，

其內容包括四個分類：過程（process）、實踐（practice）、績效評估（performance，此乃公關品質的核心）、個人技能（personal skills），內容如表8-1、表8-2、表8-3、表8-4所示。

表8-1　MQS過程

項　目	內　容
1.簡報 （Briefing）	・對問題達成共同瞭解 ・討論解決方案及其他選擇性 ・討論大約所需預算 ・確認施行時間 ・同意下一個需採取步驟 ・確認上述事項並得到出資者（管理者或客戶）之同意
2.企劃案 （Proposal）	・描述情境 ・定義問題 ・大綱式說明解決方案及預算 ・決定施行時間 ・獲出資者同意
3.研究與規劃 （Research & Planning）	・評估情境 ・確認全部數據 ・找出利益團體及其他股東 ・設定目標（包括量化與質化描述） ・決定策略 ・規劃活動 ・計算時間、花費及活動吸引人數 ・檢查可行性
4.書面文件化 （Documentation）：持續在活動執行前、進行中及結束後，將所有進展書面化且讓出資者知曉	溝通活動 ・描述目標、策略、利益團體、預算、時間表及詳細活動細節 ・定義活動成功標準及測量方法 ・與出資者討論並取得共識及同意製作規劃 ・描述製作物的目的、使用、詳細形式、內容及規格

項　目	內　容
	・定義所需協助、時間及成本 ・向廠商簡報並取得出資者同意報告 ・評估及報告進展，解釋時間落後的原因 ・建議修改或其他替代方案 ・同意文件內容並請出資者表示意見
5.執行 （Implementation）	・按照計畫進行並隨時追蹤進度 ・確認所需資源 ・全部資料發布前需仔細檢查無誤 ・修正過程中不需要的發展 ・控制成本及內部評估 ・與出資者不斷溝通
6.評估 （Evaluation）： 量化測量已足夠，質 化測量有需要亦可使 用	・確認經由活動所帶來的改變 ・決定目標達成的程度 ・評估規劃與執行的過程 ・決定必須的修正行動 ・決定未來的程序 ・記錄並保存評估結果出資者評估 ・尋求其對產品、過程及結果的意見並記錄下來 ・採取任何立即且必要之修正行動 ・分析及改善：評估經驗並建立改善系統

表8-2　MQS實踐（Practice）

項　目	內　容
1.顧問 （Counseling）	・善用專業經驗及採取必要的主動 ・知曉組織現況並與出資者在下一步驟取得共識 ・徹底討論情境及可行方案 ・對任何同意的報告或製作物，準時提出 ・追蹤與評估結果
2.活動與安排 （Activities & Ar- rangements）： 會議、拜訪及展覽是	・決定目標、目標對象、預算、場地、時間及活動 　內容 ・邀請演講者、準備相關資料與演練 ・執行活動並評估結果

項　目	內　容
不同型態的面對面溝通	・愈是大型活動，需控制的項目愈多，其主要目的皆是在傳遞資訊、知識及看法
3.製作 （Production）： 如年報或多媒體簡報等	・定義需求、目的、目標對象、內容、設計與使用時間 ・確定主要訊息、份量及預算 ・執行製作、發送製作物並評估結果
4.媒體 （Media）： 公關人無法知道訊息如何被報導出來	・確認時機、目標、目標對象、預算及所要傳遞之訊息 ・選擇媒體並建立記者名單 ・媒體監看並評估結果
5.研究與測量 （Research & Measurement）	・確定目標及達到目標標準 ・評估並確定預算編列 ・選擇測量方法與樣本、蒐集數據並分析發現 ・做成結論並對未來活動提出建議

表8-3　MQS績效評估（Performance）

項　目	內　容
1.時間 （Timing）	・對所有製作物及任務皆準時完成 ・避免與其他活動撞期 ・讓相關單位知道詳細與實際的時間表 ・對於任何延遲需儘早提出
2.預算 （Budget）	・全部活動之預算皆事先取得出資者同意 ・對多出之活動花費需做記錄 ・對於無法預見的額外花費需提出並取得同意
3.可信度 （Reliability）	・信守承諾，按照規劃執行，如期完成 ・針對進度落後原因提出說明
4.彈性 （Flexibility）	・準備依據出資者想法做調整 ・針對臨時產生之問題立即尋求解答
5.創新 （State-of-the-Art）	・遵循已被大家接受的專業規範 ・隨時注意專業發展，並將其應用於實務
6.管理 （Management）	・應用一般管理原則於公關組織與活動

表8-4　MQS個人技能（Personal Skills）

項　　目	內　　容
1.教育 （Education）	・最好有學術學位，或受過其他傳播、公關教育、 　或進行在職訓練
2.經驗 （Experience）	・具相關經驗，才可負責公關活動，從事公關顧問 　工作或管理公關部門
3.語言能力 （Language Skills）	・精通母語，包括書面及口頭溝通 ・具備針對不同目標對象調整所需資訊的能力 ・知道閱讀專業刊物及相關外國語的能力
4.建立關係 （Networks）	・公關人需參加不同團體，以便監看其發展趨勢， 　如政治、經濟、社會等，並與這些專業人士或意 　見領袖建立個人正式或非正式的關係，以便工作 　上做民意調查之需
5.道德操守 （Ethics）	・個人及企業的道德操守是此專業不可或缺之要 　件，除遵守當地法律外，並堅守國際公關道德規 　範
6.一致的知識體 （Uniform Body of Knowledge）	・知道上述公關過程、實踐績效評估及個人技能的 　標準及原則

第三篇　公共關係的應用

　　本篇介紹公關在國際上最常應用的八個範疇，望讀者能舉一反三，玩味其中的深意，將其擴大應用至其他領域，造福國家社會。

第九章
企業公關

　　本章是對公關在企業（Corporate PR）的角色有深入瞭解，包括協助企業面對消費者、客戶、政府、社會及法人等目標對象，所發揮之功能加以說明。至於對員工關係、社區關係及媒體關係之貢獻，將在後續章節詳加闡述。

　　公關一般分為企業公關及行銷公關，企業公關是負責所有內部及外部利害關係人（stakeholder）溝通，包括員工、消費者、股東、媒體、工會、政府、上下游廠商等。全球大型企業的企業公關操作都很成熟，工作是做全方位的形象管理，其公關團隊非常龐大，處理的事務範圍廣泛，一般皆為公關副總職務直接向執行長報告，因在公司經營團隊中且獲授權，可有效管理所有利害關係人的關係，從策略面經營企業的整體形象。

　　大企業的營運影響環境，創造數以千計的工作機會，對社會福祉及金融界的影響更深遠，公關人在規劃與執行時，面臨一個複雜的任務；中小型企業之公關，大部分在做策略規劃及監督等工作。

　　企業有時會犯錯，在採取任何會影響大眾的行動前，管理階層需從他人角度來看此行動將產生的結果。而公關人的職責正是提供管理階層事發當時外界的感受，公關人對大眾態度的轉變更需隨時保持敏感度。

一、企業社會責任

美國學者馬魁爾（Mcguire）及桑德袞（Sundgren）在分析美國財星五百大企業時發現，缺乏社會責任的企業，在面對法律訴訟不確定風險時，往往無法有效發揮策略，股票價格也相對偏低；但積極落實企業社會責任（Corporate Social Responsibility，簡稱CSR），與顧客、股東及社區都維持相當良好的關係，經營風險因而降低，企業形象與產品也較能獲得消費大眾的認同。

企管顧問公司普華永道（PwC）在2002年對全球三十三國一一六一位企業執行長（CEO）所做的企業社會責任調查顯示，社會責任成為二十一世紀經營企業的重要思維與策略。影響企業聲望的前五項因素為：提供健康安全的工作環境、負責任的態度、替股東創造價值、良好的業績與支持社區計畫。影響企業社會責任策略的前五位人員為：客戶、董事會、股東、員工和管理階層。另外，當不景氣時，68%認為社會責任有助公司獲利，51%不認為社會責任是公關議題。

善盡社會責任的公司，受到客戶的信賴，訂單的穩定度較高；而較高的員工滿意度，也有助於企業對抗景氣風暴。全球企業的經營環境快速改變，有關員工權益、工廠營運、無疆界之網路及跨國公司全球挑戰等，都會影響到企業營運，並進一步影響股價。

企業責任的意識在資本市場快速崛起，在美國約有10%至15%，即二十二個大型的股票型基金，以SRI（社會責任投資）為觀念，重視社會責任、環保及誠信，這些基金在1997年的規模為5,290億美元，2003年已達2.1兆美元。同時約有5%的投資者發覺提供最佳長期投資報酬率的公司，在社區與環保方面也是最負責任的經營者。

道瓊永續發展世界指數（DJSI），就是具有社會責任概念的指數。從1993年12月31日該指數成立起，至2011年7月31日指數的平均年報酬率為5.16%，高於MSCI世界指數的4.4%。CSR企業股價有長期穩定報酬以及長期風險較低的特性，是吸引金融投資與建立商業夥伴關係的重要媒介。研究顯示，擁有良好公司治理的企業，在投資市場可以獲得比同業高

出10%到15%的溢價。投資人愈來愈重視CSR，不只是道德因素，更是因為CSR企業的確有較高的投資報酬率。

「企業也是社會的一分子，故應善盡社會責任」之觀念，在先進國家已相當普及，但在臺灣仍處於啟蒙階段。美國《Fortune》雜誌2012年全球最佳聲望標竿企業調查，前三大分別為Apple、Google及Amazon。《天下雜誌》2012年國內最佳聲望標竿企業調查，前三大分別為台積電、宏達電及統一超商，企業公民責任即為十個重要指標之一。

《天下雜誌》以公司治理、企業承諾、社會參與、環境保護四大面向，進行CSR獎項評選。2012年大型企業前三名為台達電子、台積電及光寶科技，中堅企業前三名為普萊德科技、信義房屋及台灣晶技，外商企業前三名為英特爾、匯豐銀行及渣打銀行。

二、信譽重建

(一) 開誠布公

對外部及內部利害關係人，企業已痛苦地學到自願透露其問題、錯誤及疏失所造成之傷害，遠少於事後修補。

(二) 一致行動

言行不一致會招致麻煩，如用人有性別歧視。

(三) 社會責任

在公眾議題表達立場，而非只為公司說話。

(四) 公眾教育

讓大眾知道營運之限制，使其期望與公司表現一致。

三、行銷公關

哈里斯（Harris, 2000）言行銷傳播，是經由可信賴的訊息及印象溝

通，找出公司及產品需求、消費者興趣，透過有計畫的活動，鼓勵購買的過程。許多公司密集使用公關來支援行銷及業務目標的達成，一般稱爲行銷傳播（Marketing Communications，簡稱Marcom）或行銷公關（Marketing Public Relations，簡稱MPR）。公關人會與行銷、廣告或促銷部門密切合作，管理有關產品或服務的全部資源，以便確保最大化的資訊滲透。公關活動常扮演爲產品獲得早期知名度及可信度角色。行銷公關三合一策略爲：

（一）推力（Push）

業務單位提供優惠給經銷商，產品經由分銷管道推動，到達消費者。使用工具爲展覽、產品宣傳資料、專業刊物文章及媒體報導等。

（二）拉力（Pull）

向消費者發動廣告及促銷攻勢，刺激購買慾。廣告及業務促銷的花費愈來愈高，企業發現產品宣傳是達到潛在客戶的經濟實惠方法，會因具新聞價值而吸引媒體報導。使用工具爲記者會、媒體參觀訪問、新聞稿、產品介紹、市場調查、贈送試用品、座談會及刊物等。

（三）過關（Pass）

企業需突破各種市場阻礙，包括政府、民意代表、社運人士、各種利益團體、社區領袖、具影響力人士及消費者等。使用工具爲全國或地方的贊助或慈善等活動。企業每年定期贊助體育、藝術文化及教育等相關活動，增加知名度。根據統計，企業贊助正以每年約30%至40%的驚人速度成長。贊助活動受歡迎的原因如下：經由聯合活動，增加贊助公司的聲響及形象，在主要購買群眾中給予產品品牌高曝光率，提供市場行銷活動的焦點關注、產品宣傳及媒體報導。

四、企業經營部落格方針

1.部落格是新民意版，需承諾適當資源來發展及維護。

2.監看產業新趨勢，找出重要議題。

3.專注目標對象，與關係人發展有意義活動之工具。

4.代表企業澄清不正確資訊，並告知企業管理者。

5.主流媒體採訪線索來源之一。

五、企業公關人之特徵

1.讓管理者知道實情，在適當行動上提供建議。

2.對潛在問題提供警告。

3.深思傳統智慧的價值。

4.客觀且值得信賴。

5.最高主管在議題及危機溝通的顧問。

第一節　公共事務

雖然公共事務（Public Affairs，簡稱PA）在商業界已相當普及，但其實際運作卻依企業需求而做調整。公共事務最普及的定義如下：該管理功能負責解釋企業非商業的環境及管理企業對環境的反應。另一個較務實與嚴格的定義，即指企業的政府關係與政治參與。

近年因企業醜聞與公司治理不佳，讓大眾對企業的營運方式及道德觀皆持懷疑態度，企業剛好可藉此機會省思其需修正之處，以重建在大眾心中的地位。

公共事務單位的成長，是企業認知到管理企業與社會的關係是項長期的工作，公司的策略應超越形象建立、政治參與或社會責任，並常檢視政治及社會環境的變化。

一、歷史演進

臺灣近十年因外商公司來臺，公共事務功能才開始發展；美國則隨環境改變而有其歷史演進，因此，瞭解其經過，將有助於臺灣公共事務概念的推展。

大部分美國分公司在二十世紀初，便陸續成立有效的遊說機制，但卻迴避直接參與政治。直到1930年代，企業通常在溫和政治氣氛下運作，經濟大蕭條的來臨，使得大眾與政府對企業開始嚴格審視，相關法令不斷推出，政治家及媒體更是對企業批評不假辭色，此時，企業皆持低姿態來回應外界的攻訐。

公共事務運動的誕生與兩個事件有關：1.有組織勞工勢力的成長；2.政府當局的做法，受到立法單位的鼓勵，勞工勢力的發展對政府產生很大的影響力，企業的政治參與卻相對遲緩，並逐漸瞭解到與政治對立是徒勞無功的，政府並未重建企業在建立國家經濟政策的顯著角色。

美國的公共事務協會於1954年成立，其主要任務即鼓勵與訓練企業高階主管參與政治活動，當時的企業如福特汽車（Ford）、通用公司（GE）、嬌生公司（Johnson & Johnson）皆紛紛成立相關業務，加強政府關係。

1950年代開始，美國許多企業紛紛成立公共事務單位，從事政府關係及政治參與。1960年代更是蓬勃發展期，大城市因暴動事件頻傳，促使許多公司將城市事務與社會責任單位相結合，受創企業開始從事慈善與社區活動，這些也成為公共事務人員工作項目之一。1970年代更將公共事務內容擴大到與交通、教育、法律、健康及經濟發展相關事務，估計人員成長三倍，相關活動成長兩倍，全美國約有一千餘家公司成立公共事務單位。

1980年代，各種勢力挑戰企業公共事務的敏感度與創新，政府削減在社會活動的支出，促使企業在政府與社區關係必須採取主動力，包括社區發展與公共服務等的參與。而社區關係亦不再只是傳統的捐錢給慈善機構，許多企業更策略規劃外部事務，讓社區活動參與成為長期性工作。

二、公共事務規劃

典型公共事務單位的功能與活動如下：

(一) 溝通

包括文宣與媒體關係。

(二) 政府關係

包括從中央到地方各縣市鄉鎮。

(三) 政治行動

包括政治教育、草根性活動及議題溝通。

(四) 社區參與／企業責任

包括社區關係、慈善活動及社會責任企劃（圖9-1）。

(五) 國際化

包括政治風險評估、監看國際社會政治發展。

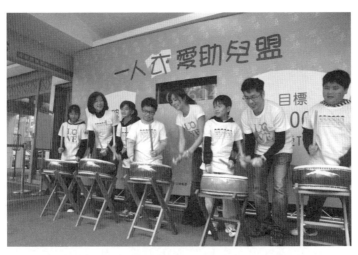

圖9-1　王品集團的原燒每年與兒盟合作義賣愛心T恤

在一些大企業，公共事務已成為高階主管兼任的工作之一，茲說明如下：

(一) 草根性遊說

許多公司主動與立法院相關委員建立關係，並在重要議題上表明立場，由高階主管出面說明，希望獲得廣泛支持。

(二) 議題與機會管理

企業針對重要政治或社會議題成立工作小組，決定公司的立場，並使其對外發言的言論一致。

(三) 預期未來議題

與公共事務單位密集監看報章雜誌對議題的討論，以便適時做出聲明。

(四) 發言人訓練

有系統的建立發言人之權威性及講稿準備等。

三、面臨的挑戰

公共事務自1980年組織再造後，面臨的挑戰如下：

1. 將其地位由「救火人」改為「預防火災」的觀念。
2. 公共事務角色應超越政治參與及政府關係，同時肩負內部溝通及改造社會泉源所在。
3. 贏得全部管理階層、同僚及員工的信心，認同其對企業經營具直接影響之功能。
4. 企業營運成本的壓力，迫使在經濟不景氣時會對該單位進行縮編。
5. 提升該單位生產力的工具如下：(1)標竿研究：比較不同公司的公共事務工作內容及對公司的量化助益（如業績）。(2)過程稽核：當企業因某計畫需影響相關立法人員，其過程與活動是否執行成

功。(3)利潤中心觀念：具體說明其對公司的實際貢獻（有形的財務或無形的知名度）。

第二節　消費者事務及環境保護

一、消費者事務

1960年代及1970年代消費者保護運動盛行，使得產品更安全。當產品發生危險，立即會被回收。食品成分標示清楚、保證年限與消費者免付費專線等訊息皆被廣泛揭露。1980年代以後，這些改變亦影響消費者運動，包括：

1. 企業更加自律，不再依賴政府的規定。
2. 在消費運動者及企業代表間有更多直接對話。
3. 媒體報導更多複雜的消費者議題。
4. 一般消費者對運用集體行動的勢力，有較強的認知。

今日消費者事務的挑戰是專注於消費者的期望，澄清何者是被接受與需要，且消費者願為此付出代價。消費者運動的議題面臨以下三個主要的溝通挑戰：

(一) 感受

消費者運動有很多例子是有關組織在初期忽略警訊，直到事態嚴重，認知潛在問題並及早修正，可保護產品與服務，若稍不注意，小問題可能演變成危機，故對剛開始的問題需立即反應，並控制爭論的態勢，才不會在未來勞民傷財的解決危機。

(二) 預防

消費者事務人員需隨時注意外界動態，知道問題在何處及如何引起，管理階層才能在緊急時刻做出明智之舉。

(三) 績效

消費者事務人員需在組織內鼓吹品質績效的重要性，因為聲譽的建立非一朝一夕，卻可能毀於一旦。在公司內推展活動，鼓勵員工每次皆在第一次做對事，不僅可預防問題，更可提升獲利。一個主動的消費者事務計畫，能使組織建立並維持良好聲譽、預期問題、改善品質控制、增加銷售，以及獲得新業務機會。它可預防激進分子、媒體及政府的攻擊，故一個具創意的公關活動方案是市場具競爭力的工具。

典型消費者事務方案包含下列要件：

1. 高階管理者宣布消費者哲學及公平對待政策的聲明。
2. 內部教育訓練活動，增強員工對消費者的敏感度及反應力。
3. 長期稽核大眾對企業表現、產品與服務的感受。
4. 詳細的溝通計畫，目標對象為消費者、員工、媒體、股東及潛在客戶。
5. 經常與業界商業團體、政府及專業消費團體進行溝通。
6. 企業具備一個抱怨處理政策及手冊，包括執行程序及案例等。
7. 設立產品回收委員會及執行細節，包括危機應變計畫。
8. 隨時監看社群媒體、部落格及大眾傳播媒體，關心將發生的消費者議題。
9. 成立免付費消費者服務專線，以便處理詢問與提供資訊。
10. 舉辦獎勵消費者提供意見或建議的活動。

另外依《公平交易法》第21條：「事業不得在商品或其廣告上，以其他使公眾得知之方法，對於商品等，為虛偽不實或引人錯誤之表示表徵。」此處所謂虛偽不實，即過去已發生之事實乃事實問題，不及於未來預測性問題；引人錯誤，即及於未來預測之問題，以是否欠缺確信基礎為衡量重點。

在消費資訊的規範方面，企業經營者應確保廣告內容之真

實刊登，或報導廣告的媒體經營者，明知或可得知廣告內容與事實不符，應與企業經營者對消費者負連帶責任。

近年消費者意識高漲，企業極為重視消費者抱怨。而在處理消費者申訴過程中，公關人的角色益形重要，一般處理過程如下：

1. 訂定處理申訴的內部程序、確立消費者申訴處理準則、指定專責人員成立消費者服務中心、遇事有人代表企業立即主動出面表達關心與歉意，可化解不必要的憤怒，並可避免興訟。由此所展現的誠意與真實書面記錄，可避免企業因無過失責任所面對不合理賠償。

2. 迅速因應消費者請求之程序、理賠及回收產品方法。

3. 相關事務應有公關人參與，主動與消費者等相關單位溝通。

二、環境保護

大眾因日益瞭解地球資源有限，故將環境保護很大的壓力放在企業身上。大部分世界環境的污染，產生於製造的過程及產品使用，大眾要使用產品，卻又抗議因製造產品所產生的污染，尤其工廠排放廢氣已被醫界證實有害人體健康。

基於社會責任的要求，企業竭盡所能地將其所製造的環境污染源減至最少，同時企業管理者又必須保障大多數股東的利益，這種花費不貲的投資對企業是項挑戰，但長期而言乃是值得的，因重視環保的做法讓目標對象認為該公司是值得長期信賴的，企業亦逐漸認知廢棄物減量與回收可降低成本，也減少未來清潔的困擾，結合環保製造及有效的溝通方案，能贏得企業股東、員工及政府法規制定者的信賴。

公關在企業環保過程中的角色如下：

1. 向大眾展示企業對環保的努力、長期清潔計畫，以及解釋企業在達成目標所面臨的困難。

2. 告知高階管理者不願討論企業環保記錄的感受及關切所在。若管理者不願討論此議題，公關人需不斷說服資深主管共同保障公司聲譽

227

是責無旁貸的。

3. 在企業內舉行環保相關活動，鼓勵員工在上班及回家共同遵守，如垃圾分類及白紙用完兩面才回收等好的環保習慣。

第三節　投資者關係

1909年杜立（Pendleton Dudley）在紐約華爾街成立宣傳辦公室（Publicity Office），投資者關係（Investor Relations，簡稱IR）在美國於1930年代開始受到重視，臺灣則自1990年公司上市蔚為風潮，這個領域亦形成蓬勃發展，許多大公司普設此一單位，與股東、證券分析師及媒體建立更好的關係。造成此單位成長的原因如下：

1. 許多公司的股份由大眾及金融機構所持有，造成主管單位對資訊揭露的要求更嚴格。
2. 企業為增加國內與國際競爭力，急需募集資本。
3. 企業購併的市場高能見度，而較高的股價可使這類交易更具吸引力，績效管理佳的公司股價表現較好。
4. 證券分析師的專業與複雜性愈來愈高，大部分皆專注於大公司的財務研究。
5. 法人機構的竄起（例如：共同基金、銀行、保險公司及大學捐贈）及其強調對有價證券價值的全部資訊揭露。
6. 國外金融市場重要性益形重要，是挹注資金的主要來源。目前全球前八大市值及資金匯集地區為紐約、東京、倫敦、那斯達克（Nasdaq）、泛歐道瓊、香港、上海及多倫多。

投資者關係是努力縮短股票購買者對公司的認知與實際差距，即協助公司股價到達適當的市場價格。若公司股價依目前或未來期望皆在合理價格，公司未來擴充所需的募款即較易從股票市場獲得。在任何狀況下，股東皆需支持管理者目標，適時及有效的溝通，是贏取股東支持的不二法門。成功溝通的策略有三：言行一致（consistency）、態度誠信（credibility）、資訊正確（clarity）。

2003年美國全國投資人協會（NIRI）定義投資者關係如下： 整合財務、溝通、行銷及債券法，使得公司、財務社區及其他相關單位有效雙向溝通，對公司相關債券合理評估有所貢獻，邁入二十一世紀，因安隆案等金融醜聞，使得大家更加重視此角色。

拉斯肯（Alexander Laskin, 2008）將投資者關係發展分為三階段：

1. **溝通期（1945-1970）**

　　此時期注重單向文宣，缺乏策略及管理活動，公關並未建立其專業地位，突然又增加投資者關係任務，有損其在金融圈之形象。

2. **財務期（1970-2000）**

　　此時期的重心從大眾傳播媒體轉至與機構法人或分析師一對一會議，目的在提供具說服力的組織訊息以提高股價。

3. **整合期（2000年以後）**

　　此時期的重心認為溝通及財務技巧皆同具高度貢獻，雙向溝通提供正面及負面資訊，增加雙方之瞭解，重視投資人及股東的意見，作為高階決策之依據，終極目標在維持合理股價。

　　愈來愈多研究及實務顯示，非財務訊息的重要性，如某公司執行長重病立刻導致股價大跌，公司策略及高階管理資訊是投資人最關切的議題。在美國有三分之二之投資者關係人員具財經背景，半數是獨立部門作業，但大部分仍向財務長而非執行長報告。

　　未來投資者關係趨勢有三：

1. **XBRL財務報告語言**

　　在資本市場全球化的趨勢下，投資人對財務資訊的要求日益提高，由於各國間並非適用一致的會計準則，加上企業網路揭露呈現的格式或方式不同，增加了資料再利用及分析比較的困難，因此，國際投資人迫切希望全球財務報告可以共通。

　　　然而要達到全球財報共通的目標，需要由兩方面著手，其一是全球適用一致的會計準則，目前各國已逐漸朝與國際會計準則（IFRS）接軌；其二是建立一套通用的財報資訊標準，亦即企業資訊需有統一的電子化溝通語言，而XBRL的誕生，就是為了解決

229

這個問題。

可延伸商業報導語言（eXtensible Business Reporting Language，簡稱XBRL）這項新興資訊科技藉由國際標準之制定，建構全球企業資訊供應鏈，以方便各階段參與者得以更有效率的方式取得、交換與分析比較企業的各項資訊，可解決日益繁雜的資訊揭露問題。XBRL可以有效降低現行電子資料交換所需成本，包含資料維護與輸出入效率之提升，應用程式維護成本降低，有助於降低上市公司的遵循成本，提高上市公司資訊申報的效率。對投資人而言，資料再利用的加值應用便利性也提高，因此可以創造多贏局面。

2.網際網路出現

為因應投資人對資訊透明度與即時性之需求，公司與股東使用電子溝通，引發對部落格、代理人及電子股東論壇的重視與修正。電子溝通工具讓公司更有效地獲得投資人具價值的資訊及意見，仍需資深公關人協助回答負面問題。

3.投資市場全球化

今日公司可至全球各地上市，股東或消費者對公司營運或服務不滿，若向公司反應而未獲立即合理處置，可直接在部落格向全球發聲，引發公司重視及改善，否則將影響公司股價。

投資者關係單位是組織與下列具金融團體的溝通橋梁：

1. 客戶的股票經紀人。
2. 證券分析圈的成員及個人分析師。
3. 未上市或上櫃的經銷商。
4. 投資銀行業者。
5. 商業銀行的信託部。
6. 保險公司及以退休基金買股票者。
7. 共同基金及投資信託公司的基金經理人。
8. 投資顧問。
9. 金融統計機構。

10. 投資媒體及金融刊物（網路、日報、周刊、雙周刊及季刊等）。
11. 較大的個人股東大戶。
12. 負債評價機構，如標準普爾（Standard & Poor's）及穆迪
　　（Moody's）。

一、投資者關係之職責

投資者關係人員除具備基本的公關技巧外，必須是以下三個主要範圍
的專家：

1. 熟悉主管單位規定上市及上櫃公司之文宣事宜。
2. 財務報表的分析與評估。
3. 對於企業的營運非常瞭解。

投資者關係的職責範圍及功能如下：

1. 協調公司管理階層，包括董事會、總經理、財務、業務、研發、會
　計、公關及人事等單位。
2. 協助證券分析師，包括：(1)找出對公司有興趣的分析師，並隨時
　更新此名單；(2)調查分析師，以瞭解其對公司的認知與態度；(3)
　安排分析師與公司高階主管會談；(4)準備及發送統計報告、特別
　調查及媒體報導等資訊給分析師；(5)安排分析師團體參觀公司工
　廠及研究設施等。
3. 股市觀察，包括：(1)觀察公司與競爭者相關措施對股市之影響；
　(2)注意謠言及有關股票套利等訊息，並及時告知高階管理者。
4. 股東刊物製作與發送，包括每季簡訊、將公司重要主管演講做成抽
　印文章及年報等。
5. 舉辦與股東相關之活動。
6. 財經媒體關係的建立。

投資者關係人員亦可透過自我教育以提升專業能力，例如：閱讀有關
會計相關書籍、學習企業財報分析、瞭解主管單位相關法規。

二、活動規劃

基金經理人、分析師及個人（包括股市大戶及散戶）決定股票價值，故活動規劃將這些人列為主要目標對象。

股東價值的評估包括：投資報酬率、公司市價、每股盈餘（EPS）及營業額等，這些皆是溝通活動的主要訊息。

驅動價值的主力包括：公司穩定成長、合理獲利，及對內外不斷的溝通。成功的企業皆有上述共同特徵，並在員工、客戶及股東的價值圈做良性循環。

為了追求利潤，公司必須儘量善待其員工與客戶，因為他們能影響公司的前途，公司為了獲利，必須不斷改善產品和服務品質，增加業績；同時改善員工待遇，員工才能有好表現，提供優良服務，故公司在追求利潤的過程，也是在爭取客戶與員工支持過程。

投資者關係負責的溝通活動如下：

（一）年報編撰

年報是公司主要財務溝通工具，無論是印刷品或網路版本，都包含下列要件：

1. 公司描述：包括全部業務及營運狀況簡報。
2. 致股東信：回顧過去、展望未來有關企業與整個產業的發展，信函內容以坦白、有趣較易引人注意。
3. 財務報表：包括資產負債表及損益表等。
4. 解釋與分析：針對上述財務表現提出補充說明。
5. 管理與行銷趨勢：企業會談論其未來產品的擴充計畫與展望。
6. 繪圖、照片及圖表能使公司活潑地呈現其績效。

（二）季報

舉行法人（即外資、投信及自營商）說明會及國際電話會議，

讓股東瞭解公司發展。一般會與去年同期做比較。

(三) 年度股東會

公司會將營運做個簡報，並就重要事項需股東投票決定，並針對具爭議性問題提供具創意性結論。

(四) 媒體聯絡與監看

隨時注意財經、產業市場及競爭者報導，並就其影響向管理者提出建言。

(五) 網路投資者關係

具前瞻性的公司皆會在網路上提供投資者關係相關訊息，設計良好的網站可提供目前及潛在投資者所需服務，而企業由網站亦較能控制所需傳達的訊息。一般提供之資訊如下：

1. 財務資訊：公司基本資料、每月營業報告、財務季報、財務報表、歷年財務資訊、向政府申報的文件。
2. 公司年報：具主題性的未來展望，可增加可讀性。
3. 股東專欄：股價持股人問答集、歷屆股東常會議事錄、除權與除息訊息。
4. 簡報資料：高階主管的重要演講。
5. 活動訊息：活動行事曆、每季法說會、電話會議網路轉播股東常會，以及每月營運報告預定發布日。

(六) 新聞發布

每月營收公布、財務季報及年度盈餘分配。

（七）投資人（一對一或團體）接待與公司發展簡報。

（八）演講

包括籌資活動（road show）、非籌資活動（Non-Deal Road Show，簡稱DR）及經紀人（broker）會議等。

（九）意見調查

目標對象為股東、媒體及法人。

（十）每季發行通訊（Newsletter）

內容包括趨勢與議題、發展與產品、財務狀況及未來展望。

三、媒體關係

Apple在1984年年初發表麥金塔電腦（Macintosh），以質取勝，造成市場轟動，在電腦文化史占一席之地。反觀2000年網路泡沫至今，一些企業高階主管迷失了基本誠信原則，誤導投資人，以為媒體報導可推升股價，最後證明空有文宣而無優質產品服務及具競爭性營運策略，終將導致失敗。

突發新聞是大部分金融媒體列為優先處理之事件，在媒體競爭激烈的時代，投資者關係人應將重大新聞放上官網，並用電子郵件通知全部媒體，使得新聞發布成為方便之事。著名全球財經媒體為Bloomberg、Barron's、Business Week、Financial Times、Forbes、Fortune及Wall Street Journal等。臺灣財經媒體為工商時報、經濟日報、精實財經、財訊雜誌及Smart智富等。

許多公司專注於主要金融媒體溝通，忽略地方媒體，特別是有公司工廠或股東群聚的城市，公司應特別努力與地方媒體建立關係。

投資者關係人需立即或定期發布影響投資人買賣股票的訊息，茲列舉如下：

1. 正在討論的公司購併。
2. 股利發放政策改變。
3. 利潤的決定。
4. 因某個合約而造成公司合併或損失。
5. 主要管理階層變動。
6. 資本投資的重大改變。
7. 購買或賣掉重大資產。
8. 重要新產品的行銷及重要發現或發明。
9. 重大法律訴訟的懸而未決。
10. 發生重大負債或大量有價證券的銷售。

成功案例

1. 背景說明

　　IBM從賣個人電腦二十五年經歷轉型為高價值及軟體業，需對組織高階管理者說明品牌轉型，同時尋找幫助企業成長的夥伴，解決方案「聰明星球」是全球商業策略及領導議程，燃起熱情對話，在2009年美國經濟不佳的情況下，創造約40%市場成長機會，並贏得PRSA 2010年企業銀砧獎。

2. 研究

(1) 愈來愈多內建感應器能產生新遠見，將增加全球資料成長速度。

(2) IBM預估未來五年因聰明資訊基礎建設投資，在美國，將有九十萬份工作被創造出來。

(3) 促進資訊基礎建設投資，將是全球重要機會。

3. 規劃

目標：

(1) 確保顯著印刷、網路及社群媒體報導，包括全球前十大新聞及商業刊物。

(2) 在主要活動的五十一個市場，由高階主管撰文刊載於民意版，討論適合該區的議題。

(3) 與客戶及具影響力者開始有關「聰明星球」的新對話。

(4) 創造IBM是「讓世界工作更好」的公司之觀感。

策略：

(1) 定義對企業界及政府重要議程上，IBM居領導地位。

(2) 在新領域如智慧電網、交通與城市，建立思考上的領導地位。

(3) 用新方法擴大市場占有率，如幽默影片讓無趣話題變得吸引人，吸引潛在客戶注意。

目標對象：

(1)組織高階決策者及政府官員。

(2)影響這些決策者的人們，例如：商業媒體、學術界、智庫、產業分析師、社區領袖、投資人及員工。

4. 執行

(1) 發表一個新的及不同的「聰明星球」活動，非採傳統記者會或廣告做法，改由執行長在外交關係協會演講，作為系列活動之開始，強調改變不只是政治人物的專利，企業亦需求變才能生存。

(2) 緊接著是為期二十八週民意版系列，由公關及廣告團隊共同主導，刊登於《華爾街日報》等主要媒體，每星期的主題皆由一項新聞發布而增強訊息傳遞，例如：瑞典首都斯德哥爾摩聰明的交通系統。

(3) 一百七十國員工加入該活動，在社群媒體回應此議題，包括五萬名員工在臉書，二十萬名員工在Linkedin。

(4) 2010年1月為下階段「聰明星球」活動造勢，主題為「聰明十年」，由執行長在倫敦著名英國皇家國際關係研究所演講展開。

5. 結果評估

(1) IBM公開宣布「聰明星球」專案業務一年內成長超過兩倍，股價在道瓊成長56%，由第十二名躍升為第三名。

(2) 媒體報導95%是正面或中立，標題滲透率在十六個月內由26%成長為50%；242個故事出現在全球前十大新聞及商業媒體，超過目標的兩倍。

(3) 在全球主要五十一個市場，由高階主管撰文刊登於民意版，討論適合該區的議題超過五百個。

(4) 2009年網路對話量成長165%，其中92%是正面或中立；部落格更吸引超過一百萬人瀏覽量，官網在四十一個星期內吸引一百六十萬人瀏覽。

(5) 商業周刊Interbrand年度最佳全球品牌，IBM名列第二名。

第十章
員工關係

在一個組織中，內部溝通網路就像人體中的血液流動，有時決策的制定者未給予足夠的重視，未就決策的內容和過程向員工進行充分的說明，員工在瞭解與認知不足的狀況下，易引起情緒反彈；相反的，員工若被企業清楚告知有關新政策的原因及內容，便較不易去傳播錯誤或對企業不利的訊息。

格魯尼（2002）在「傑出公關及有效組織」一文中，提出組織兩種文化：

1. **集權式文化（Authoritarian Cultures）**

   高階管理者做決策，員工不會因創新而受到鼓勵，只遵守命令，主管只把員工當工作者而非人們看待，管理封閉且抗拒外在要求改變。

2. **參與式文化（Participative Cultures）**

   重視團隊，員工被授權參與決策，部門與組織目標一致，管理開放且接受內部及外部新看法。

成功的企業幾乎都擅長針對員工做公司內部行銷，因為優秀人才不會只想工作，更想建立事業成就感。公司內部良好的溝通，建立人際關係，使經營者與員工較有感情與默契，團隊較有向心力，有助於工作目標的達成，這樣才能吸引人才長期投入。

卡特立普等學者（Cutlip, Center & Broom, 2006）調查發現，不論上對下（downward）或下對上（upward）溝通，皆有超過半數的員工不滿意。以通用汽車（GM）爲例，員工對組織不忠或缺乏協助組織達成目標之承諾，會造成組織在品管、曠職及生產力降低等問題，每年約損失五百億美元。波頓（Burton, 2006）針對英美員工調查發現，超過80%員工認爲影響決定個人去留的關鍵在於員工溝通。正向心理學創始人、美國賓州大學心理學教授賽利格曼（Martin Seligman），對金融風暴傷害全球有切膚之痛，他串連一些商學院，提出「正向企業」的說法，呼籲企業應先耕耘員工的正向情緒、工作意義、全心投入、成就、正向人際關係，然後營運自然就會恢復正常。

世界經濟論壇《幸福與全球成功》報告（*Well-being and Global Success*）中指出，員工最幸福的時刻是：

1. 工作目標明確，而且這目標是公司大方向的一部分（任務重要性）。
2. 對於如何工作，員工有合理的自由與彈性（自主）。
3. 員工能勝任工作需求，並且充分發揮技能（工作適配）。
4. 直屬主管有人際關係與專業管理才能（管理才能）。
5. 在工作的安排上，能注意到公平和程序正義（公平）。
6. 對員工心理健康問題夠敏感，小心管理出缺勤，必要時調整工作，並協助就醫（心理健康意識）。

一些企業主認爲員工關係（employee relations）就是發行一份印刷精美的員工刊物，卻渾然不知發展員工溝通的重要性。今日在組織一片縮編聲中，員工已對企業失去信心，不再視工作爲主要尋求滿足的來源。他們亟想知道組織未來何去何從？其角色爲何？該做什麼及如何做？

一般而言，員工希望消息來源爲直屬主管、小型會議及高階主管。理想的工作關係至少應具備以下特徵：1.雇主與員工間互相信任，彼此尊重；2.眞實的訊息在企業內自由坦率的交流；3.員工適才適所，主動參與組織再造；4.健康的工作環境；5.組織前景樂觀。

員工溝通絕不能任其自然，或讓位給非正式管道，它是一項重要

的、有計畫的、長期的管理活動，其努力方向如下：

1. 讓每個員工瞭解組織經營活動、存在的問題及追求的目標。
2. 讓每個員工隨時清楚掌握組織或與他們有關事項的重大進展。
3. 誘導或鼓勵員工為改善經營狀況提出建議。
4. 滿足員工對相關訊息的需求，例如：參與組織經營及提升生產力的願望。
5. 爭取員工認同，促進勞資和諧。
6. 蒐集員工反應。

有些企業成功運用組織及員工專長，將企業服務及商機成功拓展至全球，造成社區、組織及員工三贏的結果。

IBM「企業服務部隊」（Corporate Services Corps）計畫自2008年推出，至2011年已有全球超過一千兩百名員工至世界各地做義工，包括在臺灣將科學教育觸角伸向高中、到奈及利亞協助當地公務員使用資訊技術、到巴西協助設立公立醫院，運用在資訊科技、商業諮詢、行銷、財務與供應鏈管理各領域的專長，協助當地企業、非營利組織與政府機構加強新科技應用及拓展全球觸角。參與成員不僅可在當地獲得第一手的企業實務經驗，回程後還能與同仁及社群分享所學，並且深刻體會到身為全球公民的責任與義務。

該專案是「全球公民檔案」（Global Citizen's Portfolio）計畫的一部分，該計畫為協助員工規劃職涯藍圖、提升技能專長的一套完整的投資與計畫，鼓勵員工成為二十一世紀的職場菁英和全球公民，其他項目包括提供員工終生學習的津貼補助，以及協助第二職涯的轉換。

一、員工關係的定義

員工／組織溝通（organization communications）是指組織成員之互動，亦稱其為內部關係（internal relations）或內部公關（internal public relations），過程使用SMCR模式 （Shannon-Weaver Model, 1940），即訊息來源（**S**ource）、訊息（**M**essage）、管道（**C**hannel）及接收者（**R**eceiver）。組織領導者及溝通專家，發展達到組織目標之策略，建構

相關訊息，經由不同管道激勵與員工對話；這個過程因新媒體、快速及多元化溝通而益形複雜。

領導者與不同層級員工正式溝通的方式，因社群媒體產生而改變中，溝通分爲三個層次：

1. 基本人際間或面對面溝通，多年來組織不斷爲主管們發展說話、寫作及簡報能力。
2. 團體溝通發生在團隊、單位、員工資源及利益團體，專注在資源分享、議題討論、工作協調、問題解決及建立共識。
3. 組織溝通專注在願景、使命、政策、新行動、組織知識及表現。

二、員工關係的演進

(一) 古典期（1910-1930）

此時期之特色爲避免誤解及影響組織生產力，組織正式結構爲上對下溝通，主要經由書面方式，內容爲工作及規定導向，忽略員工社交溝通需求，造成員工對謠言之重視，代表人物爲泰勒（Frederick Taylor）。

(二) 人際關係期（1930-1960）

此時期之特色爲包括面對面溝通及知道內部溝通的重要，上對下溝通仍爲主軸，但會蒐集意見作爲員工滿意度的參考，增加一些社交資訊，管理溝通會較不正式，代表公司爲美國電話及電報公司（AT&T）。

麥桂格（McGregor, 1960）提出兩種相反溝通模式：X理論經理，認爲員工缺乏動機，故需強勢領導來指揮及控制員工；Y理論經理，認爲員工具高度成就動機，故需導引其參加決策及團隊解決問題。

（三）人力資源期（1960-1970）

此時期之特色為溝通多元化及較具感性，回饋被視為解決問題，鼓勵分享想法，在社交及工作溝通中加入創新，員工信任及承諾觀念成為重要議題，組織開始與員工分享決策溝通。

（四）系統期（1970-1980）

此時期之特色為經多方管道溝通，開放系統是組織重要交換資訊方式，回饋過程幫助組織調整、改變及成長，集體決策及溝通分享成為主流。

（五）文化期（1980-1990）

此時期之特色為溝通及文化分享是互惠的關係，經正式及非正式管道、故事、分享經驗及社交活動溝通，來創造或影響文化。文化影響溝通，因員工互動植基於分享文化架構，例如：顯著公司語彙、具價值的溝通管道及已建立的做法。格魯尼（Grunig & Grunig, 2006）優異理論（excellence theory）認為溝通文化形成要素如下：1.員工被授權之參與式文化；2.雙向溝通系統；3.非中央集權及較非正式架構；4.先生、女士及少數民族皆被平等地對待。

三、員工關係的議題

波格（Bruce K. Berger, 2008）指出當前員工關係的四個重要議題如下：

（一）組織認同

司密特斯等人（Smidts, Pruyn & Riel, 2001）認為，有效的內部溝通增強員工對組織的認同，遠超過外在認為的聲譽。一個好的公司認同增進員工工作動機之重要性，同時提升外在利害

關係人的信心。新一代員工需新方法來增強認同，如新對話媒
體之建立及電子溝通團體，員工需與客戶及社會理念作更多互
動，增強領導者傾聽技巧及更高品質的面對面溝通。

(二) 員工約定

達普瑞克斯（Roger D'Aprix, 2006）認為，約定是指人們在工
作場所全然發揮其精力及才能。在企業一片縮編聲中及公司治
理不佳，與員工有約定的組織，會讓員工無條件努力，共同對
抗不景氣。伊佐及威樂斯（Izzo & Withers, 2000）研究發現，
有承諾員工之組織的生產力，高於無承諾員工之組織50%，且
員工留任率超過44%。惠悅公司（Watson Wyatt, 2004）研究發
現，有效員工溝通之組織市場價值提高29.5%。

(三) 表現評估

蓋等人（Gay, 2005）用來評估其工作投資報酬率的方法包括成
本減少、員工意見調查及企業成果（員工留任率、客戶滿意度
及品質）。

(四) 社群媒體

社群媒體指新電子及網路基礎溝通管道，例如：部落格、維
基、聊天室、論壇、網站、社群網路（Linkedin和臉書）及其
他創造對話社群等，它增加每天溝通之流量、速度、與人們連
結，以及激勵針對某一共同話題之討論。

第一節　員工關係的重要性

員工溝通是組織分享資訊、建立承諾及管理變革的過程，它是激勵員
工的重要因素，在保持企業競爭力扮演愈來愈重的角色，這個重要過程不
只是傳播訊息，它是組織生存、適應及繁榮的推動力。員工溝通可以書面

或口頭、面對面、一對一或團體、錄影帶、電子郵件等方式進行。企業唯有主動刺激員工參與公司事務，才會提升其對組織的忠誠度。

員工溝通政策反應以下事實：

1. 組織中長期目標、計畫活動、問題及成就。
2. 鼓勵員工分享經驗及感受，設立回饋機制。
3. 關心員工之負面、敏感及具爭議性問題。
4. 鼓勵經常性開誠布公的雙向溝通，包括工作表現及晉升。
5. 在媒體報導前，員工需被告知重要活動及決策。

組織變革需注意事項如下：

1. 引導大家對不同意見作理性的對話及討論。
2. 先從外部思考，再採取內部行動。
3. 協助管理者將複雜商業創新，轉變為員工可執行方案。
4. 組織管理者需將溝通整合至變革中，讓資訊透明交流。
5. 接受真正變革包含不確定性。

員工的知識、技能與承諾是組織致勝的關鍵，故組織必須有一個良好的員工溝通計畫，善用各種媒介來滿足員工對基本訊息的需求，並建立向上溝通的公開管道。因為有良好的員工關係，才有良好的社區關係；有良好的社區關係，才有良好的公共關係。

達普瑞克斯（Roger D'Aprix）曾提出員工溝通的體系模式如下：

1. 我的工作職掌為何？
2. 我的工作表現如何？
3. 我的價值為何？
4. 我們部門目前狀況如何？
5. 我們部門的角色為何？
6. 我如何能對公司有所貢獻？

企業溝通是將業務的優先次序，以可測量的方式，將目標與活動連結。根據美國對最佳實務（best practice）的兩百五十九家企業所做的調查顯示，員工溝通是經營者第一個重要議題，涵蓋以下六個範疇：

一、業務學習

營造一個讓員工樂在學習、樂在工作的環境，瞭解組織財務目標，並隨時自我追蹤工作進度。員工相信其不斷改善表現，是提升公司營運與個人報酬的雙贏策略，故可經由下列訊息與員工溝通：

1. 將外在市場的現況告知員工。
2. 教導員工組織如何賺錢。
3. 將員工及其貢獻與業務策略連結。

二、領導者溝通

高階領導者的行為與執行長的支持，比員工刊物或備忘錄等正式溝通管道更有效。管理者經常且持續的溝通，使得組織使命能在日常營運中發揮出來。其溝通技巧如下：

1. 執行明確的目標與策略，開誠布公。
2. 領導者溝通應對各階層員工進行，廣納雅言。
3. 經理人的溝通訓練是重要的，需言行一致。

三、員工參與

要求員工肩負企業使命的終極目的，使其在追求組織整體最佳表現時，能做出正確決定。自主性高的團隊是員工參與極致表現的一種。告知員工企業使命，使其瞭解營運狀況，將使員工隨時做出明智決策，此舉能讓組織比傳統階層決策架構更具應變力。

四、善用科技

科技雖能使組織營運訊息快速且便宜的傳播，但組織仍需保持人際互動，以增加彼此的瞭解與人性化。

五、認同與慶賀

企業對個人及團隊目標達成的認同，是傳播訊息的重要過程。以下四

個因素可促進有效的認同活動：

    1. 對業務目標的瞭解。

    2. 員工因目標而提升表現。

    3. 員工感覺到達成目標的成就感。

    4. 組織提供具深遠意義的獎勵。

六、溝通步驟

組織目標與企業溝通的訊息必須前後一致，員工才有遵循的依據。溝通功能可支持企業營運，並經由以下步驟達成：

    1. 設定清楚溝通目標且與企業策略一致，亦即內部溝通需先取得共識。

    2. 蒐集對實行目標與策略相關的重要訊息。

    3. 建立溝通焦點，例如：品管、環保及社會公民等。

    4. 執行決定的策略。

    5. 溝通的語調需友善並帶點幽默感，溝通方式需具有創意。

第二節　向上溝通

向上溝通（upward communication）是任何組織溝通策略的重要元素，管理者需仔細傾聽員工的心聲。有效向上溝通的目的如下：

    1. 允許員工提供資訊或貢獻創見。

    2. 讓管理者瞭解組織的問題、議題及待改善之處。

    3. 讓員工與管理者對組織目標發展產生共識。員工常認為高階管理者對工作現狀渾然不知，對日常問題與機會參與不夠，一些主管報喜不報憂的心態，更讓經營者看不到事實真相。

根據調查，向上溝通實施較佳的公司，員工士氣亦較高。大部分組織管理者皆相信，高士氣可提升工作績效。員工其實很願意向上溝通，但其有效性及組織如何善用其想法，皆取決於高階管理者的態度。唯有高階管理者相信且尊重員工、認同員工價值，認為員工並不只是工作者，也是思

考者及貢獻者，如此向上溝通的氛圍才會形成。

　　組織如何有效傾聽員工心聲？最重要及有效的方式是員工與直屬主管之間經常產生非正式互動，而這個過程可經由許多正式或非正式活動產生。一般常見的向上溝通方式如下：

一、會議（Meeting）

（一）高階主管與全體員工會議

高階主管先簡報公司發展現況，接著與員工進行現場立即問答。

（二）高階主管與經理級以上員工會議

就公司發展策略進行意見交流。

（三）高階主管與經理級以下員工會議

員工可直接反應基層員工心聲，以及公司在第一線所遭遇的問題。

（四）經理與基層員工會議

不同團體的員工，可將想法與意見透過討論方式表達出來。

二、建議制度（Suggestion System）

　　較傳統的向上溝通工具即意見信箱，員工具名將公司需改進的地方，立即以書面方式提出，經評估後若採用其方法，員工可獲得獎勵。一些公司更將此制度擴大為提案制度，若公司因此受益，員工將依貢獻度大小，獲得實質獎勵。

三、說出來的方案（Speak-up Program）

　　員工可提供想法與問題給一位居中的協調者，此人會將意見以不具名

方式提供給負責此業務的高階主管，答覆亦透過協調者傳回給員工。此法的成功實行，在於時效性及保密性。

四、員工意見調查（Survey）

此為最廣泛使用的正式向上溝通系統。員工意見調查可診斷組織優勢與弱勢，找出需立即處理的問題，就不會變成危機。評估員工士氣，可做質化或量化調查，範圍可大可小，方式可經由書面問卷、電訪訪問、個人或團體訪談等，其目的如下：

1. 評估員工士氣及態度。
2. 找出機會點來改善品質或生產力。
3. 探討高離職率的原因。
4. 評估溝通及獎勵制度的有效性。
5. 測量組織價值、作業原則與實際管理上的誤差。
6. 在執行計畫前，進行先導測試。
7. 建立測量進展的標準。

一般而言，調查分成以下列三種形式：

（一）廣泛意見調查

評估員工在工作相關方面的意見，例如：薪資福利、工作狀況、溝通及管理模式等，通常以書面問卷進行，可測量經由某溝通活動施行後，員工態度在一段時間後的變化。若公司未對調查結果採取行動，員工未來將對流於形式的調查採不合作態度，公司想推動變革就更困難了。

（二）溝通稽核

調查的範圍較窄，專注於整體溝通氣氛的感覺。特別溝通活動或媒介的有效性，常用於評估目前活動或發展未來長期溝通策略，經由訪談高階主管、焦點團體、研究現存溝通媒介、觀察溝通過程等方式來進行稽核，問題包括如員工是否知道且支持

企業目標、員工申訴管道、工作滿意度及未來生涯規劃等。

(三) 閱讀率或媒介調查

評估某一特定媒介之有效性，例如：員工刊物或影片等。

五、焦點團體（Focus Group）

焦點團體是在小團體（約八至十二人）蒐集質化調查資訊的有效方法。在非正式的環境下，通常使用與結構性問題訪談來確保前後內容的一致性，主持人的角色為引導、探尋、傾聽，讓討論集中於主題，以評估其一致性何在。例如：事先測試焦點團體對員工刊物的看法，以便將來正式使用時能發揮其功效。

六、門戶開放（Open Door）

指的是在不同場景下不同的事，有時指企業文化很開放，員工可自由與其經理級主管或他人討論問題；它亦可指任何員工可將問題跟高階主管反應。門戶開放政策的成功，需要管理階層及全公司各階層人士的支持。

七、走動式管理（Management by Walking Around）

直屬主管或高階主管之非正式訪談，到工作場合與基層員工做無規劃的對話，其優點為增加管理者的能見度，讓其直接體會到問題嚴重性及員工的創見，對員工表現提出正面鼓勵，向員工確保管理階層知道現況。它可納入管理者的例行視察行程，訪談員工對最近事件或公司變革的看法；它也能與員工建立信任感，提供一個交換資訊的機會，讓管理者與員工常保持親近的接觸。

八、謠言（The Grapevine）

謠言是不經正式管道溝通，卻在企業內向上及向下溝通中無所不在。員工視此非正式與非官方資訊交流，為其主要消息來源。謠言往往因資訊認知差距而生，故組織內的溝通若未符合員工基本訊息需求，不正確

的謠言便容易產生。而員工熱線等方式能有效控制謠言，特別是在快速改變及危機發生時。

第三節　員工溝通的工具

　　員工想知道企業有關他個人或工作的資訊，該內容必須準確無誤與兼顧平衡報導。員工溝通的任何正式管道皆是想取代辦公室謠言。員工最想知道的資訊，依重要性羅列如表10-1。

表10-1　員工最想知道的資訊（依重要性由上而下排列）

1.組織未來規劃。 2.工作升遷機會。 3.與工作相關的資訊。 4.生產力提升。 5.人事政策及現況。 6.組織市場定位與競爭力。 7.個人職務對組織之角色。 8.外界事件（如購併）對其工作的影響。 9.組織財務結果及獲利使用狀況。 10.廣告及促銷計畫。

　　員工溝通工具的種類如下：

一、印刷媒體

（一）雜誌

　　　　在尺寸及設計上可有很大變化，因製作成本高且較花時間，故其發行頻率為兩個月至三個月。一個規劃好且編排吸引人的雜誌，可傳達組織重視品質及組織價值，讓其對組織產品或服務產生信賴感與新鮮感，是目前企業最普及的員工溝通刊物。

(二) 一次性刊物

為某特定活動所製作的小冊子（例如：新人訓練手冊），追蹤組織歷史或創辦人自傳式書籍、海報、印刷的演講資料或特別展示等，其主要用途在灌輸觀念、參考資料與瞭解企業價值觀和行為準則。

(三) 內部備忘錄

此為組織內部最常使用的書面溝通方式。在資訊爆炸的今天，高階主管的備忘錄可能不會得到員工太多注意，但它卻是使用內部資源來製作與傳播，最快且最有力的工具。若能在形式設計上力求變化（例如：色彩），也許能增加吸引力。

(四) 信件

為高階主管與員工或其家庭進行的私人溝通，特點為具經濟性、直接性和私人接觸性，給人印象深刻，速度快且能打動人心。其所傳遞的訊息準確，向所欲溝通對象指出組織中哪些問題待改善。

(五) 布告欄

對於有時間性的活動（例如：員工旅遊）或業務最新消息（例如：接獲大訂單），無法等到員工刊物刊登，此時，布告欄即是最佳工具。它的特色是具時效性且內容簡潔，故溝通細節或討論問題的訊息不適合布告欄。而有生氣的布告欄能經常喚起員工的注意力。

組織若花心思設計與管理布告欄，會發現它是溝通立即性訊息有效的工具。它必須放置在顯著地方，且適合閱讀，內容需定期更新。一些組織會加裝玻璃上鎖，給特定人士張貼訊息，以避免員工張貼不當言論。一些組織會將布告欄訊息做分

類，例如：福委會、公共安全、社團、講座等，以利員工快速找到所需資訊。

二、視覺媒體

(一) 電視

電視是與廣大群眾溝通的最佳工具，大型跨國公司會擁有自己的電視臺及攝影棚，透過電傳視訊會議、衛星、閉路電視，將訊息傳播至全球各地。特別是公司有重大宣布的即時全球視訊會議，員工可當場向總部提出問題；高階主管對全體員工舉辦溝通會議時，亦可把向股東會播出的公司現狀介紹影片向員工播出，達到內部及外部溝通訊息的一致性。另外，公司簡介影片除向外賓或客戶播出外，亦可在新人訓練時播出，使目標對象對公司有所瞭解。

電視通常不是用來傳遞重要訊息，而是用來建立主題，如在一個討論品質的會議上，簡短的影片簡介可用來製造氣氛與建立興趣，其他有關品質的資訊與員工的角色等資訊，就必須透過現場簡報來傳遞。電視這個活潑與影響力大的媒介，不是用來取代印刷媒體，而是用來支援其功能。

(二) 投影片

適用中小型觀眾（三十至四十人），若人數更多則需考慮其字體大小，以確保可讀性。

(三) 幻燈片

適用大型觀眾，多變的色彩及構圖易吸引觀眾注意。

三、電子媒體

(一) 桌上出版（Desktop Publishing）

因科技的日新月異，為加速溝通的方便性，一些內部溝通的海報或簡冊，可利用電腦直接印出，既省時又省錢。

(二) 企業內部網路（Intranet）

企業內部建立的溝通網路，包括電子布告欄公布每天最新企業新聞與活動、產品與服務、管理規章、行政命令及員工生活需求服務等訊息，員工可自由下載內容。許多企業會將員工刊物放在內部網路，以節省印刷成本。

(三) 電子郵件（E-mail）

電子郵件是目前企業最流行與普及的溝通工具，優點是調用舊文件及檢索，將訊息送給多人及群組（同部門或同一專案），以進行員工意見調查等功能。員工更可將建議直接送給專人處理，高階主管亦可將每季管理營運結果以電子信件方式發送給員工。也唯有企業文化開放的公司，才會善加利用此工具，發揮內部溝通最大功效。

(四) 電話熱線（Telephone Hotlines）

平日員工可在任何地方與時間，進入系統查詢所需資訊。在危機或特別事件發生時（例如：公司重組的福利變更），更是最佳說明複雜資訊的工具。

(五) 電傳視訊會議（Teleconferencing）

對於員工遍布不同地方的企業，透過衛星的電傳視訊會議，是一個經濟實惠的工具，除可省去旅途往返時間與花費，高階主管亦可藉此機會與各地員工討論問題，發揮與面對面溝通異曲

同工之妙。

(六) 部落格、聊天室、手機簡訊及維基（Wiki）

企業愈大，溝通愈不易，部落格及維基互動性高於E-mail之公告。Intel內部先有個人部落格，2006年只花兩週即誕生Intelpedia，有兩萬餘項目，每月點閱數七百頁。IBM在2005年使用維基設立員工使用部落格之規範，用來保護公司及員工。以下是2010年該公司為員工使用社群媒體設立之遵循方針：

1. 遵循公司商業行為方針。
2. 員工需為線上發表內容負責，不論是部落格或社群媒體，注意該內容將公開存在很久，記住保護自己的隱私權。
3. 當提及公司產品或服務時，需清楚表示是個人意見，而非代表公司發言。若提及是公司員工，確定內容需與自己想與客戶或同事溝通一致。
4. 尊重智慧財產權，正當行使財務揭露法則，經過同意才能使用公司標誌（logo）及商標（trademark）。
5. 勿提供公司或他人機密等資訊，勿公開討論公司表現及其他敏感話題。
6. 未經同意前，勿提及客戶、夥伴及供應商名稱，勿寫任何會經推論而引起客戶損失之言論。
7. 尊重讀者，勿使用種族歧視、侮辱或猥褻語言，需考慮他人的隱私權，勿談論會引起爭論之話題，如政治及宗教等。
8. 勿與人爭論，自己是第一個更正自己錯誤者。經由提供具價值之資訊來增加自己的附加價值。

四、面對面溝通

包括演說、團隊會議、焦點團體、非正式午餐、社交活動及走動式管理等。許多公司透過全員參與活動，互相聯絡感情，如運動會、家庭日、藝文講座、社區參與、義工訓練等，讓員工在繁忙工作之餘，獲得身心平

衡。（圖10-1）

圖10-1　王品三鐵凝聚同仁向心力，培養強健體魄

第四節　公關在員工關係的角色

員工溝通會遇到的困難，茲整理如下：

1. 未創造一個鮮明的員工形象。

2. 因過多事前管理，使可信度降低。

3. 不清楚員工溝通的實質內容。

4. 認為溝通是縱容員工的行為，非保證組織中每個人都獲得成功的必要活動。

公關是組織主要領導者的重要工具，組織內部公共關係活動主要是員工溝通，員工是構成企業的最重要公眾，協調和處理與這些公眾的相互關係，是公關可扮演的角色之一。公關是內部凝聚共識及建立企業文化的推手，在員工溝通中的功能如下：

1. 在配合整個公關計畫的基礎上，運用溝通專業，向員工正確的解釋管理政策。公關人瞭解組織結構、挑戰及目標，知道員工問題、需要及外在環境。

2. 幫助企業建立溝通政策，讓員工形成一定的認識、觀點和態度，並將其傳播至組織外部。

3. 為其他員工管理部門（例如：人事或人力發展），創造良好的溝通環境，以利其業務（例如：召募、訓練等）之進行與推展。

4. 為向上溝通產生橋梁和促進作用，成為組織文化的組成部分，更能協助設計及執行組織變革活動。

5. 在蒐集員工意見的同時，以傳播管理者的思維邏輯，作為雙方良性互動的橋梁及顧問，為企業規劃提供策略支援。

成功案例

1. 背景說明

北岸醫療系統（North Shore-LIJ）位於紐約，是全美第二大非營利醫療系統。人資部統計平均每年員工使用一百餘萬張紙張，接到員工十萬通電話。2010年4月主動與環保署推動綠化運動，目標為減少紙張使用，以及為員工提供更好服務，並贏得PRSA 2011年內部溝通銀砧獎。

2. 研究

進行初級、次級研究及焦點團體調查，發現目標對象習於用傳統方法取得資訊，有一半的員工不會使用電腦寄送電子郵件及使用線上福利註冊系統。最後挑選一百位種子員工試行員工自助服務，以及審閱活動相關製作物，試行回應如下：

(1) 有92%的員工對教育訓練製作物感到滿意。

(2) 有87%的員工能自行上網使用員工自助服務，只有六位員工打電話詢問。

3. 規劃

目標：

(1) 在紙張減量前，達成目標對象60%線上註冊。

(2) 減少員工電詢人資單位，讓員工線上自助服務成為適當管道。

策略：

創造一個以教育、訓練及互動多媒體活動，讓資訊可簡單取得，讓員工學習並擁抱科技帶來之便利性。

目標對象：

分布在十一個醫院的兩萬九千位員工，包括公會及非工會員工，例如：護士、行政人員及環境服務員。由於大部分對象皆不會一直坐在電腦

前，使該活動甚具挑戰性。

預算：

五萬元美金。因大部分製作物及線上工具皆是內部製作，省下不少花費，故主要花費只有印刷、郵資及綠色環保袋子。

4. 執行

活動自2010年8月至2010年10月，用綠色環保袋子的發放吸引大家注意，將特稿刊登在員工刊物上，寄名信片至員工家中，鼓勵員工上網登記與學習操作，並在公共區域放置電腦，由二十位人資部員工充當義務指導人，並在員工部落格貼文。

5. 結果評估

該活動創下公司有史以來第一個員工文化改變成功之案例：

(1) 兩萬三千餘位員工線上註冊，達成率為80%。

(2) 三十八萬人次造訪員工線上自助服務，包括訓練教材。

(3) 99%員工認為「線上付款聲明」及「紙張減量」是他們最喜歡的線上員工自助服務。

第十一章
社區關係

第一節　社區關係的重要性

　　社區關係（community relations）常與企業的社會責任、慈善活動或商譽管理畫上等號，其目標是經由連結企業活動與目標對象關切的議題，進而爲雙方發展出良好的互動關係，建立優良的企業形象。企業必須有計畫、主動、持續與長期參與社區活動，達到維持及增強有利雙方成長的環境。

　　社區關係的多元化做法對大企業或中小企業皆有效，且放諸四海皆準。企業亦是一有機體，取之於社會，用之於社會，其發自內心的多年行善義舉，被認爲是影響企業品牌認知、產品選擇偏好及員工士氣的有力方法。

　　一般社會大眾對企業的行爲表現也相當重視，一個企業可能營運完全合法、技術亦健全、財務操作也具效率，但在大眾眼中卻是冷酷、貪婪及忽視珍貴的社會價值。公關人員的職責即是讓企業言行一致，讓公司內部孕育建設性且對社會環境注意的行爲，在公司外則說服大眾，使其認爲該企業是一個值得尊敬、照顧員工的企業公民。

　　根據美國學者伯比（Bovee）的理論，企業家把企業經營得好，讓員工及其家屬能獲得穩定的經濟生活，只是企業最起碼的社會責任。他把企業責任分成四級，即經濟責任與法律責任是任何企業必做的，道德責任則

是企業在外界壓力下被迫而做的，唯有良心責任才是出自於企業的自願，它的層次最高，故亦顯得可貴。

諾貝爾獎得主經濟學家福瑞曼（Milton Fredman）在1970年曾言，企業唯一的社會責任就是運用資源，參與既定的活動來增加利潤，但同時應將其利益加倍回饋給社區。故唯有活用企業資源，將經營與社會貢獻結合起來，這樣才能產生較大效益。

美國企業公民組織認為，企業公民是企業在社會上扮演領導人角色，主動提供科技、金錢與知識來改變社會，而非只是消極的遵守法律，例如：合理僱用條件、環保政策、公平交易或反貪污腐敗等。

透過成熟的管理技巧，企業在社會上扮演領導的角色，不但可增進企業和政府的關係，提高員工士氣及生產力，有助於吸引優秀人才與媒體關係。企業公民的概念在美國早已蔚為風潮，成為企業創造競爭優勢策略中非常重要的一環，其常見做法即成立獨立的基金會，但與母公司之間仍保持緊密的互動，因基金會可成為企業內部一個重要的改造力量，企業公民風潮其實就是企業改造運動。

1950年代後，美國企業發現其知識有助政府解決社會問題，政府也認為企業參與對社會非常有利，故第一個基金會於是誕生。1950至1960年代，企業瞭解到除了基金會，應有社區公關活動；1980年代，企業體認到基金會的工作其實是其運作的一環，它和其他部門的運作方式雖不一樣，但相互關聯，最後逐漸整合成企業管理的一部分。

企業主管必須和公關、人力資源、政府關係等人共同討論企業公民這個管理議題，如何將企業公民納入公司運作；如何讓企業公民的做法和公司其他業務相輔相成，花錢舉辦何種活動以獲得最大效益；如何將企業公民的概念納入海外投資行動，如去中國大陸投資；何種企業公民做法可協助企業發展等。

企業參與公益若僅止於捐款，將使自己錯失內部改造的機會，因為企業基金會常可藉由企業公民軟性訴求的內涵，協助企業發展出一條通往成功的道路。而推動企業公民成功的四要素為媒體報導、政府政策、企業教育的推廣，以及企業領導人的重視。

企業公民氣氛的形成，來自愈來愈進步的社會標準、全球化的壓力，以及長期以來傑出企業家展現經營管理能力以外，個人使命的極致展現。

企業公民成為業界基本信條的三個原因如下：

1. 許多企業主管瞭解，必須採取主動來減少政府干預，同時自己應具備社會責任感，如製造業無法解決環保問題，促使政府增加法令規章規定。

2. 企業領袖瞭解，唯有為民眾提供安全及經濟福利的穩定社會，公司才有生存與繁榮的機會。企業對許多社會問題需協助找尋解決方案，這些協助不只增進生活品質，也成為企業製造公共支持的累積。

3. 企業公民能增進一個公司的聲譽及行銷產品與服務的能力。

一、企業注重社區關係的目的

企業為避免大眾的誤解，要經常與社區溝通。良好的社區關係，除了能與社區民眾和平相處，塑造良好企業形象，更能增加員工的向心力，以為企業服務為榮，因而強化員工對企業的穩定性。常見之目的有二：

(一) 狹義的目的

維持良好的社區關係，以利企業正常的營運，尤以具污染性及危險性的生產事業為主，例如：石化工業、化學工廠、重金屬工業、半導體製造等，其製造的噪音、污染、煙害、毒氣、廢水或交通阻塞等，都會造成與社區的紛爭。

(二) 廣義的目的

企業對社會的一份關懷與回饋，取之於民、用之於民，有促進企業形象的效果。

二、企業重塑社區關係面貌趨勢

因企業購併而裁員、新科技促進企業效率，以及國內外新增的競爭壓力，企業被迫重新檢視其營運，包括社區關係。因可用資源有限，不論在花費及人力上之投入，企業皆需學習以下整合策略：

(一) 策略性慈善活動

將社區關切的議題與企業短期與長期目標，同時列入考慮的企業公民努力。

(二) 社會投資

主動參與社會及社區發展，將被認為是一項值得做的投資。

三、企業從事社區關係的優點

(一) 從營運及財務觀點來看

1. 未來企業的競爭力及成功需依賴健康的社區。
2. 當價格與品質差異不大時，消費者傾向自具社會責任的公司購買產品或服務。
3. 貢獻社區的經濟發展將降低社區犯罪，不但可確保企業財產，並可讓員工及社區居民生活安心。
4. 慈善活動可打開新市場與發展新的夥伴關係。
5. 社區參與可強化企業文化的建立。
6. 教育投資提供企業未來高品質與訓練有素人力的需求。
7. 資助健康醫療體系可降低雇主的健康照顧成本。

(二) 從感受觀點來看

1. 在人才召募競爭激烈的環境下，擁有好聲譽的公司較易吸引優秀人才。

2. 經濟蕭條或企業購併縮編發生時，擁有好聲譽的公司可防止大眾對企業的情感疏離。

3. 社區關係良好的公司較能吸引並留住員工，讓員工引以爲傲。

4. 政府及大眾對企業所造成的社區議題，較能以通融的態度面對。

5. 生意夥伴、供應商及客戶喜歡與聲譽良好的公司做生意。

第二節　社區活動之成功因素

一、社區關係的目標

研究顯示，一個組織要獲得社區支持並非易事，因社區居民期待組織的協助，又不願組織在社區事務扮演支配者角色。組織必須瞭解社區的人文與資源、人口結構、問題及重視之價值，才能做出合理貢獻。一個有效的措施爲：寫下社區關係政策，清楚定義組織的管理哲學及對社區應盡的義務，員工應瞭解其內容並將其發揚光大。

典型社區關係目標如下：

1. 告訴社區有關組織的營運，包括產品、員工人數、員工福利、成長及對社區專案的支持等。

2. 更正誤解，回答批評，移除任何存在於社區居民間的不滿。

3. 獲得社區輿論的支持，特別是在員工罷工或勞工不安期間。

4. 告知員工與家屬有關公司的活動與發展，讓他們告訴朋友和鄰居有關公司的現況，形成有益於組織的輿論。

5. 告知地方政府人員有關組織對社區福利的貢獻，獲得立法單位的支持，將有利組織在社區的營運。

6. 找出居民對組織的想法，包括政策、營運及問題等。

7. 經由邀請社區意見領袖參觀公司和工廠，與管理者會談，建立管理者和社區意見領袖間的個人關係。

8. 經由向地方廠商採購營運所需之設備，協助社區的經濟成長。

9. 建立一個營運好的組織，以便為社區提供就業機會，增強社區經濟發展潛力。

10. 經由與地方其他公司共同發起的社區活動，提升社區經濟成長與社會福利。

二、社區活動之成功因素

1. 企業自發性的義工運動

    (1) 已成為企業社區關係活動的重心，許多公司有正式的架構（例如：方針、使命及組織等）或義工日，公司支持員工在地區自行發起義工活動（圖11-1）。

    (2) 公司獎勵義工活動，方式如員工出一元，公司亦捐一元；允許員工利用上班時間做義工及參加頒獎典禮等。

圖11-1　中租控股利用員工旅遊，至北海岸進行淨灘公益活動

2. 企業贈與／慈善活動
   (1) 從組織策略發展觀點出發，確保捐款活動的中長期目標符合企業策略、目標與價值。
   (2) 除捐款外，企業可提供設備、獎學金與產品贈與。
   (3) 捐款可利用企業稅前盈餘固定百分比，且金額爲整數（例如：一百萬元）。
   (4) 在不景氣中，企業捐助有限，最好建立一些機制，善用本身各種資源，達到持續助人的目的。

3. 不論在地方、全國或國際，將組織特色、文化及社區關心事務互相結合。

4. 將活動規模與組織資源互相配合，持續是一個重要因素，長期適當的贈與較具情感上的影響力。

5. 活動必須有定義清楚的優先順序與標準，事前善加規劃將會產生可預期的結果。大企業的事先規劃，會導致跨部門的較高合作意願；小企業的事先規劃，將使有限資源集中與組織目標相近的機會。

6. 對捐贈進行系統評估，包括明確的結果及花費等項目。

7. 活動需具備長期及短期可測量目標，如品牌認知與忠誠度是長期活動耕耘的結果，而員工參與的活動可能是一天義工日的短期影響。

8. 指派專人管理活動。經公關人的努力，外界較易知道組織參與社區活動，並確定組織的哪一單位負責推動活動。

9. 找尋創新機會且花費在企業社區活動預算內。

10. 與學校或非營利的產業協會共同合作辦活動會受到尊重，因其協助社會結構進步，將使社區居民長期受益。

11. 多方參與社區活動，包括專業、設備、員工與財力投入等，在供應商、員工與社區意見領袖及受益者間，建立企業的善意。

12. 鼓勵熱心人士帶頭做，以帶動風氣。家庭主婦是最熱心的支持者，並善用親子關係，以愛心帶動活動。

13. 激勵社區居民自發性地改造生活品質。

14. 由地方人士管理地方事務，協助社區內人力資源整合。

267

15.結合政府的資源。

第三節　社區活動規劃

　　任何企業參與社區活動最重要的部分是長期承諾，很多行動的發起是要協助解決社區問題，但一些問題會持續多年，非一次行動即可完全解決。一些企業贊助活動會有「雷聲大雨點小」的現象，剛開始吸引媒體關注，但結果與影響如何卻不得而知。此乃企業未進行有效評估，不知社區面臨的問題是根植於文化，故必須以持續及有效的活動來解決，因此，企業對社區活動的承諾最好能有始有終，這點是很重要的，因為許多活動都需要多年的投入。一般社區活動規劃步驟如下：

一、研究

1. 社區結構：人口、領袖風格、價值觀及溝通管道等。
2. 社區優點與缺點：問題、獨特擁有資源、對公眾福利的關注等。
3. 社區對公司觀感：認知、感覺、誤解及期望等。

二、目標

1. 獲立法單位支持，以利未來公司作業。
2. 決定社區態度與期望。
3. 支援社區醫療、教育、娛樂及文化等活動。
4. 獲當地政府更好的認同。
5. 購買當地設備或服務以帶動經濟繁榮。

三、企劃

1. 將社區需求、員工價值與企業感興趣之事物同時列入考慮。
2. 社區關係工作人員需同時參與社區與企業發展相關工作，以利雙方努力目標之一致性。
3. 當規劃與發展社區關係活動時，需瞭解各方人員的想法，例如：員

工、管理者、股票、社區成員、意見領袖、政府官員、媒體、客戶
及潛在投資者等。

4. 進行研究（例如：調查、焦點團體訪談、檢視社會、心理及人口統
計資料）並與社區關係表現較佳的其他公司做評比。

(一) 常見三種戰術

1. 直接參與社區活動
企業針對社區問題，如學校教育、社區整體再造及打擊犯罪
等，成立任務編制小組積極介入。

2. 與社區建立夥伴關係
企業在社區發展較落後的區域，成立分公司或發起社區活
動，提升當地生活水準。

3. 社區的媒介者
企業捐款給中立單位（例如：聯合勸募協會），該單位再將
資源提供給有心發動社區改造活動但缺乏資金者。

(二) 組織

1. 企業會分派專責人員及資源給各種社區活動。
2. 針對企業所在地社區的社會問題，採用全國性的慈善贊助社
區活動，鼓勵區域或地方公司以具創意的手法配合此活動。
3. 當面對社會問題時，企業會將具附加價值的活動整合在社區
關係中，例如：策略夥伴、義工及贊助等。

(三) 溝通

1. 內部溝通
(1) 執行長及高階主管對社區關係活動提供領導與激勵是必要
的，例如：在義工活動中代表公司成為全國性的發言人。
(2) 利用地方及區域經理人帶頭進行社區活動。
(3) 利用多種媒介來告知與激勵員工參與社區活動，例如：員

工刊物、電子郵件、公布欄及焦點團體等。

2.外部溝通

(1) 企業必須瞭解並重視全部員工，因其是代表企業的最佳親善大使，經由員工參與社區活動，是傳遞企業公民之最佳寫照。

(2) 企業應瞭解並告知社會大眾他們是善盡社會責任的企業公民，將有助提升企業形象，故應多利用各種媒介來傳播此一訊息，例如：社區刊物、年報、新聞稿、公共服務的贊助、廣告、公眾演說及網路等。

3.間接溝通

企業經由舉行贊助或展覽等社區活動，來溝通其企業公民的角色，或與其他組織策略聯盟，達到溝通其企業公民的形象。

4.因應激進分子（Activist）之攻擊

承認錯誤並評估損失，冷靜回應並專注解決問題，記得事後將錯誤言論從線上搜索引擎中移除。臺灣近年著名的社區環保運動有：反核、苗栗反大埔農地徵收、彰化反國光石化、臺東反美麗灣開發等。

四、評估

1. 符合高階管理期望，如重視環境保護。
2. 策略需經過評估才不會虎頭蛇尾，因必須是可執行的才是好策略。
3. 結果可預期。若目標明確，過程不偏離過遠，結果便是可預期的。
4. 預算控制。若事前將預算估計準確，過程中嚴加控制，就不會有追加預算的情況發生。

第四節　社區活動型態

一、成功社區活動的特色

1. 綜觀全局：從宏觀角度來看社會問題，並從各個方面探討社區需求。
2. 業務導向：每個社區活動參與，皆會考慮企業的中長期目標、策略與價值。
3. 整合具附加價值的措施：除現金捐贈外，企業將其他功能整合至社區關係中。
4. 以企業家精神來進行社區活動：認為經營社區關係與企業慈善活動不只是一項政策，且是一種價值。
5. 有效的社區活動：在規劃及發展階段，即將員工價值、企業感興趣之事物及社區需求納入考慮。
6. 愈來愈依賴員工自發性的參與社區活動，企業同時從旁提供密集的誘因、獎勵與支持。
7. 善用具創意的募款機會。
8. 成功社區關係活動：必須針對結果，做質化或量化的監看與測量。

二、社區活動型態

　　贊助（sponsorship）及理念行銷（cause-related marketing）是企業常用的兩種社會投資形式，雖然對直接改善社會問題的功效有限，但在提升企業社會公民形象的同時，可在短期內為任何理念進行大量募款及建立知名度。常見的社區活動型態如下：

（一）贊助

　　企業出資贊助與企業形象相關的流行公共活動，出資成立基金會，是常見的運作模式。美國基金會大都由個人慈善家、企業和捐款大眾出資成立，前四百家組織每年用在公益用途的經費

約為五至六百億美元；臺灣則大都由企業出資成立，每年平均支出經費約為臺幣兩百九十萬元。

　　成功的基金會有明確的定位，在所選領域中不斷追求卓越，有獨到的做法與取捨，並且透過四種方式為社會創造價值，分別為：挑選最好的贊助對象；替贊助對象尋找其他捐款；幫助贊助對象表現得更好；增進贊助領域的知識，及創造行事典範。

　　企業應如何運用贊助活動做公關？企業贊助流行公共活動的原因、益處、目的、選擇標準及贊助種類如下：

1.原因

　(1) 塑造企業形象利基。

　(2) 產生新聞採訪。

　(3) 提高企業產品或服務知名度。

　(4) 為行銷與業務提供活動焦點。

　(5) 比廣告更具經濟效益。

2.益處

　(1) 贊助者的身分是一張國際名片，具全球性聲明功效。

　(2) 跨越語言障礙，不同國籍可同享其中樂趣。

　(3) 企業贊助可促銷產品、招待客戶、激勵員工和代理商，是吸引商界、新聞界、意見領袖與社會大眾的最佳工具。

　(4) 與其他企業聯手合作，可培養良好商務關係。

　(5) 贊助機會永無止境，選擇贊助主題，對公司形象、傳達訊息及預定目標群眾非常重要。

3.目的

　(1) 創造新市場。

　(2) 改善客戶關係。

　(3) 告知大眾企業性質與產品優異性。

　(4) 突破法規對廣告的限制。

　(5) 藉由媒體報導與其他公關活動，達到相輔相成的效果。

(6) 讓海外市場知道企業或產品特色。

(7) 提高經銷商的銷售量或強化經銷網。

(8) 贏得良好企業公民的形象。

4.選擇標準

(1) 企業預算多寡及成本效益評估。

(2) 活動與企業產品特性接近或相關，例如：紙廠贊助環保、飲料廠贊助球賽、鞋廠贊助路跑等。

(3) 活動會吸引企業目標對象。

(4) 有足夠的準備時間。

(5) 主辦者專業經驗豐富或尋求公關公司協助。

(6) 活動具獨特性及新聞性，可提供企業文宣機會。

(7) 業務員支持此活動，且視為達到銷售之手段。

(8) 活動為企業帶來新接觸及業務機會。

(9) 企業與活動建立的價值觀長期共存共榮。

(10) 與企業價值觀或使命接近。

(11) 企業藉產品交換，減少活動經費支出，增加行銷吸引。

(12) 管理階層支持及員工參與。

5.贊助種類

體育、文化藝術（展覽、音樂會）、教育（獎學金、講座、比賽）、生態環保、慈善義賣、國際救助、醫療、出版、事業獎勵、捐贈，以及與公益團體結合等。

(二) 理念行銷（Cause-Related Marketing）

企業在高度競爭的領域，常支援各種市場區隔訴求的理念，如環保及教育等將其納入行銷公關活動中。1983年美國運通開始用這個做法，經由每次消費者購買產品，公司承諾為某公益理念進行捐獻，用此方法吸引大家，例如：為修護美國自由女神像募款，為第一個著名案例；大眾刷卡，銀行就代捐款給慈善單位等。

美國理念行銷趨勢報告發現，非營利組織及企業較關心的前五項理念為公共教育、健康、環境、貧窮及青年，80%美國人購物時會考慮理念。

科恩公司（Cone Inc.）調查2011年前十個理念行銷及企業責任趨勢：

1. 促進經濟發展

   星巴克（Starbucks）號召全美消費者及員工購買某物品，金額全數捐給財務機會網路，為美國人創造工作（Create Jobs for USA）。

2. 反霸凌

   鼓勵學生、老師及家長採取行動。

3. 限量產品

   Nike在eBay舉行「Back to the Future」活動，限量購物，募款四千餘萬美金，捐給Michael J. Fox基金會研究巴金森氏症。

4. 捐零錢

   百貨業巨擘JCPenny募款一百萬美金，捐給公司合作之課後輔導機構。

5. 垃圾減量

   加入的公司包括聯合利華及沃爾瑪等。

6. 回收電子產品

   加入的公司包括Dell、Sprint、Sony等。

7. 回到現實

   國家公園峽谷照片上傳網路。

8. 零售業

   Levis推出省水材質牛仔褲。

9. 社會責任

   「Google for NPO」贊助免費或折扣廣告。

10.下一代

漢堡王請小孩協助選出值得為下一代做的事，分別為野生動物保護、環境保護及教育。

　　支持具大眾認同原因的活動名稱，就如其他捐款活動，它不是公司行銷或廣告策略範疇，但會為公司帶來約10%至30%的銷售成長，其優勢如下：

1. 提出一個消費者能接受的公益主張，再藉活動形式吸引消費者參與。企業可以與消費者雙向溝通，影響力更大，這是只能單向溝通的廣告所辦不到的。

2. 易給人正面印象，感動消費者。

3. 把有形贈品折算成無形價值觀的做法，因意義更重大與直接，所造成的差異化訴求可形成市場競爭力。

(三)顧問服務

這項具附加價值的做法，即企業讓具工作經驗的員工，長期全職或兼職的協助社區機構，以利雙方同意的目標能夠順利達成。如員工為弱勢小孩進行課後輔導。

(四)企業內部訓練

為公家單位或非營利機構的年輕人或專業人士，提供職業訓練或工作機會。

(五)開放企業展覽

舉辦參觀企業日活動，讓年輕人瞭解工作性質與環境，作為未來就業之參考。

成功案例

1. 背景說明及研究

當一個人用環保杯取代一個紙杯，一年便可拯救七棵樹。試想消費者一年在星巴克使用四十億個冷熱飲紙杯所造成的影響，因此星巴克為改變消費者習慣，減少對環境之衝擊，2010年4月展開整合行銷活動「地球月」，創下五個新里程碑，顯著增加它為環境領導地位之角色，並贏得PRSA 2011年社區關係銀砧獎。

2. 目標

(1) 鼓勵顧客及利害關係人加入星巴克「地球月」活動，為減少垃圾及主動關心環境而努力。

(2) 提升星巴克為環境領導之地位，建立對環境管理承諾之聲譽。

3. 目標對象

(1) 消費者及消費者媒體：具環保意識的顧客及經常訪客。

(2) 影響者：第三方影響者（環境及消費者），包括名人、非營利機構（NGO）、媒體及部落客。

(3) 夥伴（員工）：星巴克店面／非店面夥伴（員工）及內部員工。

4. 策略

(1) 經由五個里程碑和諧溝通來確保最大訊息曝光。

(2) 發展多元化角度來延伸媒體更廣泛的影響力。

(3) 利用第三者夥伴關係來增加可信度。

5. 規劃與執行

(1) 4月15日環保杯活動

消費者拿環保杯來店就提供免費咖啡，以行為改變救地球。

(2) 2009年全球責任報告

用新的互動形式告知利害關係人有關星巴克持續關懷行動。

(3) 第二杯高峰會

星巴克是使用環保杯之支持者，召集供應鏈廠商、學術界、製造商及政策領袖，尋求共同推廣方案。

(4) 春街活動

經由綠建築設計在新店開張時，展示星巴克對環境的承諾。

(5) 思想領袖

協助高階管理者在全球綠色相關會議中，進一步定位星巴克對環境管理及永續經營的關心。

6. 結果評估

(1) 一百二十萬人參與4月15日環保杯活動，四萬七千餘人保證繼續使用環保杯。

(2) 增強客戶對星巴克環境負責的認知，不同客戶之區隔達57%至80%。

(3) 整個活動造成87%中立至正面媒體的報導。

(4) 有1855個媒體報導，橫跨印刷、廣播及電視，形成近三億個媒體印象。

(5) 四百餘位具影響力者及利害關係人，參與4月活動。

第十二章
媒體關係

　　媒體關係（media relations）是公關最普遍的應用，研究顯示，公關人貢獻40%至70%的新聞報導。

　　公關人提供的資料，節省媒體花費時間、財力與心血蒐集其新聞；媒體扮演大眾知曉資訊的守門人，其客觀與獨立之角色是不容爭論的。雙方的關係植基於互信、合作及尊敬，雙方的摩擦亦在所難免，例如：媒體認為公關人寫作能力差、太多追蹤電話，及不知其產品與服務等；公關人認為媒體報導有偏頗，以及有過於聳動之嫌等。雙方皆共同面臨不當廣告影響之議題，此趨勢會損毀新聞報導的可信度，讓新聞有日趨廣告化的壓力。

　　網路崛起讓媒體關係更具挑戰性，CNN網站平均每天到訪數約兩百七十萬人，是電視觀眾的六倍。網路媒體關係之要訣如下：

1. 首頁設新聞項目，內容包括即時上網的新聞、方便搜尋的新聞資料庫、媒體資料夾（含組織及主管資訊、表列獎項認證等）、聯絡人。
2. 小公司的預算較少，可增加圖像，不開記者會，發展故事角度以吸引媒體，網路播放之電子新聞（VNR webcasting）及網路媒體參訪（cyber media tours）。
3. 掌握、回應及追蹤新聞討論團體對組織及對手的評價。

4. 在網路張貼組織訊息、主持線上論壇、線上促銷產品、舉辦線上比賽、危機時成立線上資訊更新中心、讓組織發言人在聊天室說故事。

5. 確定媒體能找到組織網址，最好與組織名稱一樣，並將網址廣為周知，印在名片、產品資料、新聞稿及電子郵件簽名等。

6. 首頁提供媒體連結功能，協助媒體快速找到資訊。在新聞室（press room）內可包括新聞稿、媒體聯絡人及照片等。

7. 首頁設計應簡潔易讀，包括組織介紹、新聞、地圖、產品與服務，使訪客易於尋找所需資訊。

8. 下載圖片功能，包括產品照片、組織成功故事的動畫製作、組織標誌（logo）及高階主管照片，大部分刊物需300dpi（每吋300點）高解析度的JPG或TIFF圖檔。

9. 內容需不斷更新，讓新聞稿與產品等資訊隨時更新，因舊資料象徵組織停滯不前。

海勒恩（Hallahan, 2003）強調線上媒體關係的特色是新聞分秒必爭，茲分述如下：

(一) 科技及內容

1. 網站

新聞室內容包括新聞聯絡資訊、高階主管簡介及照片、公司事實簡介、歷史、媒體新聞預告（Alert）及公司主管演講等。過去是推式（push）新聞發送，現在是拉式 （pull）靠工具服務。

2. 新聞發布

透過付費電訊發布新聞至全球或地區，例如：Businesswire、Bacons、PR Newswire。

3. 其他資源

記者新聞資料來源擴大，讓訊息隨時可用，包括美聯社等外電、部落格及臉書等，發現許多相關故事，例如：人口及犯

罪統計、公共安全意外報告及學測分數等，隱藏於公共資料庫中。

4.RSS / Alert / Feeds（資訊摘要）之比較

RSS是平衡公關與媒體共通之興趣，Alert是與熟識對象採用電子郵件預告，Feed是對部落格建議主題，甚至邀至公司參觀。

5.具新聞價值的內容

開放及透明的資訊，避免語焉不詳且無重點之內容，數據引用及市場趨勢是不可或缺的資訊。

(二) 與媒體共舞

公關人經由提供媒體具價值的資訊，支援其工作，影響新聞之醞釀及產生。

1. 尊重媒體的獨立性與公正性。

2. 尊重媒體截稿壓力：保持網站更新，內容簡潔，網路廣播時間安排在截稿前。

3. 尊重內容的正確性：線上寫作通常比印刷寫作較非正式。

(三) 文化差異

日韓及印度媒體喜歡晚宴、雞尾酒會及出遊。

(四) 組織及媒體路線之多元化

2003年美國針對跑電腦界之記者做網路科技意見調查，結果發現持正面看法有三，即線上媒體使用、資訊價值及消息來源之聲譽。

公關人與媒體建立關係的金科玉律，即事前需有萬全的準備。茲就不同時機，分述如下：

一、記者會（News Conferences）

組織召開記者會的原因有二：讓所有媒體同時聽到重大宣布；同時，記者可立即從各個角度提出問題。開記者會的時機包括公司重要決定、研發創新、危機及大眾關切之議題。高階主管為了造勢及例行宣布而召開記者會，公關人可建議以新聞稿取代，畢竟這種所費不貲的做法，會使媒體認為不參加亦可。

（一）時間

最好是上午十點以後或下午二點至四點，以配合日報與晚報媒體截稿時間；應避免星期六或星期日，因為大部分媒體輪休；應避免與競爭者同時召開記者會，報導版面會被占掉；當日重大突發新聞無法事先規劃，但它會擠掉很多其他新聞。

（二）地點

位置適中，方便停車，會議室具備所需設備，如筆記型電腦插座。組織常使用飯店或組織總部特定會議室來開會，一般應在一小時前將會場準備好，同時公關部自己派攝影師將過程錄影下來，以便將重要記者會，如法人說明會放於網路上，成為Web cast，讓未與會者能事後在網路上看到實況轉播。

（三）邀請

儘量廣邀媒體，不要讓其有不受重視之感。可透過電子郵件或電話通知，通常在十至十四天前送出通知，並於會議前三天確認出席人數，以便後續準備事宜，如準備新聞資料之份數等。

（四）舉行記者會

記者會需事先規劃好，準時開始，並於一小時內結束，方便記者有足夠時間問問題。會議中發言人如何說與說什麼，均需事

先演練過。所有簡報資料與圖表等，皆放在事先準備好的資料夾中。點心可於早上開始讓媒體享用，儘量避免午宴及雞尾酒，因媒體有截稿壓力及其他工作待進行。公關人像導演，讓會議有趣、真誠及專業，即使是在被質詢，除非走調，切勿掌控會議。

(五) 記者會後

公關人需安排媒體與高階主管或其他適合的發言人，做一對一專訪，當天隨時協助媒體取得所需資訊，順利完成報導。對於未出席的媒體，亦需將資料夾快遞過去，或透過電子郵件即刻送出。

二、視訊會議（Teleconferences）

視訊會議的優點如下：
1. 與媒體進行具經濟效益的互動方式。
2. 免除長途旅行，媒體可從各國直接透過電視畫面進行採訪。
3. 會議時間訂定較記者會更容易。

根據美國投資人協會統計，75%的財星五百大企業，利用視訊會議宣布每季財務結果。美國企業每三家就有一家每月至少使用視訊會議一次。

三、媒體訪問團（Media Tours）

來自全國或區域的媒體親自參訪不同的城市組織，舉行媒體訪問團，其目的有二：
1. 產生立即新聞報導，此為一般行銷傳播常用的方式，可省下大筆廣告費並增加業績，參加媒體則為一般綜合報導的記者。
2. 建立關係並為未來報導鋪路，參加媒體為某產業的記者。

四、事先勘察（Previews）

以下三種情境需事先勘察：

(一) 新設施開幕

例如：企業總部、醫院、購物中心、百貨公司及飯店等，媒體將事先被邀請去勘察與做簡報，讓新聞能於正式開幕前一或兩天見報，協助大眾認知新設施即將啟用，可增加開幕當天的人潮。

(二) 新產品發表

尤以高科技產品特別適用，在商展前舉辦新產品發表會，讓媒體能搶先報導，商展當天可勢必吸引更多人潮。

(三) 舊產品新促銷

如食品飲料業等，事先勘察有時會伴隨舉行簡單茶會，達到與媒體聯誼之目的。

五、編輯會議

慈善單位、企業、商業團體及政治候選人，常會與媒體編輯舉行會議，說明一些複雜議題、法案或社區需求，以尋求媒體的支持。一般這種會議不會超過半小時，四人以下的專家（例如：財務、法務、環保或科技等）參加即可。若編輯不接納該編輯會議之議題，則可改以讀者投書方式將論點闡明。

第一節　媒體規劃

新聞（News）一詞，按照英文字義，即來自東南西北四面八方，與大眾息息相關的訊息。新聞具備以下幾個特色：

1. 重要性：愈多人力、資源參與其中，造成愈大的損害，愈顯出其新聞性，如天災人禍等。
2. 不尋常、無法預期、互相矛盾：如狗咬人不是新聞，人咬狗才是新

聞。

3. 影響力：如政府某政策影響人民生計，此議題引起大家廣泛討論
（詳見表12-1）。

表12-1　甲科技公司以記憶體晶片發表之媒體關係規劃範例

一、目標
　　支援記憶體晶片行銷目標，並建立甲公司是未來電腦記憶體晶片的主
　　要供應商之一。
　　經由持續與主要商業媒體和產業分析師建立密切關係，讓其對甲公司
　　是記憶體晶片主要供應商而建立信心，並教育其瞭解甲公司記憶體晶
　　片行銷策略。
二、評估結果
　　75%登出的文章提到甲公司的主要訊息。
　　50%記憶體文章提到甲公司（尤其是其中五本主要電子商業與設計刊
　　物）。
三、策略
　　選擇產業分析師及主要產業媒體先行進行產品簡報，藉其報導影響目
　　標對象，認為甲公司是記憶體晶片技術的領導者。
　　引用晶片組織製造商的證詞，進一步陳述甲公司對記憶體晶片發展的
　　承諾。
四、目標對象
　　應用設計工程師
　　工程／系統／採購／業務管理者
　　製造商
　　主要競爭者
　　分析師
五、媒體關係
　　商業刊物，包括產業日報、月刊、雙周刊、周刊媒體名單。
六、組織發言人名單
　　最多不超過三位。
七、媒體資料夾
　　其內容包括新聞稿、新產品重要資訊（fact sheet）、簡報投影片影
　　本、含文字描述的照片、客戶及產品冊子等。

八、主要訊息

　　甲公司記憶體晶片是今日電腦界最佳解決方案。

　　技術創新詳細說明與數據比較。

九、詳列工作時間表

　　一般而言，會在一個月前開始作業，包括上述媒體資料夾準備與製作；新聞稿會經正式核可程序，並經研發、行銷、業務、法務等單位會審。

一、媒體關係十項原則

1. 平日與媒體建立誠實且可信賴的夥伴關係，對所有媒體一視同仁，保護獨家新聞，原諒其不經意的小疏失，但若有重大錯誤影響深遠，需主動告知媒體。

2. 及時回應媒體（包括文字與攝影記者）需求，如同對待客戶般態度有禮。

3. 隨時掌握組織或舉辦活動的最新動態與產業趨勢。

4. 提供具新聞價值的線索、背景資料及新聞稿，以質取勝。

5. 瞭解不同媒體報導內容與其作者（包括學經歷、寫作觀點等），並據此建立資料庫及名單，以供發布新聞之用。

6. 熟悉媒體作業流程，如上午八時三十分至九時，以及下午四時至六時，勿打電話至電視臺或廣播臺，因前者正忙於工作分配，後者正忙於截稿。同樣的，晚上九時至十時勿打電話至報社，因媒體記者們正忙於截稿。此外，應認清標題是編輯所寫，並注意月刊及周刊截稿日。

7. 立即承認錯誤，並確保此事以後不會再發生。此時，組織所占優勢如下：

   (1) 主動掌握新聞發布的關鍵時刻。

   (2) 讓媒體以正確客觀的心態來處理新聞，且能平衡報導。

   (3) 讓企業處於攻勢，比被動地被媒體發現且不斷挖掘負面新聞的守勢為佳。

(4) 讓媒體一天報導完畢，免於未來每天疲於回應。

(5) 讓大眾認為企業是具社會責任的組織。

8. 內部溝通：在做重大新聞宣布前，務必先讓內部員工知道。

9. 議題形成的主導者：若不搶得先機，就會讓別人捷足先登。

10. 言論語調需中肯且切中要旨，避免過度誇大、誤導，及以驕傲語調攻擊競爭對手，或浪費唇舌懷疑其動機等。應把握機會強調自己的主要訊息，並解釋重大決定的來龍去脈。

二、媒體發展現況

臺灣媒體在政府解禁後，數量暴增數十倍，但質的方面卻有待提升。據出版年鑑統計，2010年臺灣報紙有2,137家，前四大依序為《蘋果日報》、《自由時報》、《聯合報》與《中國時報》，傳統報業發展空間日益受限，但仍未失去主流媒體色彩，朝專業報發展。有前瞻性的報紙紛紛投入網際網路發展，大多數皆設電子報，有些單純提供當日報紙消息，有些則積極投入電子商務。網路上免費的資訊和快速搜尋的能力，對傳統報紙產生了重大的影響。1992年，十位臺灣人中有八位會讀報，2004年卻只有不到五位讀報。2005年11月《中時晚報》停刊，之後陸續又有《中央日報》、《臺灣日報》、《民生報》等七家報紙停刊。而《中國時報》和《聯合報》兩大報系不得不關閉《中時晚報》、《民生報》與《星報》等子報的原因，是其廣告量已大幅萎縮。報社仍積極發展與尋找出各自不同的優勢，相較於《聯合報》的跨業發展，跨平臺發展則是《中國時報》集團的特色，集團內有三份報紙，三家電視臺，該集團是臺灣第一家媒體上市公司，報紙自2002年起虧損，2008年旺旺集團接手後，2009年下半年就開始轉虧為盈。2009年11月創辦的《旺報》，是臺灣目前唯一一份完全報導中國大陸資訊的媒體，帶動其他各報紛紛開闢中國大陸新聞版。

雜誌則有7,544家，使臺灣成為雜誌密度最高的國家，實際書店公開發行商業雜誌六百餘種，以月刊、雙月刊與季刊為多，電子雜誌兩百種。出版社逾萬家，曾出書者近兩千家，年發行量四萬種出版物，以人口比例

換算，此數字超過美、日。另外，廣播電臺約一百七十餘家，衛星電視頻道約一百三十餘家，無線電視臺五家（臺視、中視、華視、公視及民視）。

中國大陸報紙則有八千餘家、期刊五千餘家、出版社七百餘家、電視臺四千餘家。

國際媒體事業朝跨媒體、跨產業、跨國性趨勢發展，亞太媒體雄厚的市場已成媒體事件關注焦點。在全球化、媒體集團化、數位化及私有化的影響下，新聞報導的公正性面臨嚴苛的挑戰。其重要挑戰計有以下六點：

(一) 競爭白熱化

因網路報及公民媒體誕生，記者隨時面臨截稿壓力與搶獨家新聞的挑戰。

(二) 有限的版面與時間

若當天有重大新聞發生，很多其他新聞性不強的新聞皆會被省略。

(三) 新科技增進媒體作業效率

報紙從撰稿、校對到編輯、排版、印刷，全面電腦化，令儲存與調閱檔案節省不少空間與時間。

(四) 市場導向

市場區隔明顯，一些財力雄厚的媒體集團，進行跨國購併，在旗下成立針對不同目標對象的印刷或電子媒體。

(五) 影響力與日俱增

政策制定者及社會利益團體瞭解媒體設定議題之能力，善加使用可發揮輿論制衡的影響力。

(六) 削減經費

當經濟環境不佳時，進行人事精簡，撙節支出。

三、記者的六種類型

(一) 煽情作家

在小報或小型電視臺工作，專注於令人尷尬的個人或情緒議題，大部分依賴不具名消息來源、誇大報導以吸引大眾，用譁眾取寵來提高發行量。

(二) 觀念論者

設定個人、政治或社會議題，讓故事符合個人議程，且呈現黑白分明的兩極局面。

(三) 見聞廣博者

具備專業知識，採訪特定路線新聞，主動發掘事實真相，受到同業尊敬。

(四) 追隨者

被動接受採訪邀請，專長在處理快速發生及簡單的新聞事件。

(五) 專欄作家或評論者

針對具爭議性話題，分析其背景因素並提出建議，客觀反應實際輿論。

(六) 地方記者

在較小的城鎮工作，關心社區發展。

四、媒體政策

媒體政策設立與媒體相處之基本原則與程序，闡明媒體關係應如何執行。構成媒體政策的八個要素如下：

1. 聲明媒體採訪之重要性。
2. 組織媒體關係哲學：如快速有效率地回應媒體需求、主動出擊，即使面對負面新聞亦要保持誠實與坦白。
3. 媒體溝通責任定義：簡述扮演此角色公關人之職掌。
4. 明定禁止討論主題：如財務預測、未來行動、廣告預算等。
5. 確保相關人士遵守媒體政策。
6. 處理媒體來電及參觀的程序與建議時間。
7. 提供給媒體的資料需經適當審核程序，以確保內容無誤。
8. 指派發言人或特定主題的負責人來回答媒體問題。

五、媒體策略

唯有具公眾興趣、區域化及個人化的議題，其訊息才會引起媒體注意。此外，也要與意見領袖及議程設定者建立良好關係，因為他們未來在新聞報導時，皆可能成為媒體採訪的對象。一般常用媒體策略如下：

1. 主動出擊：認識媒體、想法創新、出現於電視或報紙的專訪或小型圓桌會議、非正式媒體簡報（如演講）、媒體訪問前內部先規劃談話重點（包括組織要傳達的主要訊息，及預想回答媒體會發問的問題），事後則追蹤媒體報導結果、進行媒體內容分析，或在議題中發展出新的報導角度。採取主動可平衡報導，並引起媒體興趣。
2. 第三者證言：讓別人或客戶談組織所提供的服務或產品。
3. 硬調新聞：專注於活動與新聞發布，但發生頻率不多。
4. 軟調新聞或特稿：以具趣味或人情味等方式處理新聞。
5. 待命快速回應媒體：對攻擊性言論立刻予以回應。
6. 低調：從不或很少出現在媒體上。
7. 讓媒體不喜歡競爭對手，曝露對方的弱點。

8. 扮演線索來源卻不願被正式訪問。

9. 教育媒體是長期的工作焦點。

10. 注意地方媒體發展。

11. 面對媒體錯誤報導，若主流媒體報導錯誤的重要訊息，可要求立即更正。法律訴求是最後手段，最好勿輕易採用。

12. 管理重要策略工具：媒體訊息溝通，在商界，競爭對手相互發布新聞已是司空見慣之事，公關人使用媒體達到形成輿論的目的，據統計，媒體有50%以上的消息來源為公關人。大眾針對某主題在無資訊及態度取向時，媒體確實扮演議題設定者與導引大眾思考方向之角色。

合法訊息溝通的六種形式如下：

(一) 價格變動

顯示想爭取業務之意圖，例如：石油界、航空界、百貨界及資訊界等最常使用。在價格戰中，宣布降價的一方可聲明此次降價行動是暫時性，以避免價格長期處於低檔而減少獲利。

(二) 預先宣告

威脅與測試競爭對手的決心，如產業界最常見的策略聯盟。

(三) 媒體討論

企業採取行動時會發布新聞，透過媒體與競爭者做間接溝通，表達期望與看法，這種市場訊息乃構成競爭之基礎。

(四) 反擊

推出特別行銷活動，打擊競爭對手所占有的市場。

(五) 宣布結果

行動結果或戰績宣示，此訊息會引起目標對象的注意，並進而

改變態度，採取行動。

(六) 訴訟

讓競爭者受困於法庭，勝訴者並透過媒體宣布訴訟過程與對方損失。

<h2 style="text-align:center">第二節 媒體訪問談判及準備</h2>

新聞報導需要消息來源以增加其可信度，此時在截稿壓力下，採訪到組織專業主管使其迅速掌握全局，瞭解訪問的方向與重要性，為正式訪問前做好組織萬全準備。媒體打電話至組織的原因如下：

1. 想要瞭解複雜題目的背景資訊。
2. 目前新聞的最新進展情形。
3. 需請組織針對剛發生的新聞事件或主張表達看法。
4. 發現組織值得報導的新聞題目，可發展為正面或負面新聞。
5. 針對產業趨勢等話題，尋求組織立即的意見。
6. 要求安排正式訪問。

一、媒體訪問談判

所有媒體來電皆需直接轉至公關單位，由該單位擔任與媒體溝通的第一窗口。通常公關人會針對訪問詢問以下事項：

1. 語調表示願盡力協助安排訪問，同時瞭解該媒體之特性。
2. 確認其身分及聯絡方式。
3. 訪問緣由、主題、問題大綱、切入角度及截稿時間等。
4. 同時訪問哪些公司？（可協助自我定位）
5. 媒體對組織與主題的瞭解程度如何？並向對方保證待內部討論可行性後，將立即予以答覆。

二、媒體訪問準備

1. 蒐集全部相關事實與統計數據，與組織內相關人士討論如何作答較適當，並假設其他可能問題與最適當的答案。

2. 瞄準目標對象：一般目標對象分為三種，即強力支持者、居中者（不知道、未決定或不在乎者）、強力反對者。訪談訊息是要爭取居中者的支持，因其開放態度是可能接受訊息影響。

3. 訊息發展：接受訪問的目標是將組織主要訊息主動傳達出去，而非被媒體提出的問題所牽引；所提供的訊息要真實，具新聞性、知識性、話題性、戲劇性與娛樂性，不能含廣告性。第一段內容包括5W1H：Who：誰將受益或負責。What：什麼重要議題將達成何種結果。When：何時採取行動以達成目標。Where：行動在何處發生。Why：為何需採取此行動。How：目標如何達成。溝通訊息時應注意身體語言（聲調與態度），情緒性的訊息會抵銷理性的訊息，亦即前者較易引起注意或誤導。描述訊息的文字最好簡單明確，易唸易記，自然助長其傳播的有效性。例如：甲科技公司針對該公司產品之描述如下：(1)甲科技公司是某產品世界級領導者。(2)甲科技公司某產品在某年產值約達百億美金。

4. 主題（Theme）：具視覺效果的主題可幫助記憶。在整個訪問過程中，需讓主題與訊息緊密相連，例如：企業進步唯一不變的真理即不斷變革。另外，可善用舉例與比喻讓主題更加生動活潑，讓目標對象聽起來如廣告詞般容易記住。

5. 立場聲明（Positioning Statement）：立場聲明是切入主要訊息前的開門磚，它可包含五至六個句子來闡明對此議題的看法，必須從目標對象的觀點來談，才能得到其注意。若目標對象認為主張是合理的，將較易接受後續的主要訊息。最好在訪問開始即提出主張聲明，如此就可主動掌握議程。

6. 受訪者需注意穿著正式服裝（男著西裝，女著套裝），因其代表公司視覺形象與個人專業（圖12-1）。

圖12-1　中租企業集團總裁辜仲立接受媒體訪問

第三節　訪問時應注意事項

一、訪問的回答結構

　　成功訪問的回答是誠實提供相關資訊，而資訊的呈現方式是經過設計，才會讓整個訪談言之有物且生趣盎然。一般會遵循以下三階段：

（一）開始以簡短回答來陳述訊息

　　可以是主張聲明、主題或主要訊息，長度勿超過三十秒，鼓勵媒體繼續追問下去。

（二）潤飾與支持訊息

包括理性的解釋、支持的證據、主要事實與統計、特別活動的敘述等，利用此機會說服目標對象。

（三）進一步擴充描述訊息

包括其他觀點、事實、解釋、例子及比喻，尤其多採用目標對象較易記住、活生生的例子與比喻。

二、引用語（Quote）的使用

媒體較喜愛的引用語特色如下：

1. 簡潔：廣播電視播出只可能使用五秒鐘；印刷媒體可使用五句以下的句子，例如：「今日不做，更待何時！」
2. 獨立：與上下文無關的語句，例如：「經濟全球化時，產業亦需在價格及服務具競爭力。」
3. 使用大眾通曉的語言，而非技術用語：例如：「納稅是國民應盡之義務，對於逃稅者將予以追究。」
4. 有趣或比喻：例如：「方形西瓜適合冰箱儲存。」
5. 熱情或精力充沛：例如：「別問國家能為你做什麼，先問你能為國家做什麼。」
6. 避免被斷章取義的方式如下：
   (1) 談話內容保持前後一致，勿發生某句話與主張互相矛盾的情況。
   (2) 避免隨便、難以令人置信或諷刺的意見。唯有自然與誠懇的言論，才能獲得媒體信任。
   (3) 重複要溝通的引用語與主要訊息，勿偏離主題。

三、掌控訪問過程

訪問者偏離主題時，可用以下步驟來改變情勢：

1. 開始認知或反駁：如「可能是那樣」、「到目前為止是對的」、

「這是一般的關切」、「我們不回答假設性問題」等語句。

2. 中間串場：如「讓我們不要進行人身攻擊，言歸正傳」、「讓我們從宏觀角度來看」、「還有其他更重要的關鍵點」、「讓我們不要忽略更重要的問題」、「這不是真的問題，真的問題是⋯⋯」、「太難去一概而論，讓我們看一個特別案例」等。

3. 結尾回歸主要訊息。

成功案例

1. 背景說明

2009年谷歌（Google）市占率達65%。網路先鋒雅虎（Yahoo）面臨搜尋市占率下滑、管理階層變動及被微軟以四百七十億美金購併失敗，7月雅虎宣布與微軟（Microsoft）簽訂十年搜索與廣告交易合約，此舉經由專注創新搜尋經驗來維持雅虎長期成功，聯盟後的合作規模將有助於兩家公司加快創新步伐，以改善網路使用者的網路搜尋經驗，並贏得PRSA 2011年聲譽管理銀砧獎。

此舉面臨的挑戰，包括如何克服外部存疑之感受，協助客戶及利害關係人瞭解下一步驟，確保協議必須在美國和歐盟的主管機關核准後才能正式上路，一旦主管機關認為有托拉斯疑慮，可能會否決此合作案。另外需花一段時間整合兩者之間的軟體，加上消費者需要一段時間適應。將推出花費一百萬美金之全球策略整合傳播計畫來克服挑戰，達成目標。

2. 研究

SWOT分析顯示，此宣布在全球引起很大懷疑，大家不知其益處為何。公關團隊隨時監看媒體及關係人感受，作為調整溝通的依據。雙方公關團隊常開會協調，讓整合傳播計畫順利執行。

3. 目標

(1) 改變媒體及主要影響者瞭解結盟對雅虎營運的重要性。

(2) 教育廣告商／廣告主瞭解結盟的目標及轉換過程。

(3) 對市場利益關係人強調唯有結盟，才能獲得更大的利益。

(4) 去除美國和歐盟的主管機關認為有托拉斯疑慮。

4. 規劃與執行

(1) 主動出擊：與目標媒體開會，確保市場影響力者之第三者式證言，開發媒體報導角度及機會，在重要會議上發言，將重大里程碑告知利益關係人。

(2) 媒體監看：監看支持者，媒體及競爭對手等市場聲音，澄清不實報導。

(3) 分析師：將全球分析師評論作爲第三者式證言，潤飾回應分析師訊息，並加強企業策略說明，作爲與客戶及媒體溝通的參考。

(4) 客戶：訓練六百餘位雅虎業務主管有關此議題之說法，包括主要訊息及價值定位，讓其教育客戶對轉換過程安心。

(5) 主管機關：透過大眾媒體將整個過程及發展告知相關單位，以便做出適當決策。

5. 結果與評估

(1) 89%（12500則故事）媒體報導是中立或正面，覆述雅虎主要訊息，包括美聯社（AP）及《金融時報》（*Financial Times*）亦將疑慮排除。

(2) 對一千三百位客戶、八十位主要廣告商／廣告主及經銷商，舉辦雅虎與微軟搜索聯盟客戶論壇，討論價值主張及轉換過程。

(3) 2010年2月，該協議獲美國和歐盟的主管機關核准。

(4) 至2010年12月，此聯盟議題搜索量達28%，此案執行成功被視爲雅虎當年營運成功之利多，包括《華爾街日報》（*Wall Street Journal*）及《財富雜誌》（*Fortune*），皆有正面報導。

第十三章
議題管理與危機管理

第一節　議題管理（Issue Management）

2007年USC（美國南加大）調查顯示，42%資深公關人負責議題管理，直接向高階主管報告，能有效跨部門溝通及掌控大筆預算，善用研究、評估及策略執行資源。國際大廠都知道議題管理若處理不當，會影響市占率及消費者的購買意願。

1990年麥當勞因應大環境要求，將包裝由塑膠改為紙盒。2003年美國狂牛病事件，其全國牛肉協會立即從各方面積極回應，結果牛肉需求在2004年增加8%，達八十億美元。其他議題管理策略回應包括與政府及立法單位談判，主動造勢並運用媒體影響議題形成等方式。

2010年1至4月，富士康在中國深圳的工廠大本營陸續傳出員工跳樓事件，「連十二跳」及「血汗工廠」引起國際人權組織及媒體高度關注，客戶蘋果立刻表示關切，派一個獨立的團隊去實地稽查。戴爾在同一時間也表示對於供應商一向都有嚴格的標準。

反觀同年4至5月，國際品牌廠商宏達電面對類似議題，洋華光電員工要求身為客戶的宏達電，管理供應商勞工超時加班及無故解僱工會幹部的行為，未獲正面回應。宏達電只會阻擋與迴避抗議人士，致使其每場公開活動都被洋華光電員工的抗議活動轉移焦點；同年10月洋華光電被查出非法僱用大陸廉價勞工。

臺灣近年著名議題管理如下：反樂生療養院拆遷（失敗）、反國光石化（成功），以及數個抗爭中的案例，例如：反核、反苗栗大埔徵地開發科學園區、反美麗灣、反媒體壟斷等。

圖13-1　反美麗灣照片

一、議題管理的歷史與定義

1960年組織意識到政府介入對營運的影響，開始注意潛在公共政策問題。議題管理之目標是提供組織一個較早的警示系統，避免未設想到的公共政策對組織營運造成不當影響，引起大眾不滿組織參與公共政策制定。

查斯（W. Howard Chase, 1982）認為，議題管理是一種瞭解、動員、協調、指導策略及政策規劃的功能，有意義的參與會影響個人或組織的公共政策制定過程。

1990年起，公關人及學者開始給予利害關係人清楚的肯定，努力主動定義議題管理之範圍及責任。

何思（Heath, 2002）認為，議題管理是一個預期及策略管理之過程，幫助組織適當偵測及回應外在環境的改變，並開始注意具影響力的組織大眾及利害關係人之感受，主動建立、維持及修復與其之關係。

公共事務協會（Public Affairs Council, 2008）認為，議題管理對於會影響組織成功的公共政策及名譽，設定優先次序及主動討論的過程。

斯塔馬斯特（Steckmest, 1978）將議題類型分為三種：

（一）操作性議題（Operational Issue）

會影響一個或多個組織營運，只影響市場行銷或特定區域，例如：缺水或交通壅塞等環境議題。

（二）企業性議題（Corporate Issue）

會影響整個企業，例如：政府法令改變等。

（三）社會性議題（Social Issue）

會影響經濟計畫或政策，例如：立法院改革、個人隱私權、性別差異或工作權等。

二、議題管理之步驟

卡拉搏及凡伯特（Crable & Vibbert, 1985）認為，議題發展如生命週期由五階段組成，即潛伏期、開始、目前狀態、危機及終止。潛伏期個人或團體發現問題情境；開始期人們或團體知道議題的價值或法律層面而開始介入；目前狀態描述議題廣為人知的重點及得到媒體注意；危機期採取行動；終止期問題已解決。掃描（scanning）是議題管理探索組織環境的有效方法，範疇廣泛涵蓋政治、經濟、社會、輿論及競爭態勢。

雷吉斯特及拉肯（Regester & Larkin, 2005）建議議題管理的七大步驟如下：

(一) 監看 (Monitoring)

包括分析商業環境,監看政府、媒體、意見領袖及利益團體對特定議題的看法,找出影響公司生存之道。何思(Heath, 1997)認為監看的三個標準如下:

1. 引起媒體及意見領袖之廣泛注意。
2. 對組織之市場或營運提供量化的威脅或機會。
3. 由具影響力的團體或機構所主導。

(二) 確認

包括影響公司的議題,議題型態及發展階段。

(三) 排定優先次序

影響層面為公司、產品或產業,風險損失為利潤、名譽或行動自由。

(四) 分析

仔細分析議題之重要性並建立支援團隊,決定對公司的影響並找出利害關係人。

(五) 決定策略

定義訊息、目標對象、資源、行動方案等。策略運用包括倡議廣告、座談會、新聞發布、演說、公益活動、投稿民意版、拜會政府官員或民意代表等。

(六) 執行

方案需經管理階層同意、宣導公司立場及防止負面影響。

（七）評估

對政策及方案成功之評估，以便未來策略之制定、從失敗及成功中學習教訓。

三、議題管理之最佳實踐指標

公關季刊（Public Relations Quarterly, 2005）指出，議題管理之最佳實踐指標有三：

（一）架構指標

1. 經由環境掃描及議題分析，建立確認目前及未來議題之機制。
2. 組織採用一個正式過程來管理議題。
3. 議題管理過程的任務責任分派清楚，建立組織在此領域之專業機制。

（二）執行指標

1. 主要議題的責任分配清楚，並將結果與考績連結。
2. 主要議題的進展應定期審核，高階管理監看其狀態。
3. 高階管理階層委員會監督議題管理，向內部及外部利害關係人報告進展，當有不當管理或違反組織之政策時及時介入。

（三）整合指標

1. 各階層經理人經正式管道來確認及提升潛在議題並整合至策略規劃，包括外部利害關係人管理。
2. 目前及未來議題管理存在於組織策略管理。

四、議題管理之模式

鮑斯及克瑞恩（Palese and Crane, 2002）提出議題管理的四個模式

如下：

(一) 觀察模式

專注資料追蹤或研究功能。

(二) 溝通模式

議題經理與主要目標對象貼近，例如：工廠經理、業務代表及專家學者等。該模式與第一個模式皆是最普通且最不複雜。

(三) 協調模式

發展議題管理過程，激勵公關人與目標對象對話，經由各方提供之情報，繼續發展互相連結的過程。

(四) 整合模式

是最少見且最複雜的模式，高階管理者扮演主動角色以瞭解議題，是口才流利的溝通者，但需確保公司行動及政策與實際表現一致。

五、議題與媒體

　　組織、激進者及其他議題利害關係人，會尋求媒體注意來達到其目的，成爲媒體焦點是無法避免、不受歡迎或是衝突的副作用，組織及激進者衝突程度愈高，愈會引起媒體報導。梅子那等人（Meznar, Johnson Jr. & Mizzi, 2006）認爲，當組織無法達到利害關係人的期望（負面期望差距），愈多媒體報導便愈會產生；若組織達到或超越利害關係人的期望（正面期望差距），改變的壓力就不會產生。

　　卡伯格（Karlberg, 1996）認爲，因衝突重要性具新聞價值，故媒體喜歡採訪公眾兩方所形成之高衝突，組織與大眾的爭論更強化了此狀況。何斯（Heath, 1997）指出，激進者經由吸引媒體報導獲得信譽、資源及主張曝光，故媒體報導對其活動力及有效性至爲重要。

第二節 危機管理（Crisis Management）

危機管理是重要的組織功能，若處理不當，會導致對利害關係人的傷害，造成組織或名聲之損失，嚴重者會讓組織停止營運，而公關人即是危機管理團隊的重要成員。

庫姆斯（W. Timothy Coombs, 2007）指出，此處定義之危機管理若處理不當，對組織營運會有顯著威脅而導致負面結果，該威脅具潛在破壞性，會拖累組織、利害關係人及產業。危機會造成三種威脅，即公共安全、財務及名譽損失，其中尤以公共安全最為重要。有些危機如工業意外及產品傷害會造成傷亡，營運中斷會造成財務及市場占有率損失，影響購買意願，甚至衍生出訴訟，最後導致名譽損失，影響組織，三者有明顯的關聯性。危機管理是保護組織及利害關係人不受威脅，以及減少威脅造成之影響。

樂賓格（Otto Lerbinger, 1997）將組織危機分成七大類：
1. 天然災害：火災、水災、暴風雨或地震造成的重大傷亡。
2. 科技：核能電廠或工廠爆炸、化學品外洩、電腦駭客或病毒、水或空氣污染、有毒廢棄物。
3. 對峙：謠言、工作廠所施暴、年齡／種族／性別歧視、示威遊行、企業購併、杯葛行動、罷工、關廠、搶劫。
4. 惡意行為：恐怖主義、產品下毒或交通意外等人為疏失。
5. 管理不當：破產、法律訴訟、資遣員工、員工自殺。
6. 欺騙：賄賂、產品瑕疵、立法圖利、洗錢。
7. 不法行為：逃稅、侵占公款、竊取資料、濫用毒品或烈酒。

法貝克思（Kathleen Fearn-Banks, 2011）將危機管理分為五個階段：

一、偵測階段（Detection）

平日監看組織內外環境，盤點可能發生的危機及謠言，及時阻止問題

釀成大禍。

1. 於產品製程中減少使用有害物。

2. 主導安全訓練，並嘉獎有功員工。

3. 追蹤過去危機問題。

4. 允許員工及管理者間各種訊息自由流通。

5. 維持良好員工、社區及客戶關係。

二、預防及準備階段（Prevention / Preparation）

預防是減少造成危機之風險，平日組織實施風險（risk）管理，所作之準備如下：

（一）有一完備的危機管理計畫（Crisis Management Plan，簡稱CMP），每年需更新

該計畫只是工具，提供主要聯絡人（危機管理團隊、股東、客戶等）資訊，提醒危機發生時應做之事（使用設備及通知系統等）及將使用的文件表格，此舉節省了臨時工作分派及資訊蒐集時間。

（二）有一經過適當訓練之指定危機管理團隊

成員知道職責所在，一般包括執行長、公關、法務、資訊、財務及人資等，計畫及團隊需經過測試訓練才能發揮功效，當危機發生時能做出正確決策。

（三）發言人訓練

組織危機管理團隊需有面對媒體的能力，尤其執行長扮演重要角色，故平日需加以訓練，重點如下：

1. 態度冷靜、有禮貌、直接、正面及表達適度關切。

2. 能清楚說明資訊，並且只說事實，避免使用揣測、專業或技術語言，用耳熟能詳的語句回答。

3. 面對電視記者做一分鐘以內採訪，勿直視麥克風或鏡頭，避免緊張、停頓及走動等讓人分心的動作。

4. 專注陳述三個主要訊息，回答需簡短但切中要旨。

　　公關人在危機中處理媒體關係，是具高價值技巧的工作，其角色如下：

1. 迅速通知危機管理團隊及召開因應會議。

2. 追蹤真相、執行品牌稽核、透過適當管道發布資訊給目標對象。

3. 發展訊息重點給發言人、提供媒體訓練、動員團隊處理密集媒體採訪、在短時間內召開記者會。

4. 確保組織重要價值，主導全部決策及活動。

(四) 訊息起草

訊息包括高階管理者聲明稿、新聞稿及網站。公關人平日可協助起草訊息格式，法務人員確認訊息使用，透過網站隨時更新訊息，是最有效率的方式。

(五) 溝通管道

泰勒及肯特（Taylor & Kent, 2007）研究發現，網站是危機發生時最有效的互動溝通，其架構需平日就設計好，危機團隊需預期組織會面臨何種危機，網站需何種資訊，如產品如何回收，對外界各需求需迅速回應。組織可利用官網公布事實真相並隨時更新進展，內部網站及大眾通知系統（電話、電子郵件及簡訊等），更是危機時聯絡員工及利害關係人的工具。使用社群媒體需注意寫作簡潔易懂，勿情緒化，內容正確，否則彈指間便將傳遍全球。

三、發生及遏阻階段（Containment）

若發生食物感染，需把握黃金時間對不同區域迅速處理，以免態勢擴

大。大眾檢視組織言行是否一致之關鍵期，發生時需立即採取行動，公關人需協助組織面對不同利害關係人發展適當訊息。

1. 快速：危機發生第一個小時就需有所反應，公關主管需於短時間內準備好訊息，足見其壓力之大，以及平日準備之重要。組織需及時出面說明真相及處理方式，以防止錯誤訊息混淆視聽。初期也許無太多新訊息，但可將自己定位為消息來源，因主動反應，局面將在掌握之中，讓組織可信度大為提高，同時防止進一步傷害所造成的財務等損失。

2. 準確：大家想知道何事發生及對其之影響，時間壓力難免會造成訊息不正確，若有錯誤需立即更正。不準確的訊息會造成矛盾，不斷更正會讓大家覺得組織無能。

3. 一致性：訊息一致是保持準確的祕訣，危機團隊需互相分享資訊，不同發言人傳遞相同訊息。危機中之工作重點是傳遞主要訊息，遠勝於如何處理媒體。

4. 大眾安全是第一要務，對犧牲者適度表達關切及同情。對在危機中所造成的犧牲者及其家人等，提供壓力及創傷諮商。

5. 使用所有可行之溝通管道，如內部及外部網站，以及大眾通知系統，員工亦是此期重要溝通對象。

四、名譽修復階段（Recovery）

名譽是利害關係人對組織的觀感，廣泛地被認為是組織有價值之無形資產，值得被保護。危機會形成對組織的負面評價，導致客戶拒買行為，故研究建議，唯有從教訓中重拾信心，學習勿再重蹈覆轍。

1. 貝諾特（Benoit, 1997）提出形象復原理論（Image Restoration Theory）：組織需知大眾對壞消息的想法，才知如何回應。有時組織需保持沉默，有時需自己說出壞消息，判斷植基於平日與大眾長期之瞭解。

2. 格魯尼等人（J. Grunig & L. Grunig, 2002）提出優異公關理論（Excellence Theory）：優異公關及最佳危機管理之共同特點，包

括公關人是危機管理團隊成員、平日組織針對不同利害關係人規劃
策略性及多元化活動、早一點找出潛在危機早解決、組織與全部利
害關係人保持開誠布公的雙向對稱溝通、具道德感及社會責任。

3. 姆斯（W. Timothy Coombs, 2007）提出名譽修復策略：
   (1) 攻擊責難者：面對個人或團體聲稱組織錯誤。
   (2) 否認：堅稱無危機發生。
   (3) 代罪羔羊：指責組織外之個人或團體引起危機。
   (4) 藉口：經由否認意圖傷害或無法控制是造成危機降低組織責，
       採取形式有四：
       ・憤怒：危機是回應他人行動之結果。
       ・不能實行：對事件缺乏資訊，導致危機。
       ・意外：對事件缺乏控制，導致危機。
       ・好意圖：組織意圖做好之善意。
   (5) 辯護：減少由危機所造成之損害。
   (6) 提醒：告知利害關係人組織過去所做之善行。
   (7) 整合：讚美利害關係人所採取的行動。
   (8) 補償：對犧牲者提供金錢、心理或物質補償。
   (9) 道歉：組織對危機負全責，並向利害關係人致歉。

4. 庫姆斯是最早將歸因理論（Attribution Theory）用於公關中的危
   機管理學者，他與哈樂戴（Coombs & Holladay, 2007）最終發展
   出情境危機溝通理論（Situation Crisis Communication Theory，
   簡稱SCCT），提出危機形式及最佳對應方案如下：
   (1) 全部犧牲者或潛在犧牲者皆需收到指導性資訊，如回收品質不
       佳的產品，這種約占危機基本回應的一半。
   (2) 對全部犧牲者需表達同情，提供必須更正行動之資訊及創傷諮
       商，這種回應約占危機基本回應的第二位。
   (3) 危機造成些微責任，藉口與辯護策略，以及指導性資訊與照顧
       回應就已足夠。
   (4) 危機造成少／或強責任且有強化因素時，如意外及可預防的危

機，補償與道歉策略，以及指導性資訊與照顧回應就已足夠。

(5) 補償策略用於犧牲者承受嚴重傷害；提醒及整合策略可用於補充任何回應；否認及攻擊策略最好用於澄清謠言及具挑戰性之危機。

五、學習階段（Learning）

組織回歸正常營運，危機不再是管理的主要重心，但仍會給予些許注意。組織必須檢討得失，以此為殷鑑，從教訓中找到預防、準備及正確回應方式，為未來危機預作周全準備，及完成發生危機時所作之承諾。此階段的重心有四：

1. 提供危機發生時對利害關係人承諾之訊息。
2. 告知利害關係人有關復原進度，包括改正措施及調查進度。
3. 分析從教訓中所帶來的啟發，並將其納入組織危機管理系統中。
4. 公關人可建立大型活動來增進組織名聲。

第三節　危機管理之媒體方針

企業平日就要依不同性質，成立永久危機應變小組，發行危機處理手冊，一再模擬演練，以備不時之需。小組每一成員需對整件事詳加瞭解，並基於安全、法律及隱私權的考量，草擬出對外一致的說詞，並儘快對外公布。

本文所謂「危機」，包含以下三種時機：

1. 無重大傷亡，但會引起地方關切，例如：停電、水災所引起的交通中斷；又如惡性競爭導致經銷商互發黑函、企業有作假帳等不誠實舉動；以及企業製造產品過程中造成嚴重環境污染等。
2. 突然之重大傷亡，引起媒體與大眾的注意，追究原因、損失及賠償等問題，例如：強烈地震或颱風、化學廠爆炸、飛機失事、重大疾病引起群體感染等。
3. 攻擊行動，例如：恐怖分子在企業放置炸彈等攻擊事件、暴民毀損

企業公物、搶劫金融機構等。

　　企業與媒體的往來不應只有在危機爆發時才緊急滅火，而應在平日就與媒體維持良好的溝通管道，並力求塑造良好且正直的企業形象，非假形象之名，行違法之事，最後東窗事發，受害的還是企業自己。當有危機發生時，平日企業形象佳之正派經營公司，比較容易獲得媒體與大眾的同情，下筆也會較敦厚；若平日企業形象不佳，爲富不仁，就會引來媒體與大眾的口誅筆伐。

　　一般危機新聞報導分爲四階段：一是新聞發生，二是具體細節（背景、統計及圖片等），三是分析危機及未來影響，四是危機評論（通常爲年度或每十年），公關人可針對不同階段之需求提供相關資訊。

　　危機發生時，內部與外部的溝通益形重要。唯有與員工及受害者先溝通後，訊息始可對外公布，讓員工知道危機進展，因其有可能是志願發言人。另外，總機的外界打入電話線需增加，以利資訊查詢。

　　危機發生時的媒體關係重點如下：

1. 儘量提供媒體所需資料與事件發生之全貌，否則慌亂之中，他們可能從它處得到不正確的訊息，待全部事實查清後才做出評論。

2. 快速且資訊正確的溝通。即使在媒體持負面或敵對狀況下，也要主動、持續與明快的溝通重大問題所在及解決方案，展示良好企業公民的承諾，讓企業成爲媒體資料來源的主要提供者，謹記絕對不要說謊。

3. 選擇適當的第一順位發言人及第二順位發言人，以備不時之需，並給予簡單的媒體訓練。在事件未查明前，發言人不能說的資訊包括：損失金額、保險理賠範圍、事件發生可能的原因、責任疏失及任何不列入記錄之事。

4. 「無可奉告」或「不予置評」亦是不當的答覆，暗示缺乏合作與關切，並企圖隱藏事實的不佳印象。適當的回答如下：「我們剛得知事件發生，正在蒐集資訊與瞭解狀況中」、「我們正全力先尋求解決方案並讓狀況在掌握中，還不想對原因進行揣測」、「此業務非我專業所及，將立刻查明給您回電」、「我們正在準備一份聲明

稿，將於約兩小時內對外發布」、「很抱歉發生此事，我們將全權負責」。

5. 記錄媒體來電詢問事項並立刻回電，依播出時間之迫切性，其順序為網路優先，其次為廣播、電視及報紙，由此可看出何議題是媒體感興趣的部分。同時應每日進行媒體監看，以便對錯誤報導立即提出澄清。

6. 危機過後，應讓媒體知道事件之任何最新進展，或告知危機已結束。

成功案例

1. 背景說明

2002年6月26日，美國第二大長途電話公司WorldCom（世界通信）做假帳，匿報三十八億美元支出，以提高公司盈餘。這是繼2001年底Enron案後，美國史上最大破產案。前執行長在案發前兩個月辭職，仍被判刑二十五年，六位前員工依刑責分別判刑，投資人只從一百一十億美元投資中拿回六十億美元。

同年11月找到HP總裁Michael Capellas擔任執行長，面臨四大難題：

(1) 留住員工及客戶，重建經營團隊及財務部。

(2) 建立重道德之企業文化及好的公司治理。

(3) 重新在NASDAQ上市。

(4) 帶領政府調查至尾聲。

2. 規劃

策略

(1) 認知緊急的憤怒感。

(2) 強調道德承諾。

(3) 讓執行長成為主要溝通者。

(4) 專注客戶需求。

溝通

(1) 重建董事會及經營團隊，並從矽谷找來數位團隊者，包括溝通專家宣布100天溝通計畫，包括債權人及員工，第一百天宣布公司改名為MCI.，乃為強調道德之重要，並由執行長介紹指導原則，重整道德辦公室，同時為五萬名員工上訓練課程。

(2) 執行長與員工有二十五場溝通會議，七個全球Webcast，八個電話會議，發二十六封E-mail及四個語音留言給全體員工，強調客服品質之

重要。

(3) 與客戶溝通方面，成立客戶諮詢會議等措施。

3. 結果評估

2004年7月重新上市，紐約地方法官盛讚，法庭注意到WorldCom是第一個大公司能對錯誤立即採取補救措施，並進行防範於未然之改革。執行長則將成果歸功於員工，認爲MCI之成功是對五萬名員工的一個證言。

第十四章
科技公關

第一節　　趨勢

　　美國科技公關（Hi-Tech PR）的形成自1960年開始，臺灣則自1970年始，雙方科技公關約自1990年開始蓬勃發展，在一片講求「通才中的專才」聲浪中，科技公關的異軍突起，為這個行業注入活水，同時建立專業形象。

　　本文的科技公關，定義為軟體、半導體、個人電腦、網路、通訊、光電、生物科技及綠色能源八大產業，本章希望能探討國內科技公關的品質及未來策略規劃的能力。

　　美國大型科技公司自1990年起，在歐洲及亞洲區域建立公關作業連線，其目的是讓傳播訊息保持一致性（consistency），各地藉由每日電子郵件、每月電話會議、每季研討會、每半年一次的面對面討論會議，將公關作業緊密相連。自2000年起，企業對外溝通的重要性受到高階管理重視，知名國際科技公司皆有專人負責公關，角色等同於資訊等部門，處理複雜的對外關係。

　　技術創新會給企業或個人生活型態帶來影響，也為科技公關人創造富挑戰性的發展空間，因其必須對大眾解釋及傳遞這些改變所具有的深遠意義。

一、科技公關行業成長快速

　　企業藉活動來達到公司形象及市場知名度建立，可同時實踐行銷及公關目標，可謂一舉兩得。但若只注重外表形式包裝，而忽略其實質內容，則結果將適得其反，予人「金玉其外，敗絮其中」的感覺。成功的關鍵在於科技公司能否以簡而易懂的語言，告訴目標對象如何使用新產品及其益處何在，因此，公司必須對產品清楚定位，找出傳播的訊息及說服的方式。

　　每年從大臺北地區至新竹、臺中及臺南科學園區，總有許多相關展覽，如六月份的電腦展、十月份的電子展及十二月份的資訊展。國內多項資訊產品外銷排名世界第一，半導體製造廠的設立，皆將國內科技公關的舞臺無限延展開來，科技公關就如其服務的行業般，不斷地快速成長（圖14-1）。

圖14-1　資訊月是電腦廠商推動行銷公關的最佳契機

　　根據統計，國內四千餘家科技公司，平均每月約有二十場產品發表會、記者會、簽約、喬遷及財務說明會等活動，總計一年花費保守估計超過一億臺幣，但可曾有人評估過其效益？其實，高科技公關的範疇並不僅只於此。

　　目前國內科技公關大部分仍侷限於媒體關係及辦活動，這兩者皆必須掌握機會點，才能將訊息「彈無虛發」的傳播給目標群眾，達到預期目標。而媒體關係亦非僅發布消息、安排參觀或專訪而已，必須對廣播、電視、報紙、雜誌（包括周刊及月刊）及網路做內容分析，尋找可做企業文化、產品、服務、市場及技術等相關報導的機會。

二、美國與臺灣科技公關之差異

　　科技公司想讓業務蒸蒸日上，必須與目標群眾溝通如何使用新科技，以及新科技所帶來的邊際效益。美國與臺灣科技公關採用溝通之管道包括：新聞發布、市場特寫、應用故事說明、媒體參觀團（media tour）及媒體教育研討會，最後兩項本土公司較少採用。

　　美國與臺灣科技公關之差異如下：

1. 美國公關協會（PRSA）下面設科技組（technology group），常定期開研討會或做調查，提供獎學金給學界，設立全國最佳科技新聞報導獎等，讓會員共同交換實務心得，提升工作品質；臺灣則無這種共同學習成長的機制。
2. 美國部分公司將公關稱為行銷傳播Marcom（即Marketing communication之簡稱）；臺灣部分本土公司將公關設在總經理室。
3. 美國公關執掌分工清楚，例如：政府關係、社區關係、媒體關係、內部策略溝通及基金會，在行銷傳播（Marcom）之下又分為視覺溝通、工業設計、市場研究及整合行銷傳播等；臺灣則只專注於媒體關係、社區關係及活動舉辦。
4. 臺灣近年因科技公司上市蔚為風氣，科技公關與金融公關若結合，除符合成本效益，且能發揮相輔相成之綜效。

至於美國與臺灣科技公關所面臨的共同難題如下：

1. 傳統與創新溝通管道（如網路），兩者如何取得平衡。
2. 專業視野的擴展。
3. 說服高階管理者對公關做更多投資與重視。
4. 專業人才缺乏，不論中小型或大型公司，皆需借助公關來建立市場定位及知名度，科技公關人需同時對技術、市場及溝通方式有全盤瞭解，才能在競爭激烈的科技業打一場漂亮和成功的公關戰。

三、科技公關之特色

　　近年亦開始使用網路數位行銷，企業對企業型客戶（B2B）只能用來討論流程及定價等，企業對消費者型客戶（B2C）成功案例較多。2005年6月，知名部落客嚴厲批判戴爾（Dell）筆電有瑕疵卻無人理會，翌年筆電在日本研討會起火，公關主管開始注意部落格貼文，由公關、客服及技術支援共同合作，先成立部落格問題解決小組，後推出企業部落格開誠布公溝通，受到網友高度支持，同時鼓勵員工寫部落格。2007年2月推出創意社群IdeaStorm，傾聽客戶聲音作為企業策略制定之參考，進一步將整合官網及社群媒體。

　　科技行銷專家摩爾（Geoffrey Moore, 1999）曾將產品週期大略分為三期：早期市場、主流市場期及衰退期，公關角色分述如下：

（一）早期市場

　　廠商拒絕透露任何消息，公關是幕前非常活躍分子，媒體報導未來產業技術特色之白皮書及產品趨勢。

（二）主流市場期

　　扮演要角是產品行銷及公關，強調產品改良的加值特色，重視客戶使用經驗所造成的價值差異化，強化產品管理以降低成本，媒體報導公司、具特色之創業者、新產品及成功案例，過程中避免被媒體誤導，應從市場接受度來檢驗，如某些產品一再降價可能是少數廠商的行銷伎倆，不代表產業趨勢。

（三）衰退期

公關可使力的地方有限，可協助清倉大拍賣等事宜。

第二節　媒體關係

科技改變步伐如此快速，未來學家博若思（Daniel Burrus）曾建議將古諺：「若行得通，不用改它」（If it works, don't fix it），改為「若行得通，它已過時」（If it works, it's obsolete），可謂獨具慧眼。

若與其他媒體相較，科技公關的媒體關係有何特色？PRSA曾對其科技組會員做過調查，發現以下四點差異：

1. 需較多的技術與產品專業知識。
2. 具備將艱澀科技知識翻譯或轉換為易懂的一般語言技巧。
3. 因技術主題溝通易發生錯誤，故需針對不同媒體需求做更精準的溝通，並對其需求做細部確認。

國際知名科技研究單位及媒體有：CMP、Gartner、Forrester、IDG、IDC、《華爾街日報》科技部落格All Things Digital、科技新聞網Business Insider、Cnet、Red Herring、Upside、Wired及Zdnet等。臺灣知名研究單位及媒體有：資策會產業情報研究所（MIC）、工研院產業經濟與趨勢研究中心（IEK）、拓樸產業研究所、電子時報（DigiTimes）及數位時代等。

一、與媒體溝通六點建議

1. 除非一家公司有特別的技術創舉，吸引媒體主動單獨報導，否則一般產業發展趨勢或大未來式的故事，則永遠受歡迎。
2. 幫助媒體將科技術語轉化為讀者易懂的文字，以有趣的方式將會改變人類生活的科技，有耐性的解釋給讀者知道。
3. 深入瞭解公司部門職掌，以便隨時針對媒體需求，安排相關專業人士接受訪問。

4. 告知媒體技術發展特色、未來面臨的挑戰及待克服的困難。

5. 新聞標題要易懂且吸引人，否則媒體會棄之如敝屣。

6. 每家媒體皆會搶獨家新聞，故儘量找出不同角度，描述同一故事，讓與眾不同的新鮮與話題在市場持續保持下去。

二、媒體採用報導之標準

1. 聲稱自己是市場或技術主導者，必須有事實佐證或業界第三者背書。

2. 媒體參觀或提供新聞稿，其功效勝過記者會。

3. 提供背景資料及行銷策略。

4. 提供競爭對手的資料，有助於編輯版面安排。

5. 儘量提供產品照片，且能看出完整的產品形狀。

三、建立媒體關係十項方針

企業必須先在市場中將自己清楚定位，取得立足之地，再開始為獲得新聞報導費心思。因為輿論報導能將產品與公司已獲取的信譽，再加以強化與擴張，解開顧客的疑慮，讓客戶對新科技感到更安心。在高速成長的科技產業裡，記者所扮演的角色就像傳播福音的傳教士，把科技的福音傳播出去。

建立良好媒體關係的目的如下：

1. 新聞媒體的報導，被認為比廣告更客觀、更有效、更具可信度，而複雜的技術創新無法用三言兩語在廣告中說明清楚。

2. 媒體會提供有價值的回饋。記者代表廣大世界的縮影，與記者對話，公司可發現外界對其產品與公司的看法，以利未來方向的修正。

與新聞界建立良好關係需要時間與計畫，且持續加強，必須瞭解媒體的特色、作業流程及資訊傳播管道。在規劃策略，以便與媒體維持有效關係時，美國科技公司專家麥克納（Regis Mckenna）曾提出十項方針：

(一) 瞭解記者獨立觀察的角色

企業提供情報時，絕不能意圖隱瞞事實或操縱輿論。

(二) 不宜太早見報

當產品還在開發階段，對它有利的新聞或許會造成將來難以滿足的期待；若有問題發生而延緩開發程序，雖是司空見慣之事，卻會鬧得滿城風雨，人盡皆知。

(三) 不要讓錯誤的形象銘記人心

當一家新成立的公司推出第一項產品，顧客心中便對這家公司形成一個形象，從此便很難改變。

(四) 先建立好基礎結構

媒體常會引述產業基礎結構中人的談話，例如：投資分析員、顧客與經銷商等。基礎結構發揮過濾的功能，協助記者分辨事實與虛構。

(五) 一對一面對新聞記者專訪

發新聞稿與召開記者會都不是溝通訊息的有效方法，安排一對一專訪雖然花時間，卻使記者印象深刻。同時，訊息可依讀者不同而區分為產業雜誌、商業雜誌或一般媒體。

(六) 教育新聞媒體

與新聞界建立關係應被視為一個教育的程序，公司應協助媒體將難以理解的科技化繁為簡，讓其對形成中的趨勢與科技作貼切的報導。

(七) 發展長期關係

這種關係是一個程序而非事件，是一種持續投資，一段時間後自然會有回收，同時能在比較廣泛的報導中，有機會參與討論產業未來的趨勢。

(八) 眼光要超越產品

有經驗的記者會瞭解科技優勢無法持久，公司應從更廣泛的角度去討論目前環境的需求，以及未來的變化。

(九) 誠實面對壞消息

拿出誠意趕快解決問題，若企圖隱瞞消息，反會欲蓋彌彰，永無平息之日。

(十) 最高主管出面

高階主管最能傳達企業的風格與理想，是代表公司簡明而統一形象的最佳人選，應定期會見媒體，讓其瞭解推動公司的原動力。

臺灣科技公關人在科技圈相當活躍，是記者三項消息來源之一，其他兩項則是記者會及行政機關。科技公關人與媒體是重要的夥伴關係，其終極目標皆是要告知大眾，進步科技對社會造成的影響，至於雙方的期望則有時不同。除了善用上述幾個最高指導原則外，更要效法美滿婚姻的祕訣，拿出誠意與耐心，相信定會培養出默契，合作愉快。

第三節　工作範疇及未來遠景

一、工作範疇

教育、知名度建立及聲譽維持，是具特色之科技公關活動的三大要素，茲闡述如下：

1. 公關必須扮演教育角色，對媒體及業界分析者負起提供資訊及解釋的責任。

2. 知名度建立可透過第三者證言（third party endorsement）方式，增加客觀性與可信度，即將產品讓業界或學界研究單位試用，再請具權威性且瞭解此新科技對整個產業影響者出來背書，其支持對將來市場接受度具關鍵主導力。

3. 維持聲譽不墜的要訣，是對業界活動採取立即回應，同時解釋一項產品、技術或市場策略，如何與該活動或趨勢相關聯。在科技界最常見的就是因策略結盟或購併，改變市場占有率。

當一個具知名度的新產品新鮮感逐漸消失，或市場占有率已趨飽和時，如何增強產品永久價值的認知，且經常面對變動快速的產業，重新說明產品的定位，是科技公關最常遇到的挑戰。此時，具創意的整合傳播（total communication）可提供最佳解決方案，因其結合了廣告、公關、直效行銷（direct marketing）、研討會及影片等工具。

(一) 新產品安全上壘方式

1. 教育消費者和經銷商。
2. 提供生活上的實例。
3. 強調產品保證及服務承諾。
4. 透過各種管道使產品訊息流通。
5. 縮短「科技術語」所造成的距離感。
6. 最重要的是為新產品取個好名字。

(二) 科技公關的工作範疇

公司最高主管的企圖心與對公關的認知，以及大環境產業的景氣度，會影響公司的公關政策編制規模與預算。企業公關概念薄弱或人力配制有限，就會尋求具規劃與執行經驗的公關公司，協助新聞發布、媒體監看、辦產品發表會、展覽及股票上市等大型造勢活動。外商科技公司因在國外具公關功能多年，

知道其對管理之貢獻，故在臺灣動作較積極，除做好基本的媒體關係外，並朝善盡企業公民的目標邁進。

　　臺灣科技公關因企業規模差異而有不同工作內容，與國外相較，在政府關係及員工關係著墨較少，但基本範疇不脫以下十點：產品促銷、金融關係、社區關係、公會關係、公共事務、慈善贊助、特別活動、對內或對外刊物編撰、所有印刷及電子文宣品製作、廣告及贈品製作。

二、未來遠景

(一) 人才晉用

　　科技公司主管認為，具有良好的寫作能力、熟練公關專業技巧及喜愛學習科技新知的人，會被列為優先錄取對象，未來則會重視公共事務及國際行銷經驗。寫作、面談及專業短期實習，是美國甄選新手人才最常運用的方式。臺灣則少部分由企業內執行秘書、人事或工程人員，轉到公關部，大部分經朋友介紹、毛遂自薦或登報招考方式尋找適合人選。

　　少數民族進入公關領域將愈來愈多。美國勞工部曾統計，過去只有7%的公關人是少數民族，但至二十一世紀將有80%的少數民族、女性及合法移民者會進入此行業，工作環境價值觀及生活型態將面臨改變。

　　另外，公關在企業內亦常與人事部一起做徵才活動。工作站大廠Sun Microsystems公關曾與人事單位攜手推動跨國文化徵才活動，因注意到文化多元化是現代企業必然趨勢，故主動出擊，請公司員工通力合作，結果是每天收到百位以上應徵者，這項不用登廣告的活動，不但節省經費，也為公司注入新氣象。

(二) 科技公關遠景看好

愈來愈多科技公司認識到需與不同目標對象溝通，促成科技公關的蓬勃發展。基本上，大部分仍是宣傳導向（publicity-driven），要與科技、商業及消費媒體接觸，才可將訊息傳遞給公司最高主管或資訊部人員。很多行銷策略涉及公司定位，但新產品發展仍很重要，同時要配合特別活動、展覽、新聞發布、印刷文宣品及工廠參觀等。

　　二十一世紀科技公關的發展，可歸納為以下五個方向：

1.整合傳播是必然潮流
傳統垂直溝通方式已逐漸失去魅力，組織內各單位各行其事的時代已經過去，水平溝通整合各單位，將可在有限經費下發揮團隊精神，達成共同目標。面對變動快速的科技產業，具創意的整合傳播可提供最佳解決方案。

2.管理者肯定公關功能
經由公關專業者不斷的溝通與教育，管理者會走出傳統公關的窠臼，重視公關顧問、策略擬定與執行方案的價值。

3.企業公民不再是口號
企業是一有機體，不再視營利為唯一目標，要瞭解回饋社會是企業應盡的責任，故許多有意義的公益活動會應運而生。

4.亞太是科技成長重心
大中國區（Greater China）是兵家必爭之地，亞裔人士的公關事業背景，將會在激烈競爭中異軍突起。

5.地球村因科技而實現
新科技的誕生，如國際網際網路（Internet）與數位行銷的盛行，使得全球文宣溝通管道更加靈活、生動與迅速。

　　不論外商來臺或本地公司想在國內或國際打響知名度，傳統的行銷溝通模式已不敷使用。如何正視公關協助企業與目標群眾發揮雙向溝通的觸媒角色，以發揮其組織綜效的功能，值得管理者深思。

成功案例

1. 背景說明及研究

AT&T（美國電話公司）在2009年底發現其網路有四千五百七十億簡訊，體會到有責任教育消費者開車發簡訊的危險性，故展開大型活動增加對此議題之認知，成為第一個關注此議題的無線通訊業者。執行焦點團體調查後，探索活動主題是否完全回應消費者需求，最後發展出「發簡訊可等待」的主要訊息，貫穿整個活動，並贏得PRSA 2011年整合溝通銀砧獎。

2. 目標

經由以下三種方式教育消費者開車發簡訊的危險：

(1) 使用傳統及社群媒體教育內部及外部目標對象。

(2) 讓內部及外部目標對象承諾開車時不發簡訊。

(3) 讓親善大使宣揚此訊息。

3. 目標對象

員工、父母、學校、青少年、安全宣導組織、軍隊、保險官員、汽車相關機構等。

4. 策略

推動整合行銷活動，包括媒體關係、社群媒體、員工參與、社區及慈善活動等。

5. 規劃與執行

(1) 階段一：發表（2009年底至2010年初）

　　‧經由AT&T的臉書（Facebook）及推特（Twitter）管道，在全國展開

造勢。

- · 確認全國安全協會等第三者支援。
- · 發展線上資源中心。
- · 創造教育利害關係人的教材。
- · 利用內部員工網站發布文章。

(2) 階段二：展開（2010年3月）

- · 在臉書公布「它可等待」活動。
- · 全國新聞發布，利用線上及傳統媒體把新聞炒熱。
- · 利用員工真實故事找出預防秘訣。

(3) 階段三：持續

- · 宣布捐贈二十五萬美金給非營利青年安全組織。
- · 透過臉書藉員工參與，將活動延伸至2010年秋季。

(4) 階段四：紀錄片發表

2010年12月31日發表十分鐘紀錄片，內容為有關開車發簡訊發生意外的真實紀錄。

6. 結果評估

(1) 使用傳統及社群媒體教育內部及外部目標對象：

- · 主要傳統及數位媒體刊登此議題，如今日美國、CNN、臉書及紐約時報部落格等。
- · 三個星期內超過一百萬人上網看紀錄片，最高紀錄達一百六十萬人，紀錄片即占全部線上報導的四分之三。

(2) 讓內部及外部目標對象承諾開車不發簡訊：

- · 兩萬七千四百餘人參與臉書活動，一萬八千餘位員工參與保證開車不發簡訊活動。

(3) 讓親善大使宣揚此訊息：

- · 五萬兩千餘人看過員工故事，並發表感言。
- · 成千上萬的大眾詢問紀錄片，包括學校、安全宣導組織、州政府警察局、保險公司及各大公司等機構。

第十五章
大學公關

第一節　學校公關的時代意義

臺灣政黨解禁後，各黨普設文宣部，發布相關重要訊息及負責選舉造勢活動；媒體解禁後，各家媒體皆設立公關或公共服務單位，將自己定位清楚，以吸引廣大群眾；各行各業（科技、消費、百貨、保險、金融、航空、旅遊、藥品、房屋仲介、汽車、醫院及非營利事業等）亦紛紛成立公關部，處理訊息發布與危機處理事件。反觀推行公關教育的學校機構，對於如何實踐公關與善用其功能的基本概念，皆付之闕如，實應急起直追，將其納入策略管理體系中。

自1996年推行教育改革以來，學校教職員與學生數量皆在增加，但學生平均素質與國際競爭力卻日益低下，其目標對象教師、學生、家長及大眾等，對教改的滿意度降低，此皆是訊息溝通不良下，做出錯誤決策的結果。其中較具爭議的重大問題包括升學制度、課程改革、十二年國教、2002年大學多元入學及教師退撫權益等。教師更在2002年舉行九二八遊行，抗議教育政策制定相關單位極少採納具實務經驗的教師意見，致使一些政策推出後窒礙難行，雙方有效溝通管道亟待建立。

學校是社會的縮影，它反映社會危機及發展趨向，躲在象牙塔內閉門造車的時代已經過去，教育單位的主管必須在心態上做調整，廣納雅言。訊息溝通是學校必須進行的一種公關活動，學校應把公關視為一種有效的

管理策略，此趨勢在國外大學早就行之有年，國內在觀念與做法上仍有很大的改善空間。

美國教育工作者的努力和教育事業的發展，專業公關的重要性日趨明顯，其協助管理階層的職責範圍，也擴大到內部與外部溝通。成立於1935年的「全國學校公關協會」（National School Public Relations Association），成員包括中小學的公關人及管理者，與其他相關全國性教育組織，共同爲解決教育問題而努力。

1641年哈佛大學發行募款小冊子，1869年哈佛大學校長艾略特（Charles W. Eliot）演說影響大衆有關學習精進之需求，1900年記者麥克里斯（George Michaelis）在波士頓成立全美國第一家公關公司，名爲宣傳局（Publicity Bureau），哈佛大學是其最著名的客戶。

1974年「美國大學公關協會」和「美國校友委員會」合併爲「促進和支持教育委員會」（Council for Advancement and Support of Education，簡稱CASE），使公關、校友關係、資金籌措及出版等部門結合爲一體，主要目標是建立公衆對高等教育的瞭解，增加校友對學校的參與和支持，改進與政府教育機構的關係，加強與校園內外公衆的聯繫，增加對教育的私人資助。

目前國內許多高等教育機構正爲增進社會福祉而進行研究。此外，一些大專院校則致力於與民衆相關的事項，但皆未認知到其努力的潛在影響力。由於大專院校的結構、法規、教師與學生皆在改變，其管理模式當然可以企業界爲借鏡。本文是針對大專院校的公關（University Relations）做法予以探討。

第二節　大專院校的教育議題

戴森（Dyson, 1989）認爲大學應掌握政經趨勢，隨時注意對大學影響之事件。科斯奇（Kowalski, 2004）指出大學公關的目標如下：

1. 提升教育品質及學校形象。
2. 鼓勵開放式溝通。

3. 提供最新管理及教育資訊。

4. 增加教育變革支持度。

5. 與股東建立良好關係。

一、臺灣高等教育面臨的挑戰

據教育部統計，國家每年高教投資約超過兩千五百億元，2010年臺灣高教經費占GDP比例達1.92%，僅次於美、韓、加，高於經濟合作發展組織（OECD）平均1.5%。然而高投資卻未帶來高生產力，在三十四個OECD國家中，臺灣的就業率55.6%是倒數第二，遠低於OECD平均值67.6%。臺灣有高達42%（八百萬）的非勞動人口，約二三二萬的非勞動人口擁有大專以上學歷，顯示人力資源沒有充分利用。低就業率也凸顯出勞動力供需結構的矛盾現象，所學的技能與職場需要不相符。許多大學畢業生的年薪甚至低於平均每人國民生產所得，說明高等教育的投資報酬率低落。

2013年中研院高等教育及科技政策建議書指出，自1994年410教改活動廣設高中大學成為教育政策主軸，1999年起兩年內有六十所專科全升格為技術學院，技術學院又紛紛升格成科大，造成大學院校由五十八所增為一百四十八所，入學無淘汰機制，人才素質漸趨低落，更因少子化之衝擊，2026年將有四成大學倒閉。

教育學者認為，專科全升格導致中級技術人力嚴重斷層，臺商返臺設廠也找不到人力。臺灣高等教育面臨的問題如下：

1. 盲目開放，造成學生素質低落。1980年大學錄取率約10%，2012年竟高達88%，過度擴張導致教學品質及學生素質日益低落，民眾對其失去信心，畢業學生不能為企業所用。

2. 學校過多且無退場機制，因學校關閉，土地需充公，導致私校苦撐。自1997年起，臺灣新生兒人數減少三分之一，2016年起，大學一年級新生將比現在驟減約三萬人，現在五萬餘位教授將有一萬餘位面臨失業，教師甚至要去高中招攬學生。自2002年以來大學教職成長12%，博士卻成長156%，導致流浪博士至中國大陸任

331

教。

3. 學校評鑑過於浮濫，教職員工士氣不佳。國家教育政策只想進國際百大排名，造成重研究輕教學、重理工輕人文、重學術輕技術及實務現象，造成產學落差，導致「高學歷高失業率」之怪象。

4. 在全球經濟危機與少子化問題夾擊下，高教面臨財政緊縮及生源不足之困境。政府財務不佳，經費補助有限，各校需自籌資金，學校及家長需支付的教育成本愈來愈高。

5. 教育、工作職場及經濟發展的關係脫鉤，改善之道是增加與就業技能銜接的課程，引進企業資源，協助學生提升就業能力。如產學定期專題講座、研討會及實習等，加強學生實作經驗。

6. 國家缺乏真正瞭解高等教育目的之高瞻遠矚者，勇於做變革管理，傳承高等教育的承諾。

二、公關人之角色

學校公關人的基本任務，是將學校現況及未來改變，進行內部與外部溝通，並告知要採取行動的相關領導者可能產生的影響。公關人的主要責任是讓大眾知道學校的特色，如此才不會因為不知而損害其聲譽，反而會因瞭解而支持其觀點。大學必須擁有資源與自由，才能持續不斷地完成其教學、研究與服務的責任；同時，公關人亦需將外界對學校的看法告知高階管理者，作為制定政策的參考。

學校公關單位主管對學校全部的溝通工作，都應主動提供其專業建議，與高階管理單位互動密切，以便協調校內外各種公共活動，負責學校對外媒體關係、刊物發行、廣播及電視臺營運，直接向校長報告，與各系所、學院、註冊組等單位合作，提供策略溝通規劃，以孕育順暢的溝通協調環境，將學校的研究、教學及服務活動在市場的知名度提高，讓其目標對象留下深刻印象。

劉秀曦（2001）指出公關對臺灣高等教育之重要性有五：

1. 減緩大學與社會大眾之衝突，同時與不同單位建立互惠合作的關係。

2.建立形象，提升大衆對大學教育價值的正面態度。

3.協助學校教育革新與組織變革，與大衆進行良好溝通。

4.協助募款，1999年後，臺灣公私立大學需自籌部分經費。

5.運用公關爲學校定位，有利學生招募。

第三節　改變中的學校關係

一、美國

　　美國早期學校公關亦受到學術界的抵制與懷疑，教師與管理者認爲公關即單向宣傳（propaganda），習慣於別人有事請教他們，而不習慣去行銷自己的研究、理念與服務；後因教育問題日多，環境跟著改變，逐漸接受公關的專業與重要性，將其功能整合至管理體制內，並在部門名稱上因需求而做調整，例如：公共事務、資訊服務、規劃與發展、社區關係、校長特助、新聞與刊物服務、學校關係等。

　　1899年史托斯（Anson Phleps Stokes）將耶魯大學秘書室改爲校友暨公關室，1931年密西根大學（U. of Michigan）更設立學校關係副校長職位（Office of the VP for Communications），如今全美九成以上的大專院校皆設立相關部門。

　　美國大型學校皆建立結合公關、校友、發展及募款的振興學校單位（Office of Institutional Advancement），包含以下功能：公關（服務資訊、刊物、社區關係及政府關係）、校友關係、募款、學生召募及印刷活動等。一般學校皆會有公關、校友及募款三個基本功能在其學校關係單位，或根據學校需求做整合。

　　海斯特（Halstead, 1993）強調學校公關功能如下：媒體關係、講稿撰寫、網路公關、內部溝通、社區關係、行銷、市場研究、意見調查、活動舉辦、學生招生及形象建立。

二、臺灣

臺灣大專院校在這方面的腳步即顯得相對較慢,世新大學因有完整的公關課程,故較早在行政管理系統內將其納入,臺大、成大、交大、清大、文化、輔大、銘傳、東海、東吳、中央警大、華梵、聖約翰技術學院、元智、逢甲、文藻外語、中山及高雄醫大等接著陸續跟進,但大部分學校皆不知該功能之重要性,或由校長、主任秘書兼任部分工作。其中以成大組織較完備,1988年在前校長夏漢民博士任內成立新聞聯絡中心,積極配合該校舉辦的各種活動及行政措施,與各院系(所)舉辦的教學、研究、社會服務等相關活動,適時的發布新聞,與媒體建立順暢溝通管道。

楊慕理與陳明鎮(2008)針對中南部二十所大專院校調查發現,學校公關重視媒體關係、形象建立、危機處理、社區關係及活動舉辦。一級主管公關室主任直屬校長,獲授權具管理功能;二級主管公關組長直屬主任秘書,處理事務性例行工作。

三、規劃學校公關之注意事項

1. 學校的特色:綜合型、宗教型或社區型;位於城市或小鎮、行動派或自由派、作風被動或保守。
2. 學校管理單位或董事會對公關目的與責任之瞭解。
3. 公關單位架構:只有基本的資訊服務或廣泛且多層面功能。
4. 基本公關政策:對外發布訊息需經校長、院長或其他人核准,公關人在管理政策制定中的角色。
5. 學校及公關部建立之歷史。
6. 掌握周遭大環境之現況:尤指政治、經濟、社會及地方發展,研究這些指數使得公關人認知到學校所在之民意所趨,是支持、中立、不支持或完全的敵視。
7. 工作重點:
   ・參與制定學校教育特色及溝通目標,是學校對外與對內溝通之橋

梁。

- ・新聞室：非被動等待採訪，而應積極地將研究及辦學成果對外溝通，確保刊物及網站內容的正確及更新。
- ・政府關係：包括政策方案預算等訊息之傳達及追蹤。
- ・協助校友關係發展及學校募款。
- ・社區關係與特別活動的規劃及舉辦。

8.議題及危機管理：公關部應變力，應隨著學校改變及目標對象需求做調整，同時定期評估其政策與作業狀況。

第四節　學校關係溝通規劃

學校關係就如同其他商業界的公關活動般，亦包含四個標準公關過程：事實蒐集、活動規劃、溝通及評估，分述如下：

一、事實蒐集

針對現象與問題進行意見調查，分析原因及目標對象的認知，作為後續規劃的依據。一般目標對象如下：

(一) 內部公眾

內部態度會影響外部行動，組織內的高士氣與熱情會散發至外部，故內部溝通目的包括傳播工作相關訊息、提高工作士氣、建立對學校目標的支持與參與、危機管理。其對象包括以下兩類：

1.學生

其態度和行動是決定社會大眾觀點的重要因素，良好的學生關係之基礎，在於管理者和學生間保持訊息自由流通的管道。

2.教師和職員

校長和行政管理者扮演重要角色，大眾是根據對這些人的印

象來考慮與學校的關係。教職員是形成大眾對學校看法的基礎，亦是決定學校是否得到信任和支持的主要因素。把學校的員工發展成一支為建立良好社區關係而努力的隊伍，是學校公關的起點。

(二) 外部公眾

1.家長
學生的父母是支持學校的核心力量，學校可利用信函邀請，舉辦家長俱樂部、家長週末等活動，建立與家長的互動。

2.校友
學校必須努力獲得校友的忠誠與興趣，然後才能得到其幫助。校友會的基本目標是透過集體的努力，支持與舉行校友關心學校的一切活動，包括研討會、教育活動或旅行等。校友領袖的職責是使校友的權利被重視而不是被剝奪，其行為是被引導而不是被逼迫，全面的溝通訊息而不是部分的聯繫；更重要的是，校友被組織起來的目的和興趣應該在募集資金之外。

3.政府官員與立法者
美國許多大型學校自1960年後，因政府對高等教育的支持降低，皆設有專人來監看與學校相關的教育議題及預算，並尋求中央與地方政府及立法單位支持，其他責任包括倡導一些理念，將教師研究與政府政策作連結。

4.社區
成熟的社區關係為學校提供良好的環境，大專院校對良好社區關係的重要性認知，遠遠落後於產業界。社區主要成員除上述三種公眾外，尚包括意見領袖、企業、各種慈善基金會、潛在捐款者、供應商，以及與學校研究項目有關的機構等，學校必須分析各種大眾的需求，針對不同公眾採取不同溝通策略。

5.媒體

主動提供資訊給媒體報導，包括學校的需求及對地方與社會
的貢獻等。唯有將平日發展與活動告知大眾，使其產生瞭解
與認同感，當學校需要整合資源時，大家才知道如何提供協
助（圖15-1）。

圖15-1　2012年成大骨質疏鬆藥技轉歐洲第二大藥廠Novo
Nordisk四億臺幣，刷新臺灣學界技轉最高紀錄

二、活動規劃

設定目標，找出解決溝通障礙的策略、方法、預算、時間表及責任分
配。茲以下述案例說明具體做法：

美國動物保護者在1989年7月舉辦大規模活動，抨擊德州科技大學健
康科學中心用動物做研究，該校新聞室主管及內科教授咸認此舉無異扼殺
學術自由，乃共同說服管理單位通過一項大型公關活動，向其他學校及大

眾解釋生物醫學研究之重要性。

1990年第一階段先向兩百餘位大學科學研究者及行政者（包括校長、法律顧問、安全及公關人等）舉辦說明研討會，並將白皮書寄給教育單位及醫學相關協會。

1991年第二階段目標則在學校、家長、病人、科學研究者以外的學者及中小學生。從民意調查中發現，其中很多人的誤解存在於法規中，年輕人比家長更贊同保護動物運動。有鑑於此，德州科技大學乃採取以下行動：

1. 在該校率先成立動物研究學生組織，發行訓練手冊並擴展為全國性組織。

2. 出版《對生命的健康尊重》冊子至各大醫院候診室、學生組織，並至中小學及民間俱樂部舉行說明會。

3. 在立法單位舉行聽證會，促使1991年通過《動物研究設施保護法》。

4. 舉行全國性巡迴演講，共收到七十五個迴響，索取更多資訊，並出版《動物權剖析》一書。

5. 上述活動款項全部來自於內科醫師及無名氏捐款，並無州政府補助，結果此公關活動讓德州科技大學成為此議題的全國性權威發言人，許多團體相繼出錢出力協助延續此活動。保護動物者亦未再發動任何公關反對活動，此案例並於1992年贏得CASE金質獎。

三、溝通工具

(一) 印刷媒介

學生校報、教職員刊物、校友雜誌、年報、小冊子、口袋型指南、特別刊物（例如：校慶特刊）、新聞稿、海報、信函、大型戶外看板或布條、重要演講等。

（二）電子媒介

校內廣播臺、電視臺、電話、學校簡介錄影帶、網站及電子郵件等。史丹佛（Standford）大學在臉書設辦公室時間，開放學生與外界人士提問，並將校友成功創意故事到處傳送，是大學向外積極溝通之創舉。

（三）活動

鼓勵各系為現在學生找尋實習及比賽機會、為潛在學生舉辦的校園博覽會、為畢業生舉辦的就業博覽會、園遊會、研討會及座談會等。

四、評估

學校對學生與教師評估已行之有年，但對公關活動評估概念較弱。活動評估是一個重要管理工具，對活動定期作評估就會有累積數據可用，以作為決策或規劃未來的參考。有系統的評估包括以下七個步驟：

1. 選擇理論根據：使用的模式為何、由內部或外部單位來執行評估等。
2. 設定目標：將目標定義清楚，包括整體公關活動目標及過程中各分項的目標。
3. 發展測量方法：包括對資源、目標對象、財務、活動及結果等。
4. 執行測量與蒐集數據：經由觀察、訪談、問卷及月報等方式。
5. 分析數據：有足夠時間做綜合整理與說明。
6. 報告結果：發現必須做成建議並與大家分享。
7. 將結果付諸有規劃的行動，否則一切作為將只是空中樓閣。

成功案例

1. 背景說明及研究

南密西西比大學（University of Southern Mississippi）在2008年發起慶祝 2010年百年校慶活動，藉此機會建立知名度、募款、增加校友及招募學生，贏得PRSA 2011年品牌管理銀砧獎。

邀請三百餘位教職員工、學生、校友及社區領袖進行對話，找出學校最大資產、資源及優點，討論結果與蓋洛普（Gallup）調查結果一樣——大家不知該校有多好。另外針對百年校慶知名度訪談調查，產生問題聲明：該校在某些領域的學術研究及運動，在美國皆名列前茅，但在校內及校外知名度皆不高。

2. 目標

- ·2010年12月前針對目標對象，創造該校豐富歷史及傳統之知名度。
- ·2010年12月前增加該校媒體報導20%。
- ·2010年12月前增加該校網站流通量20%。
- ·2010年12月前增加該校校友為兩萬人。
- ·2010年12月前達成百年校慶獎學金捐獻目標美金一百萬元。
- ·2007年9月至2010年9月增加新生註冊6%。

3. 目標對象

教職員、現在及潛在學生、媒體、校友、家長及捐贈者等。

4. 策略

強調高品質展望未來之大學活動，經由內部及外部目標對象的參與，藉此時機反省過去、感恩現在及專注下一個百年，採用主題：珍惜過去，黃金未來。

5. 規劃與執行

(1) 活動由兩個品牌影片組成：一是2008年底發行的「南密西西比故事」，發表百年校慶熱身即將開始，強調該校歷史與演進，介紹該校的定位及特色：創意、勇敢及有決心。二是「邁向巔峰」在活動最後一個月發行，專注學校未來發展。兩支影片經由You Tube及社群媒體等管道分享給數以百計的潛在學生、校友及捐贈者。

(2) 公關人將具新聞價值的故事在全國各大媒體刊出。

(3) 視覺品牌：標誌（logo）及網站等貫穿整個活動。

(4) 特別活動：演唱會、創辦人日、百年校慶日等。

(5) 展覽：百年回顧展及校友畫展等。

(6) 募款：百年獎學金贈與基金及百年校友會會費募款活動。

(7) 刊物：校友雜誌特刊及百年歷史專輯。

(8) 廣告：百年校慶布條散布於校園及城市高速公路旁、刊廣告於全國目標媒體、校長巡迴演說「南密西西比故事」。

(9) 促銷物品：百年別針、貼紙、獎牌及書籍等。

6. 預算

主要由該校基金會、校友會及企業贊助，總計約四萬七千七百美金。

7. 結果評估

(1) 2010年12月前達成正面改變該校各方面知名度。

(2) 2010年12月前增加該校媒體報導高達838%（2008年13則至2010年122則）。

(3) 2010年12月前增加該校網站流通量高達107%。

(4) 2010年12月前增加該校校友增加為21,088人。

(5) 2010年12月前百年校慶獎學金捐獻高達美金三百九十萬元。

(6) 2007年9月至2010年9月增加新生註冊14%。

第十六章
非營利組織公關

第一節　歷史與趨勢

　　私有部門、非營利、非政府組織在二十世紀晚期快速的成長，在經濟和社會發展中扮演不可替代的重要角色。非政府組織整合民間的資源，結合志工的力量，以靈活的組織，有效的方式，在人權、環保、兩性平權、國際開發、人道救援、安全等議題與工作，以及國際事務中扮演日益重要的角色。

　　社會服務時代已經來臨，管理大師彼得‧杜拉克曾預言：很快就會有高達一億兩千萬的美國人每週至少貢獻五小時。

　　非政府組織（NGO）與非營利組織（Non-Profit Organization，簡稱NPO）名稱混用情形嚴重，1909年全世界有一百七十六個非政府組織，2000年成長至45,674個，2012年外交部統計資料，我國登記有案的NGO／NPO已有四千多個。目前臺灣非政府組織已透過不同的發展策略，參與各類的國際活動。從事國際援助發展工作者仍為少數，至於參與國際倡議型活動方面，目前仍在起步階段。

　　沃夫（Thomas Wolf, 1990）對NPO非營利組織的定義如下：
- 必須具有服務社會公眾的使命目標。
- 必須在政府登記有相關法令的管轄。
- 必須是非營利或是慈善性質的機構。

· 經營結構排除私人獲取利益或財產。

· 應該享有政府稅收減免的優惠待遇。

· 法律上對捐贊助者捐款得減免稅賦。

公益網認為非營利組織的目標是支持或處理個人關心或者公眾關注的議題，因此其所涉及的領域非常廣，從藝術、慈善、教育、政治、宗教、學術、環保等，擔任起彌補社會需求與政府的落差。非營利組織界又被稱為第三部門（The Third Sector）或志願部門（Voluntary Sector），即非政府機構（第一部門）、又非企業單位（第二部門）的組織總稱。

聯合國對非政府組織的定義是：「公民所成立的地方性、全國性或國際性非營利、志願性組織，以促進公共利益為工作導向，提供多元的服務，發揮人道的功能，將人民的需求傳達給政府，監督政府政策，鼓勵人民參與地方事務。」

一、歷史

(一) 光復初期至60年代

當時一些基金會及協會的成立，型態有三：一是有錢人做善事，例如：發牛奶、米或棉被等。二是國外引進一些不屬於政府的團體組織，例如：紅十字會及基督教兒童福利基金會。三是俱樂部形式，例如：四健會、青商會、扶輪社、獅子會等，成員多是中產階級和菁英分子。

(二) 80年代以後

經濟起飛，產生許多新的社會問題，政府也無法獨力解決，今日臺灣基金會中，有八成是成立於該年代。因其代表的是社會而非政府，故在國際社會上仍有很大彈性的空間。營運及設立的規定，乃依據民法或人民團體組織法。

（三）90年代以後

臺灣的非營利組織開始出現議題區隔及全球化的現象，例如：
環保、婦女、勞工、人權等問題，大專院校亦成立相關系所進
行研究。以基金會（創立金額從兩百萬至三千萬元不等）形式
的財團法人有三千餘家，其中70%是獨立基金會，25%是企業
基金會，其餘爲政府及其他類型基金會；以人才爲主的社團法
人更是基金會的六倍，多達一萬九千餘家；至於會員制社團組
織，至少要三十個發起人。

二、趨勢

根據臺灣內政部社會司的統計，經政府核准設立的社會團體家數，
至2011年底達10,713家，其中「社會服務及公益慈善團體」達2,263個，
是十年前的2.5倍，二十年前的11倍。地方政府轄下的社會公益團體更達
9,781個，高居各類社會團體之冠，但因屬性橫跨多個部門，亟需整合。
2012年臺灣公益資訊中心統計全國基金會計18類5,955個。

臺灣平均每年公益捐款總額保守估計約爲一千億，目前僅約十分之一
的非政府組織願意以誠信原則提供徵信，揭露營運資訊供社會大眾檢驗。
內政部2012年統計，國內每年有六十億慈善捐款，認養國內外貧童超過
三十一萬人。聯合勸募2008年統計，臺灣每年公益捐款總額爲435億，
47%都集中在宗教捐獻，51%的社會福利捐款集中在前五個知名團體中，
社會資源嚴重不均。2011年臺灣公益團體自律聯盟針對103家會員研究，
發現在透明度、資源運用（超過10%公益團體，以不同名目囤積資金與資
產）及執行成效上，仍有待加強。

NPO類型分爲五大類：

（一）健康及人道服務

包括兒童及老人照顧、青少年問題、懷孕照顧、身心障礙、領
養、災難回應及員工協助等，讓政府或立法單位將錢用在對的

地方。

(二) 會員

包括體育、國際、學術、醫療和同鄉會等，勞工聯盟抗議薪資不公及工時過長，引發資方重視及政府修法。

(三) 教育

包括中小學及大學，教育政策及學生用藥等議題，溝通對象為師生、家長、地區居民、教師工會、立委及校友等。

(四) 宗教

領導者或會員之不當行為妨礙募款及眾人信念。

(五) 其他

如旅遊或環保等。

圖16-1　弘道老人福利基金會2007年開始推動不老夢想，推出「不老騎士」騎摩托車環島，再創銀髮生命價值

2009年東方消費者行銷資料庫調查，臺灣前十名公益團體分別為慈濟功德會、世界展望會、創世基金會、紅十字會、兒童燙傷基金會、聯合勸募、生命線、喜憨兒基金會、消費者文教基金會和伊甸基金會。其中慈濟運用多層次連鎖人際互動的模式，及全球「社區主義」和謙卑「自我管理」，每年資源回收創造九億元營收；創世基金會「自負盈虧」的經營策略及掌握資料的正確和效率很高，值得借鏡。

2009年Cone公司調查，美國品牌價值及營收前十名之非營利組織分別為：青年會（YMCA）、救世軍、聯合勸募、紅十字會、殘障協會、天主教慈善機構、人類家園（Habitat for Humanity）、癌症協會、弱智協會及小童群益會（Boys & Girls Clubs）。

NPO競爭相當激烈，需不斷吸引捐助者、志工、員工、媒體及大額捐款，故其營運需具整合行銷（IMC）概念，即市場區隔、市場導向、資料庫建置及品牌經營，策略專注在與支持者利用感恩、面對面溝通及定期刊物，建立長遠關係。根據研究，關係建立需十八個月才能為組織帶來穩定收益。

NPO公關成功要素如下：
1. 專注使命。
2. 凝聚內部共識，統一外部溝通。
3. 建立一個獨特品牌認知。
4. 董事會成員主動參與規劃與活動。
5. 訊息簡單，例如：生命線「千里一線牽，幫助在耳邊」、家扶「關懷今日兒童，造福明日世界」。

第二節　募款

即使獲得政府補助，幾乎全部非營利組織仍為募集資金（fund-raising）而苦惱，募款已被提升為高度發展的藝術。一些企業亦與基金會共同舉行大型募款，因資源整合佳，成效不錯。

在美國，即使大筆與公共的捐獻來自企業及基金會，但每年來自個人

347

的捐款仍遠大於上述捐款。美國城市協會統計，2011年個人的捐款達年度總捐獻額2,984億美金的73%，宗教、教育及人道服務仍高居前三名，基金會捐款達469億美金。依據不同的需求，非營利組織可拋磚引玉，以小引大，一些全國性單位才可募集大筆資金，幫助需要幫助的人。

公關人可直接參與組織，舉行募款活動，或以顧問角色協助組織發展。組織常找公關公司舉行大型募款活動，在這種案例中，公關人扮演居中協調的角色，透過故事、事件、議題、媒體與名人做公益行銷，募款其實需大規模高階的規劃與管理。

募款涉及風險與利益，遵守高道德標準的募款並嚴謹控制成本，讓花費只占募款的合理比例，是組織維持可信賴的重點。很多團體名譽受損，因其所募款項只有少部分用於當初倡導的理念，大部分用於募款花費及人事行政費。

募款及行政費依不同組織及環境做變動，很難建立可接受的絕對百分比標準，如新組織會有特別的創立花費。一般而言，募款成本高於所募款項的25%，或行政費超過40%至50%，該組織就會為人所垢病。

據2006年5月臺灣公益勸募條例第17條：勸募團體辦理勸募活動之必要支出，得於下列範圍內，由勸募活動所得支應：

一、勸募活動所得在新臺幣一千萬元以下者，為15%。

二、勸募活動所得超過新臺幣一千萬元未逾新臺幣一億元者，為新臺幣一百五十萬元加超過新臺幣一千萬元部分之8%。

三、勸募活動所得超過新臺幣一億元者，為新臺幣八百七十萬元加超過新臺幣一億元部分之1%。

前項勸募所得為金錢以外之物品者，應依捐贈時之時價折算之。另外，公益團體善款支出不得低於收入70%，否則要課稅。

募款要順利，就要瞭解個人或組織捐獻的動機有四：

1.助人為快樂之本及慷慨解囊的想法，存在於每個人心中。

2.自我滿足者希望大樓以其名字命名，名字出現在捐獻名單上。

3.同儕壓力，因向朋友說不是件困難的事。

4.減稅：對政治、教育或慈善團體的捐獻，可抵減所得稅。

一、募款的步驟

募款是許多非營利組織（例如：學校及醫院等）支援營運的重心，並成為公關專業的工作項目之一。一個成功的募款活動需包含以下五個基本步驟：

(一) 確認活動計畫與目標

募款財務目標需設定並宣布，社區特定區域若是其目標，則需先做規劃。

(二) 事實發現

需注意會影響捐獻的相關趨勢，與社區相關單位的互助關係需被定義清楚，全國與區域經濟發展狀況亦需被考慮。

(三) 邀請具影響力的領導者

最好的募款活動往往會有具知名度的人做代言人（官員或演藝人員等），他們出來登高一呼，即可造成一呼百諾的效果。

(四) 規劃及執行強而有力的溝通活動

宣傳造勢活動必須詳細規劃，並請具全國或地方知名度的名人出面，募款進度更需定期向義工及捐獻者報告。

(五) 定期評估

儘管活動進行中，亦需定期評估成功或失敗的原因，並隨時因應環境做修正，以達成目標。當目標接近時，策略亦可彈性調整。

二、募款的型態

有效的八種募款型態如下：

(一) 企業及基金會捐獻

組織尋求大企業捐款，一般會透過地方辦公室或銷售點，一些公司會給予地方辦公室捐款年度上限；至於基金會則需向總部提出申請。

美國年度平均企業捐獻約九十億美元，其中40%用於教育，捐獻幅度約小於1%或大於2.5%的稅前盈餘。亦有些公司鼓勵員工參與，只要員工捐一元，企業也捐一元或更高，即以等比例捐獻（matching fund）。

(二) 目標金額募款活動（Capital Campaign）

募集特定金額用於醫院擴建、學校興建新大樓、或從事某特定有益大眾的事情，大部分款項來自企業及個人捐獻，這種募款需專業經驗，許多組織皆會尋求有經驗的專業顧問協助。自1985年即展開的「點燃生命之火」活動，由中國信託支付該案的行銷宣傳費用，並提供捐款帳戶，旨在協助家扶中心投入貧困及弱勢兒童學習扶持計畫。

常用募款步驟如下：

1.舉辦可行性研究

針對募款背後理由做客觀考察，提供一個適當的目標金額，並細分成多少企業或個人需各募集多少資金，才能達成目標，發展出明確的對外募款聲明，以利媒體報導。

2.可行性研究獲董事會核准與支持

董事會應依照步驟實踐建議，雖常會造成整個計畫延遲，但說服董事會對後續推動工作有很大助益。

3.召募義工領袖

挑選適當的活動及義工領袖，這些義工會在尋求向大眾募款前，經由個人努力，達成大部分的目標。

4.開始募款

依據可行性研究，開始對潛在人士進行募款，從大筆金額開始，依序遞減至小筆金額。

5.中點評估

評估內容包括時間、財務目標或策略是否需作調整，唯有明確掌握目標，才能向媒體宣布進度。

6.決定結尾策略

決定何種改變可符合或超前目標，同時決定何時及如何進行大眾募款。

7.授予義工領袖榮譽

規劃特別活動表彰義工的長期貢獻，肯定其傑出表現。

8.行政綜合報導

因許多大筆捐款將分期付款，必須設立程序來鼓勵及時付款。當檢視活動已達成目標，則要考慮將此經驗作為未來努力的參考。

(三) 直接郵寄（Direct Mail，簡稱DM）

DM因租郵寄名單、準備郵寄事宜，是較昂貴的募款方式，組織可在平時自己建立資料庫以節省成本。最近DM募款量銳減，因大家對垃圾郵件感到厭惡。透過電子郵件傳遞，1%的回應被認為滿意，20%的迴響則被認為極佳。

易引起迴響的DM條件如下：

1. 善用吸引注意力的標題或口號，對慈善機構的目標給予明確定義。

2. 製作與廣告播放有關節目，來解釋為何及如何讓一個捐獻對慈善機構有幫助。

3. 經由小孩或家庭受益的例子建立人性化理由。

4. 對值得信賴的個人，給予第三者證言及證據。

5. 結尾給予強力的附件，讓讀者採取行動，例如：自黏式信封

及保證卡。

(四) 活動贊助

舉辦慈善宴會、音樂會及相似活動，藉銷售門票來募款。其實，大型宴會有時製造的宣傳效果大過實際募得款項。其他如贊助電影首演、劇場表演及體育活動。用產品銷售來募款亦是另一種方式，成功的關鍵在於地方媒體有大量媒體曝光。

(五) 電話募款

此法雖較便宜，但有效性則不確定，除非能將募款理由說明清楚，例如：臺灣八八水災、四川大地震及日本海嘯等。在電話行銷頻繁的今日，為避免受騙，大眾較相信眼見為憑的書面資料。

(六) 小額捐款

民眾每一分捐款皆是愛心的匯集，積沙成塔的力量不容忽視，且小額捐款仍占募款型態之大宗。

(七) 成立企業

全部依靠捐款有時無法預知結果，一些組織就自行成立企業（例如：喜憨兒成立麵包店或宗教團體成立書店）或與其他公司合作以從中獲利，這種做法有很明顯的風險，因企業營運需有良善的管理能力，否則賠錢亦可能發生，或造成一些問題，影響組織的聲譽，故事前需仔細評估政府相關法令，並借助專業人士的經驗，才可穩操勝算。

(八) 網路行銷

以更快及更節省的方式與民眾進行多元溝通：

1.官方網站

提供最新訊息及服務，即時解答民眾疑惑，方便民眾透過網路，參與線上捐款。

2.電子報

民眾可選擇收到由紙本或透過網路閱讀服務成果，此舉既節省印刷郵寄成本，又兼具環保功能。

3.電子郵件廣告（eDM）

針對特定活動發行，進行宣傳。

4.Web2.0

如Wiki、YouTube及Blog提供雙向交流管道，並透過圖文呈現，發表及時活動訊息或宣導議題，甚至結合時事，吸引大家的關注及討論。米勒（Miller, 2008）指出，此法可能成為吸引長期捐助者的最佳方式之一。

5.網路活動

以密集活動行銷新方案，例如：

(1) 創意網路活動：可配合年度事件舉辦活動，或舉辦年度主題活動，貼近民眾，如家扶中心「兒童保護好鄰居」活動，鼓勵民眾尋找貼有兒童保護標章店家，拍照上傳。

(2) 網路拍賣：如「網路愛心競標」活動，拍賣名人捐贈物品，可獲廣大迴響。

(3) 設計討喜的宣傳品或義賣品，如公仔等。

6.與企業策略聯盟

成功關鍵在於雙方有一致目標：

(1) 捐款：直接捐款挹注現有服務、專案專款及產品銷售等比例（例如：捐銷售額某百分比或定額方式）。

(2) 贊助活動或物資：如活動招待（旅行社贊助貧兒一日遊）、贊助公益宣傳（提供產品或通路）等。

(3) 企業志工：讓企業的消費者化為潛在之公益者，如一日志工。

7.社群媒體

在臉書上成立專頁，拓展與網友互動新空間。

根據研究，社群網站是一個供展示善款使用成果，多過於能實際募款的地方。根據調查，透過臉書，一年募到逾一萬美元的非營利機構還不到一半；募到逾十萬美元者，只占0.4%。《網路型非營利組織》一書共同作者范恩（Allison Fine）認為，只有在社群夠強、網路夠大的情況下，才能成功募款。

根據一份針對一萬一千兩百家慈善機構所做的調查，美國90%的非營利機構都已使用臉書。利用網路結合社群網站，為善事募款的網站很多，如臉書的Causes及好事網（Network for Good）等。這些網站和平臺，讓用戶可以連結慈善機構或彼此連結、舉辦活動、直接捐款或在朋友間發起募款。

三、募款的技巧

善用社工優勢及後援團體（例如：家扶之友），且重視責信度（accountability），透明的財務機制及正派經營之形象，是吸引捐款人的要素。

臺灣花旗銀行與聯合勸募協會自1995年開始合作募款活動，2012年特別訴求「定期定額」概念，鼓勵民眾每個月捐五百元，輕鬆做公益，共募得3.1億元，將補助四○一個社福團體、五一五件社會福利計畫，前三大服務對象為身心障礙者、弱勢家庭與疾病患者。

募款的技巧約可分為以下十點：

(一) 非僅限於金錢

如世界展望會募得嬰兒新衣及奶粉等物品，並與媒體合作義賣。

(二) 把握時機，面對需求

如家扶中心曾於每年九月開學前，透過媒體報導考上大專院校卻無力付學費的家貧孩子，立即獲得廣泛迴響。

(三) 激發人性之至善

人性皆具悲天憫人的特質，並愛實踐成人之美與助人為快樂之本。

(四) 認識並教育捐款人

捐款人即朋友，分析何種動機可吸引潛在捐款人，並重視現有捐款人，對於特定捐款族群（例如：銀髮族、上班族及單身貴族等）更要規劃相關活動，以吸引目標對象。

(五) 帕累托（Vilfredo Pareto）理論或80/20法則

該義大利經濟學家認為80%的募款，往往來自20%的主要捐款人，故要將募款重心專注於20%的主要捐款人。

(六) 便捷有效的服務

讓捐款的過程簡便易操作，對於捐款人的任何問題，更應盡到有問必答的服務。

(七) 確立目標，勇於嘗試

設定捐款目標，發揮創意，勇於嘗試各種方式來達成目標。

(八) 適時運用商業行銷

如配合企業舉行音樂會、時裝展及商展等，凡購買每張門票，企業即代捐部分金額給慈善單位。

(九) 專業化並全心投入

募款需有經驗專業人士作有系統的規劃，才可達成目標。

(十) 善用免費媒體行銷管道

創造議題，富人情味及趣味性的真實故事，最能吸引媒體及大眾的關注，造成意想不到的結果。

美國加州聖地牙哥舊全球劇院，平均每年吸引三十萬觀眾看三百餘個表演，因一場火災促使董事會決定要募集一千萬美金進行重建工作，以及增建演練區與販賣區。

初步的研究顯示，當地社區意見領袖不認為該劇院需錢孔急，義工領袖缺乏個人大筆捐款及募款能力。董事會乃採取行動如下：

1. 製作四色小冊子給予具潛力的捐贈者，內文說明此捐贈的意義與重要性。
2. 幾個大筆捐款成為帶動氣勢的先鋒。
3. 雞尾酒會上，董事會成員及主要捐贈者聽到此募款的簡報，被要求從常看表演的兩萬人名單中，挑選認識的人進行募款。
4. 每個潛在捐款者皆設定準確的目標金額，聘請研究者精算這些目標，事後證明是正確可行的方法。

募款活動就依據上述名單迅速展開，並將金額從最高一百萬元一直細分至一千元，前者三人，後者一千五百人，真正捐贈者約占每類的三分之一。

結果活動共同主持人捐出五十萬元，立即帶動其他個人、公司及基金會跟進，八百五十萬元全由個人勸募完成，接著活動經由媒體報導轉向大眾募集一萬元以下的金額，最後階段向尚未捐款的劇院工作成員發出DM，目標順利達成。

第三節　社會企業

近年社會企業（social enterprise）與社會創業（social entrepreneur-ship）在全球蔚為風潮，形成一場新的公民自覺與自發的運動，不但模糊了社會與企業的界限、轉化非營利組織的思維，甚至改變政府的公共政策。

社會企業仍是個新興領域，在國際間（尤其是英、美、南亞等國家）已被證明為一個可擴張及永續經營的商業模式，更提升社會公益組織的財務自主性。當今主流意見領袖紛紛提出反思，諸如比爾蓋茲（Bill Gates）的創造性資本主義（Creative Capitalism）、麥可波特（Michael E. Porter）的創造共享價值（Creating Shared Value）等，都說明了社會與企業不再是兩條陌生的平行線，世界正在改變！

「社會企業」透過創新思維，發展出有規模且可永續經營的商業模型來解決社會議題的創業家。廣義而言，是一個用商業模式來解決某一個社會或環境問題的組織，例如：提供具社會責任或促進環境保護的產品／服務、為弱勢社群創造就業機會、採購弱勢或邊緣族群提供的產品／服務等。其組織可以營利公司或非營利組織的型態存在，並且有營收與盈餘。其盈餘主要用來投資社會企業本身、繼續解決該社會或環境問題，而非為出資人或所有者謀取最大的利益。

「社會企業」最早從英國興起，介於一般企業及NPO之間，是指以公益或解決特定社會問題為核心目標的企業型態組織，它不靠捐贈，而靠日常的營運，在市場機制中自給自足。透過所提供的產品、服務、作業的流程或僱用的員工，解決社會問題，創造社會公益；即以商業手法，達到公益目的，範圍包括教育、環保、貧窮、公共衛生、弱勢族群、身障者就業、醫療等。

據美國城市協會（The Urban Institute）2011年統計，非營利組織總計約一百五十餘萬個機構，總營收（revenue）為1.51兆美金，占GDP的5.5%，其中73%來自自立營運（含政府及其他合約的服務費），其餘來

自大眾捐獻及政府補助。

「科技濃湯」（TechSoup）是全球最大的科技產品捐贈平臺，2002年時發展出一個透明化捐贈平臺，迄今這個平臺共分送出市值逾三十二億美元的科技產品，給全球四十四個國家的NPO，並對每一項產品收取4%行政處理費，以維持基本人事運作與支出，2011年年收入高達三千萬美元，被視為一項成功的社會企業模式。2008年該組織來臺與開拓文教基金會合作架設網路捐贈平臺，每年為臺灣的NPO省下六千萬元軟體預算。微軟、趨勢科技、SAP等科技公司定期捐贈軟體，亦接受企業捐贈新舊電腦、筆電、平板電腦等，目前有八百多個NPO登記成為會員。

舊金山Goodwill的非營利組織，這家有百年歷史的機構接受各界捐贈衣服和家具等物品，清理後轉賣出去，在全球發展出二千七百家店與一個拍賣網，去年營業額就高達二十七億美元，盈餘八成以上投入就業訓練與輔導。他們承攬政府與企業外包工作，例如：文書處理、包裝、清潔等，去年為身心障礙、新移民等弱勢族群創造了三百萬個工作機會。「綠天使」二手衣專賣店仿效上述做法，2010年由一群身心障礙者的媽媽們集資成立，希望透過二手衣的收購與轉賣，為身心障礙者創造工作機會，達到「環保再生」與「弱勢就業」目標。

臺灣社會企業的最佳代表為2000年成立的勝利身心障礙潛能發展中心，陸續發展出加油站、洗車中心、北歐點心、餐飲服務、加盟便利商店與手工琉璃等11個事業單位，2012年營業額高達五億元；2007年若水國際以投資和育成「社會企業」為主要目標；喜憨兒基金會的麵包店及麵膳坊亦是典型的「社會企業」。

伊甸基金會在企業贊助下，取得經營咖啡吧的場地、原物料等營運所需成本，並提供身障者職訓或就職，盈餘挹注伊甸職能訓練計畫經費。

陽光基金會為國內社會企業的先驅，陽光汽車美容中心成立二十餘年，員工以身心障礙者為主。目前該中心仍需靠基金會其他財源填補赤字，營造讓身心障礙者穩定就業、職業訓練的環境。

社福團體經營社會企業常面臨行銷技巧不足、欠缺宣傳通路的困境，加上社福團體能開出的薪資條件很難延攬經營人才，種種因素導致產

品難和一般企業競爭。社會企業不是非營利組織的專利，一般企業的行銷與通路更強大，若能投入或協助社福團體，更能讓社會企業顯現效益。

　　臺灣的社會企業尚無法源，英國早在2005年通過「社區利益公司法」（CIC），目前有六千多家社會企業；美國於2009年通過兩項社會企業法令，現有一千多家社會企業。亞洲以韓國最積極，2007年通過「社會企業促進法」（SEPA），迄今有七百多家社會企業，臺灣顯然有待迎頭趕上。

成功案例

1. 背景說明

2009年美國肺協會（ALA）及Porter Novelli（PN）公關公司發展一個大型草根性活動，教育大眾戒菸有益健康，任務在建立ALA為此領域之領導地位，活動在五個州發表，贏得PRSA 2011公共服務銀砧獎。

2. 研究

針對全國四千餘位消費者研究顯示，美國成人吸菸人口並未因影響健康而遞減，質與量的研究是為發展策略及訊息，目前吸菸者被問到影響戒菸的原因是省錢及健康。一項重大發現是，每十人中就有六人需嘗試多次才能戒菸成功，最終發展出「戒菸在你」的主要訊息，讓過去戒菸經驗成為成功戒菸的必經步驟。

3. 目標

(1) 增加吸菸人口視ALA為引起戒菸動機之資源。

(2) 增加企圖戒菸的吸菸人口。

4. 策略

(1) 專注地方社區動員。

(2) 發展數位及公共服務活動，對戒菸者提供誘因及支援。

(3) 藉助全國及地方媒體支援，傳遞「戒菸在你」的主要訊息。

5. 目標對象

過去企圖戒菸的吸菸人口，分布在賓州海斯堡、維吉尼亞州瑞吉蒙、密蘇里州聖路易士、威斯康辛州密爾瓦基及亞利桑那州土桑。

6. 規劃與執行

(1) 專注地方社區動員：

- 社區凝聚：針對傳統及非傳統夥伴，例如：企業、媒體及健康機構等團體。
- 地方代言人：過去曾戒菸且戒菸成功者分享故事。

(2) 發展數位及公共服務活動，對戒菸者提供誘因及支援：

- 數位活動：成立網站讓戒菸者能形成互相支援團體，消費者可在五州分別看到當地活動公告。
- 公共服務公告（PSA）：用戒菸者真實生活面貌，作成廣告，在五州播出。

(3) 藉助全國及地方媒體支援，傳遞「戒菸在你」的主要訊息：

- 贏取媒體報導：重要訊息及研究結果在《今日美國》頭版刊出，接著進行系列印刷及電子媒體訪問。
- 地方付費媒體：舉辦具附加價值之活動，如電臺DJ藉音樂會吸引參加者加入戒菸活動，並分享感人故事。

7. 結果與評估

(1) 大約每五人之中就有四個（84%）同意活動訊息。

(2) 半數（50%）消費者記得「戒菸在你」活動報告，且在過去半年曾嘗試戒菸。

(3) 該活動造成一百萬個媒體印象，花費十四餘萬美金所購買的電臺廣告，造成61%的投資報酬率。而PSA與地方媒體之結合，產生三百八十萬美金的捐贈媒體價值。

(4) 記得「戒菸在你」活動的消費者，多於吸菸人口視ALA為資訊來源，且在最近嘗試戒菸。

附　錄

【附錄一】 臺灣具代表性十大公關公司

公司名稱 AGENCY 中 / 英	經營者 ADMIN-ISTRATOR	成立日期 Establish year/m/d	公司人數 STAFF	資本額 (萬)CAPITAL (unit:$10K)	公司特色 COMPANY FEATURE	客戶 Clients
聯太 Unistyle	董事長 余湘 總經理 李潔	1974/7/27	40	1,000	為臺灣歷史最悠久的大型綜合性公關公司，隸屬聯廣集團，集團旗下涵蓋廣告、媒體購買、研究調查、公關等業務，能夠真正協助客戶從整合行銷的角度做策略思考與規劃。	P&G、Diageo、Philips、Yahoo!奇摩、中華電信
奧美 Ogilvy	董事長 白崇亮 董事總經理 王馥蓓 謝馨慧	1987/5/1	65		目前為臺灣最大公關公司，專長領域包括醫療保健公關、策略行銷公關、企業與金融產業公關、科技公關等，與奧美整合行銷傳播集團一起耕臺灣與國際品牌，為客戶提供有洞察力、有影響力的整合行銷方案。■隸屬英國WPP集團。	Lotte臺灣樂天製菓、Nokia、Visa、福特汽車、行政院農委會

附錄

365

公司名稱 AGENCY 中	英	經營者 ADMIN-ISTRATOR	成立日期 Establish year/m/d	公司人數 STAFF	資本額 (萬)CAPITAL (unit:$10K)	公司特色 COMPANY FEATURE	客戶 Clients
精英	Elite	董事長 孔誠志 總經理 董翠華	1986/7/1	15	1,200	成立於臺灣報禁解除之初，為臺灣最早以媒體溝通事業及社會資源整合能力服務客戶的公關公司之一。隸屬臺灣最大公關集團一精英公關集團，在亞洲、歐洲、北美等地都有合作夥伴。	HP、3M、Phil-ips、中華電信Hinet
凱旋先驅	Ket-chum New-scan	董事長 朱偉基 總經理 馬慧明	1991	10	500	服務項目重點包括科技及財經公關、公共事務、品牌及食品營養推廣、是全球十大公關公司之一，獲InsidePR雜誌評為1992、1996、1999年度最佳公關公司，亦獲PRWeek國際公關雜誌授予2002年度最佳公關公司。■隸屬美國凱旋先驅公關集團。	BENQ、Phil-ips、新加坡航空、美復表

公司名稱 AGENCY		經營者 ADMIN-ISTRATOR	成立日期 Establish year/m/d	公司人數 STAFF	資本額(萬)CAPITAL (unit:$10K)	公司特色 COMPANY FEATURE	客戶 Clients
中	英						
世紀奧美	Era Ogilvy	董事長 丁菱娟 董事總經理 項微	1992	50	100	服務項目重點包括科技公關、企業公關、消費公關及數位影響及危機管理、員工關係、公益活動。■2002年加入奧美集團。	A M D ， Google，NVI-DA，Epson，遠傳電信
戰國策	Get-go	董事長 吳春城	1993	60	1,500	為民眾、公部門、企業及非營利組織之資源整合平臺，主要業務為政策行銷、非營利組織行銷及社會行銷等。	麥當勞，經濟部、衛生署疾病管制局、開發性製藥研究協會、老人福利推動聯盟
先勢	PILOT	董事長 楊忠翔 執行長 黃鼎翔	1996/10/8	25	2,000	擅長企業議題公關與事件行銷，近年更積極跨足整合行銷服務，服務跨足企業與公部門客戶多元，3C、消費、電信、醫療、金融、跨媒、改府溝通、企業形象與危機管理、教育訓練等。	Cannon，ATT4 F U N，瓦城泰統，點睛品

公司名稱 AGENCY 中／英	經營者 ADMINISTRATOR	成立日期 Establish year/m/d	公司人數 STAFF	資本額(萬) CAPITAL (unit:$10K)	公司特色 COMPANY FEATURE	客戶 Clients
愛德曼 Edelman	董事長 Richard Edelman 總經理 杜興凱	1997/7/1	12	100	長期追蹤全球公關產業趨勢，推出「全球信任度調查報告」，消費者購物選擇具社會責任公司參考「良好動機」。曾獲美國公關產業研究暨評選「2003年年度最佳公關公司」。■隸屬美國Edelman公關集團。	RIM，HP，諾頓防毒，斐濟水，摩根史丹利
雙向公關明思力 ICL MSL	董事長 周欣欣 總經理 方亮	1998	35	200	2011年2月與策略合作七年的明思力集團合併，於大中華區協力與明思力集團服務跨國企業客戶，接連獲得亞洲區及臺灣區公關及行銷類大獎，包括：亞太區PR Week行銷類金獎。■廣告（Publicis Group）隸屬法商傳播集團陽獅旗下明思力公關集團臺灣區子公司。	P&G，HKTB，Wrigley，Sony Taiwan

公司名稱 AGENCY		經營者 ADMIN-ISTRATOR	成立日期 Establish year/m/d	公司人數 STAFF	資本額 (萬)CAPITAL (unit:$10K)	公司特色 COMPANY FEATURE	客戶 Clients
中	英						
美商埃培智集團	Interpub-lic Group of Com-panies (IPG)	總經理 蔡侗謹	1998	25	500	該集團臺灣旗下擁有兩家公關公司：萬博宣偉公司（Weber Shandwick）1997/9/13在臺成立，專長領域品牌行銷、公眾事務、娛樂公關、危機處理、市調研究。高誠（Golin Harris）2000/11/19在臺成立，擁有國際水準的溝通策略，具卓越的單一市場（本地市場與國際市場），或跨國性市場雙向經營能力。■隸屬美國IPG集團。	3M，Yahoo!奇摩，NIKE，金百利克拉克，紐西蘭佳沛奇異果

資料改編自2012年10月《動腦雜誌》，依成立時間排序。

【附錄二】測量與評估公關效益的指南與標準

公關研究暨評估學會（IPRRE）提供

一、測量公關產出（Outputs）的標準

茲將四種常用測量公關影響用在產出方面的方式介紹如下：

（一）媒體內容分析（Media Content Analysis）

這是研究及追蹤書面和電子媒體的過程，經由特別訊息的解碼及分類方式，將質化的資料轉成量化的型態。

一些在美國的研究者及公關人將此法稱為媒體測量（Media Measurement）或文宣追蹤（Publicity Tracking）研究；在英國，此法被稱為媒體評估（Media Evaluation）；在德國則被稱為媒體迴響（Media Resonance）。不管用何種名稱描述此法，其主要功能是決定一個組織的主要訊息、觀念及主題，經由特定的公關努力或活動，透過媒體獲得某種程度的曝光。

依照組織研究的需求，解碼、分類與分析，可做的範圍相當侷限或影響深遠。媒體內容分析需考慮的變數如下：

1.媒體媒介物變數（Media Vehicle Variables）
刊出或播出日期及其頻率、媒體形式（即報紙、雜誌、簡訊、電視或收音機）、影響區域（區、城市、全國或全世界）等。

2.刊出位置或新聞項目變數（Placement or News Item Variables）
故事來源（新聞稿、記者會、特別活動或媒體自己提出之採訪）、故事形式（新聞、特稿、社論、專欄、讀者投書）、曝光程度（專欄大小、刊登照片數目、播出時間）、故事作者（撰稿人或播出者）。

3.達到對象變數（Audience or "Reach" Variables）

此處專注於新聞刊出的次數、媒體印象及發行量，即訊息達到多少目標對象，例如：報刊雜誌的讀者、廣播電視的聽眾與觀眾。「印象」及「看到機會」通常指一份刊物的發行量，例如：某刊物發行量為五十萬，一篇刊登於此刊物的文章，可產生五十萬印象或看到機會，兩篇文章將產生一百萬印象，依此類推。比印象更重要的是一個組織的故事是否能達到其目標對象，除刊物發行量外，研究者想知道個人曾曝光於哪些被傳閱的媒體刊物中。

4.主題變數（Subject or Topic Variables）

主題在何內容中被提及？組織及其競爭者在新聞報導中如何被提及？（組織名字出現在標題、內文、或上述兩者皆是？）誰的言論被提及與其頻率？組織與競爭者是否在報導中享有同等地位發言權？何種議題及訊息被報導過及其篇幅大小？組織領導者及追隨者在報導中如何被定位？

5.判斷或主觀變數（Judgment or Subjective Variables）

對組織與競爭者報導的立場及語調，語調指一些評論是正面、負面或中立；支持、不支持或平衡報導、測量立場及語調，通常是高度主觀的做法，讓別人有不同解釋的空間，事先清楚定義評估正面或負面的基本規則，使得媒體內容分析更具可信度。

等值廣告（Advertising Equivalency）常在媒體內容分析研究中被討論。等值廣告是將新聞報導版面轉換成廣告成本的工具，許多著名學者辯論該法的計算方式之有效性值得存疑，咸認為獨斷地認為新聞報導較具價值是不道德與不誠實的做法，且尚未被研究文獻所普遍支持。傳播界對於「文宣或是廣告何者的有效性較高」，仍未達成共識；事實上，許多無止境的變數會影響其結果。

在做媒體內容分析時，組織對已發布的訊息及伴隨的照

片或圖形會較重視。由此趨勢看來，未來組織不只會分析文字，並開始注意視覺的影響。

另一項在做媒體內容分析時的注意事項，即不管是何種規則、標準或變數，事先需將質化資訊轉為量化資訊的計算方式清楚定義，若基本條件一樣，每位學者的發現及結論應相似。

(二) 網路分析（Cyberspace Analysis）

組織形象、聲望及定位的一個愈來愈重要的測量方式，即網路空間分析，例如：聊天室、研討會及討論組群等。同樣的標準亦可適用於分析刊登於網路上的印刷及電子媒體文章。

1.網路張貼內容（Web Postings）
包括每天傳播媒體報導及私下被討論的熱門話題等。

2.網路流量型態（Website Traffic Pattern）
可評估項目包括造訪者索求資訊（hits）、看完全頁（click-throughs）或快速閃過（flash-click）流量、首頁造訪量、不同網頁的追蹤與分析、位元（bytes）轉換、每頁造訪時間、每日造訪人數、填問卷或基本資料的回應人數等。

此研究最佳範例〈互動媒體測量〉（Getting Started on Interactive Media Measurement），可自美國廣告研究基金會（ARF）取得。〈如何真正測量網站成功〉（Hits Are Not Enough: How to Really Measure Web Site Success），可自菲利浦企業資訊公司（PBII）取得。

(三) 商展及活動測量（Trade Show and Event Measurement）

公關活動經常透過商展、特別活動、會議及演說機會等，來達到使組織、產品與服務曝光。評估這些活動的產出，不只是統計活動期間有多少人出席而已，必須評估出什麼類型的人出席？有多少訪問？因此一活動而產生多少促銷資訊被送出？若

有媒體參觀，更可針對媒體事後報導文章做內容分析，以便測量出其參訪的成效。

(四) 民意調查（Public Opinion Polls）

民意調查是想知道主要目標對象是否注意到特定訊息？主題或觀念、評估某演說或促銷活動的整體成效，例如在演說或活動結束後，立即進行簡單調查，評估此特別活動的短期影響。

二、測量公關結果（Outcomes）之標準

一些常用測量方式包括各種型態之調查、焦點團體、活動前後比較調查（before-and-after polls）、民族學研究（使用觀察、參與及角色扮演技巧）及實驗性研究等。

質化與量化研究的最佳範例可自美國廣告研究基金會取得，分別是〈市場與民意調查指南〉（Guidelines for the Public Use of Market and Opinion Research），〈好的廣告，行銷、媒體研究指南概要〉（ARF Guidelines Handbook: A Compendium of Guideline to Good Advertising, Marketing and Media Research Practice）。

公關的最終目的是將組織重要的論點及議題，告知或說服主要目標對象，希望能引導這些大眾在行為上做些改變。茲將測量公關結果常用之四種方式簡介如下：

(一) 認知與理解測量（Awareness and Comprehension Measurement）

任何公關結果測量的始點，皆是想知道目標對象是否接收到訊息、注意到訊息，且瞭解訊息。顯然，公關活動若第一次介紹新產品或觀念時，造勢前的認知程度必為零，而一些組織在市場上已建立某種程度的名聲，此時若要測量認知與理解度的改變，需獲得標竿數據以做比較。

一般而言，質的研究（即焦點團體、一對一深度訪問、

簡便民意調查等）通常是開放式（申論題）問卷，形式較無結構，可自由回答，採用非隨機樣本，較難被較多群眾認為是客觀的研究。量的研究（即電話、郵件、傳真及電子郵件等）採用較多封閉式（選擇題）問卷，形式上強迫選擇的方式可獲高度結構化回答，採用隨機樣本，較易為廣大群眾認為是客觀研究。

要知道目標對象認知與理解的改變，通常需要某段時間前後的研究，或將目標對象分組試驗，如一組給予特別訊息，一組則無，然後研究在某議題上，某組是否認知與理解較好。

(二) 回憶及記憶力測量（Recall and Retention Measurement）

廣告人較公關人注意此範疇測量，如廣告刊出後，研究立刻會追蹤目標對象是否記得其主題、觀念及訊息，但公關在這方面仍有待強化，因它是測量結果的一個重要方法，各種研究數據可經由電話、面訪、信件、電子郵件或傳真等方式獲得。

進行此研究時，如何讓個人區分訊息是經由公關方式（媒體報導、口碑、特別活動及演講等）或廣告所獲得，是件重要且困難的事，因一般大眾很難區分兩者間的差異。

(三) 態度及偏好測量（Attitude and Preference Measurement）

測量公關活動的整體影響或成效，評估個人意見、態度、偏好，成為檢視可能結果的重要方式。

意見（opinion）研究通常判斷人們對某事的看法，包括口頭與書面文字（較容易做到，因其可採用直接問問題方式，獲得所需訊息）。態度研究則較深入與複雜，因想知道人們心理與認知傾向的想法、感受與情感如何產生某行為的動機（較難做到且費用高，需採用間接方式獲得人們對議題的認知與感

受）。

偏好測量指個人必須對互相競爭的產品或組織做選擇，要找出公關偏好結果的影響，通常需將目標暴露於特別的公關產出（例如：文章、白皮書、演講或參與特別活動），從中測量出人們對某產品服務或組織的偏好。

通常意見、態度及偏好測量需訪問的對象不只是一般大眾，還包括目標對象，例如：媒體、企業領袖、學者、證券分析師、基金經理人、醫界與科學界代表、官員、民意代表、文化及服務性組織等，而測量的方法包括焦點團體、質化與量化調查及辯論會等。

(四) 行為測量（Behavior Measurement）

結果測量的最終成效，是想知道目標對象的行為是否因公關活動而做某種程度的改變。大部分的媒體關係活動，組織若是能改變編輯或記者的行為，使其報導能將組織的主要訊息大部分報導出來，如此可稱為組織達到改變行為的目的。

行為測量是困難的，因必須證明前後因果之關係，預期結果愈明確，公關活動能愈專注，行為改變的測量就愈容易。如公關活動幫助非營利機構募款，活動結束後，金額目標有達成或增加，即證明此公關活動帶動行為改變。又如公共事務或政府相關活動，目標對象是相關立法人員，結果不僅是改變這些人的行為，而是想促成修法或新法案誕生。

行為改變測量採用很多廣泛蒐集數據的工具，例如：前後比較調查、民族學調查、實驗性設計、多變數分析及複雜統計應用等。測量關聯性很容易，但要找出前後因果的關係較難，太多參與其中的變數需納入考量。

做行為測量研究時，有下列三個項目需注意：
1. 原因需在時間上發生於結果之前。
2. 研究中的兩個變數需有關聯性。

3. 兩個變數被觀察其關聯性，不能強辯爲有第三個變數才造成此關係存在。

三、組織從事公關評估研究需注意之問題

組織進行公關評估研究需注意之問題如下：

1. 以量化方式描述公關活動，公眾事務或行銷傳播活動的特別目標（例如：資訊詢問量比前一年成長一倍，媒體報導比前一年成長兩倍，特定法案通過、增加品牌、產品、企業形象及聲望）。

2. 普通過程中，誰是企業主要對外發言人？

3. 組織想要傳遞的主題、觀念或訊息爲何？接受該訊息的目標對象爲何？

4. 何種管道被認爲是傳播訊息的最佳方式（媒體、口碑、直接郵件或特別活動）？

5. 公關的策略與戰術爲何？構成活動的特別要素爲何？整個公關活動爲期多久？

6. 預期公關的結果爲何？當此結果因某些因素而無法達成，組織願接受其他何種可能結果？

7. 如何找出公關活動與廣告、行銷或內部溝通的關聯性？

8. 組織主要競爭者之發言人爲何？想要傳播的主題、觀念與訊息爲何？透過何種管道將主要訊息傳送給哪些目標對象？

9. 正在進行的公關或行銷傳播活動，較常採用何種媒體來達到目標對象？

10. 公關活動過程中，使用何種特別公關資料（例如：相關的新聞稿、小冊子、演講稿及促銷資料等）？

11. 組織有哪些現成資料可被評估研究所直接採用？將如何使用？

12. 若研究內容爲媒體報導評估，誰負責蒐集廣播報導且其評估標準何在？

13. 組織正在進行的公關有何重大議題，是做評估研究前必須先知道的？

14.公關評估研究的時間為何？預算限制為何？誰需知道評估研究的發現？

四、實際從事研究的單位及公關公司需注意之問題

實地進行研究者，在研究前需注意下列問題：

1. 公關評估的真正研究架構為何？對於何者需測量、資料如何蒐集、製表、分析及報告的非技術語言描述為何？

2. 研究架構是否與公關評估的目的一致？對於將被測量的對象是否有較精確的陳述？樣本具代表性嗎？

3. 誰將監督整個研究的進行？其背景與經驗為何？

4. 誰將進行實際研究？若研究內容包括媒體內容分析，誰將真正閱讀或收聽那些剪報？若為焦點團體研究，誰將主持討論？若需進行訪問，誰將被事先訓練與監看？

5. 何種品管機制可確保讀者、主持人及訪問者遵守研究設計與執行？有書面說明嗎？

6. 誰將準備數據蒐集的工具？包括記錄表、媒體內容分析表、焦點團體討論的指南、電話／面對面／郵寄的問卷、組織在公關評估研究過程中的角色為何？

7. 數據解碼的規則與程序為何？

8. 樣本是否大到足以提供穩定的發現？若樣本可被計算，抽樣錯誤的限制會被發現嗎？樣本可信度是否曾被清楚討論過？

9. 研究發現的預測性如何？是否有明確的說明哪些回覆者或媒體不具代表性？

10. 數據是如何被處理？哪個分析或人口統計變數將被納入解釋？

11. 研究結果是如何做成報告？是否能區分數據及非數據做出的結果與觀察？

12. 說明研究的限制及發現的可能誤解。

13. 研究計畫預算如何？有何應變措施來防止無預警的額外支出？

【附錄三】常用公關用語中英文對照表

Account Executive／專案執行，公關（廣告）公司直接執行企劃案者，簡稱AE。

Backgrounder／組織、個人或情境之背景說明。

Brochure／小冊子，將欲傳達之訊息與圖片設計成冊，方便使用與郵寄。

Campaign／活動，有開始與結束時間。

Corporate communications／企業溝通，對象包括內部及外部。

Crisis communications／危機溝通，公司面臨緊急情況，影響大眾所處理的方法與政策。

Event／活動，為某團體的社會自覺所辦的一次活動。

Fact sheet／資料簡報，組織或事件大綱式的重要資訊。

Flier／傳單，在短時間內溝通單一訊息，通常具備5W（What、Where、When、Who、Why），即誰？何時？在何處？為何？發生何事？

Focus group／焦點團體，公關活動可事先徵詢意見之目標對象。

Ghost writer／槍手，代人撰稿者，公關人常為組織或政府官員撰寫演講稿。

In-house／組織內部。

Institutional advertising／組織廣告，強調形象而非產品或服務。

Issue management／議題管理，大眾關切議題與公司相關之處理。

Lobbyist／遊說者，代表組織與立法院等政府單位溝通。

Marketing communications／行銷傳播，產品宣傳及促銷、廣告。

Marketing public relations／行銷公關，使用公關技巧支援公司廣告及行銷目標。

Media relations／媒體關係，記者與公關經由其新聞價值訊息傳遞，所建立之雙方互惠的結交。

Newsletter／通訊，發行包括組織內部與外部目標對象，內容為有關組織最新動態。

News（Press）conference／記者會，由代表組織的發言人或高階主管主

持會議,回答記者問題。

Press kit / 新聞資料夾,包括新聞稿、照片及背景資料等。

Proactive public relations / 主動式公關,積極規劃與執行公關活動。

Program / 活動,常態性活動需定期審查進展。

Public affairs / 公共事務,特指與政府或社區有關的事務。

Reactive public relations / 反應式公關,只是緊急救火的防禦措施,缺乏主導情勢的主動力。

Slogan / 口號,傳達組織、產品或活動所用的印象短語,通常含押韻及暗喻。

Speakers bureau / 發言辦公室,被訓練好的企業代表,針對相關議題,負起對外發言之單位。

Theme / 主題,溝通或活動的中心思想,通常使用適合重複的聲明。

Third-party endorsement / 第三者證言,由第三者(個人或組織)出面為某組織向媒體或大眾宣導訊息。

Video news release(VNR) / 新聞影片,由組織提供給媒體剪輯之用,不超過九十秒。

參考書目

一、中文著作參考書目

卜正珉，公共關係：政府公共議題決策管理，揚智，2003。

孔誠志，形象公關：實務操演手冊，1998。

冉亮，場外戰爭：公關與遊說，時報，1988。

吳超，SEO 20日，松岡，2012。

吳宜蓁，議題管理：企業公關的新興課題，正中，1998。

吳錦屏，35位頂尖公關的經驗講座，方智，2002。

李義南，學校公共關係的理論與實務：以美國為例，五南，1995。

林靜伶、吳宜蓁、黃懿慧，公共關係，空中大學，1996。

邱淑華，網路公關：理論與實務，揚智，2005。

紀華強，雙向溝通做公關，華碩，1998。

孫秀蕙，公共關係：理論，策略與研究案例，空中大學，1997。

孫秀蕙等著，公關大有為，揚智，2004。

張依依，新世紀營銷：公關‧趨勢‧行銷，聯經，2004。

梁吳蓓琳，新公關時代，方智，1995。

郭良文，台灣的環保公關，巨流，1994。

陳一香，公共關係：理論、策略與應用，雙葉，2007。

陸炳文，如意雙手：公關與危機處理七講，黎明文化，1998。

陸莉玲，真誠的動力：公關經理人永不停歇的自我挑戰，商周，2000。

賀紅揚，長頸鹿也要搞公關：學老美管全球，小知堂文化，2003。

楊慕理，大學校院公關運作理論與實踐，智勝文化，2009。

黃深勳等著，企業公共關係，空中大學，1997。

齊小華，中國公關行業調查報告：公關藍皮書，社會科學文獻，2006。

熊源偉編，公共關係學，揚智，2002。

劉青雷，衝突與妥協：美國利益團體與遊說活動，時報，1988。

劉建順，現代公共關係學：整合傳播與公共報導導向，智勝，2005。

蔡松齡，公關趨勢：公關時代企業必備的知識，遠流，1992。

蔡體楨，公關Event：本土案例的思考與分析，商周，1992。

鍾榮凱，國際公共關係學習手冊，公關基金會，2009。

二、中文翻譯參考書目

Daniel Franklin，經濟學人權威預測：2050趨勢巨流，天下雜誌，2012。

Don E. Schultz, Heidi Schultz，IMC整合行銷傳播：創造行銷價值，評估
　　投資報酬五大步驟，麥格羅希爾，2004。

Geoffrey Moore，龍捲風暴，麥田，1999。

Kent Wertime, Ian Fenwick，數位行銷：新時代行銷人的必修課，天下雜
　　誌，2008。

MBA課程編譯組，公關經理，讀品文化，2003。

Peter Drucker，非營利機構的經營之道，商周，1995。

Philip Kotler等人著，俞利軍譯，專業服務行銷：分析與應用，寂天文
　　化，2012。

Susan Trento，超級說客，新新聞，1995。

Timothy Coombs，林文益譯，危機傳播與溝通，風雲論壇，2003。

Tomas Harris，吳玫琪、蘇玉清譯，行銷公關，台視文化，2000。

王慧芬譯，國際公關實務，遠流，1994。

石家瑜等譯，公關聖經：公關理論與實務，商周，2000。

吳書榆譯，你的社群影響力有幾分，麥格羅希爾，2012。

吳世家等譯，公關教父，滾石，2000。

吳幸玲譯，企業游擊公關：出奇制勝打贏低成本宣傳戰，麥格羅希爾，
　　2002。

宋偉航譯，公關現場實錄：解讀14個範例的執行策略，遠流，1994。

李芳齡譯，啊哈公關：行銷策略大師Al Ries談公關與廣告的新定位，遠
　　流，2003。

李璞良譯，數位公關，商周，2001。

林欣怡譯，公關行銷高手，商周，2008。

林碧翠譯，爲你的公司做好公關，商周，1992。

周宜芳譯，網客聖經：成功擴獲人心的社群媒體行銷，天下，2009。

胡祖慶譯，全面公關時代，麥格羅希爾，1996。

袁世珮等譯，關公想騎洛克馬，公關要靠新方法：劈開數位世界大門的超強效傳播，麥格羅希爾，2001。

郭秀琪譯，時戰公關，方智，1994。

郭秋德譯，危機管理與公關運作：理論、實務與事例，超越企管，1996。

曾瑞枝譯，團體溝通的藝術：如何做簡報，天下，1988。

賈士蘅譯，無限影響力：公關的藝術，天下，1992。

劉禮中譯，大處思考：公關教父柏奈斯，時報，1999。

蔡美瑛譯，公共關係：理論與實務，亞太，1999。

錢大慧等譯，整合行銷傳播，滾石，1994。

鍾榮凱譯，實用公共關係學，天一，1999。

鞠文惠譯，公關聖經：公關理論與實務全書，城邦，2000。

三、英文參考書目

Austin, Weintraub / Pinkleton, Bruce. *Strategic Public Relations Management: Planning and Managing Effective Communication Programs*. L. Erlbaum Associates, 2001.

Baker, Lee. *The Credibility Factor: Putting Ethics to Work in Public Relations*. Homewood, Ill.: Business One Irwin, 1993.

Banks, Sephen. *Multicultural Public Relations: A Social-Interpretive Approach*. Iowa State University Press, 2000.

Baskin, Otis / Aronoff, Craig / Lattimore, Dan. *Public Relations: The Profession and the Practice*. Brown & Benchmark Publishers, 1997.

Bernays, Edward. *Biography of an Idea: Memoirs of Public Relations Counsel*. New York: Simon and Schuster, 1965.

Bernays, Edward. *Crystallizing Public Opinion*. N.Y.: Liveright Pub., **383**

策略公共關係──理論與實務

1961.

Bernays, Edward. *Public Relations.* 1st ed. Norman: University of Oklahoma Press, 1952.

Bernays, Edward. *The Engineering of Consent.* Norman: University of Oklahoma Press, 1955.

Bernays, Edward. *Your Future in Public Relations.* N.Y.: Richards Rosen Press, 1961.

Blair, Mark / Armstrong, Richard / Murphy, Mike. *360 Degree Brand in Asia.* John Wiley & Sons, 2003.

Cutlip, Scott. *Effective Public Relations.* 9th ed. Englewood Cliffs, N.J.: Prentice-Hall, 2005.

Daymon, Christine. *Qualitative Research Methods in Public Relations and Making Communications.* Routledge, 2002.

Diggs-Brown, Barbara. *The PR Style Guide: Formats for Public Relations Practice.* 2nd ed. CA: Thomson, 2007.

Doorley, John / Garcia, Helio. *Reputation Management.* NY: Routledge, 2011.

Edited by Coombs / Timothy W., Holladay, Sherry J. *The Handbook of Crisis Communication.* UK: Wiley-Blackwell, 2012.

Edit by Gillis, Tamara. *The IABC handbook of organizational communication : A guide to internal communication, public relations, marketing, and leadership.* 2nd ed. San Francisco: Jossey-Bass, 2011.

Edit by Grunig, Larissa / Grunig, James. *Public Relations Research Annual V.3.* Routledge, 2011.

Edit by Edward, Lee. *Public Relations, Society and Culture.* NY: Routledge, 2011.

Edit by Heath, Robert. *The Sage Handbook of Public Relations.* 2nd ed. LA: Sage, 2010.

384　Edit by Toth, Elizabeth. *The Future of Excellence in Public Relations and*

Communication Management. Hillsdale, N.J.: L. Erlbaum Associates, 2007.

Elwood, William. *Public Relations Inquiry as Rhetorical Criticism: Case Studies of Corporate Discourse and Social Influence.* Praeger: Greenwood Pub., 1995.

Fearn-Banks, Kathleen. *Crisis Management.* 4th ed. NY: Routledge, 2011.

George, Amison M. *Case Studies in Crisis Communication: International perspectives on hits and crises.* NY: Routledge, 2011.

Green, Andy. *Creativity in Public Relations.* 3rd ed. London: Kogan Page, 2007.

Grunig, James. *Excellence in Public Relations and Communication Management.* Hillsdale, N.J.: L. Erlbaum Associates, 1992.

Grunig, James. *Managing Public Relations.* Fort Worth: Harcourt Brace Jovanovich College Publishers, 1984.

Grunig, Larissa / Grunig, James. *Excellent Public Relations and Effective Organizations: A Study of Communication Management in Three Countries.* L. Erlbaum Associates, 2002.

Grunig, Larissa / Toth, Elizabeth / Childers, Linda. *Women in Public Relations: How Gender Influence Practice.* Guilford Press, 2001.

Guth, David / Marsh, Charles. *Public Relations: A Values-Driven Approach.* 3rd ed. Boston: Ally and Bacon, 2007.

Hansen-Horn, Tricia.L. *Public Relations: From Theory to Practice.* Boston: Ally and Bacon, 2008.

Harris, Thomas. *Choosing and Working with Your Public Relations Firm.* Lincolnwood, Ill.: NTC Business Books, 1992.

Harris, Thomas. *The Marketer's Guide to Public Relations: How Today's Top Companies Are Using the New PR to Gain a Competitive Edge.* N.Y.: John Wiley & Sons, 1991.

Haywood, Roger. *Manage Your Reputation: How to Plan Public Rela-*

tions to Build & Protect the Organization's Most Power Asset. Kogan Page, 2002.

Heath, Robert. Handbook of Public Relations. Sage Publications, 2001.

Hendrix, Jerry. Public Relations Cases. Wadsworth Pub., 1995.

Hogley, Tom. Writing Winning Proposal: PR Cases. Boston: Allyn and Bacon, 2006.

Kelleher, Tom. Public Relations Online: Last Concepts for Changing Media. CA: Sage, Thousand Oaks, 2007.

Kelly, Kathleen. Fund Raising and Public Relations: A Critical Analysis. Hillsdale, N.J.: L. Erlbaum Associates, 1991.

Kowalski, Theodore. Public Relations in Educational Organizations: Practice in an Age of Information and Reform. Merrill, 1996.

Kowalski, Theodore. Public Relations in Schools. Merrill, 2000.

Kruckeberg, Dean. Public Relations and Community: A Reconstructed Theory. N.Y.: Praeger, 1988.

Lattimore, Dan / Baskin, Otis / Heiman, Suzette / Toth, Elizabeth L. Public Relations: The Profession and the Practice. NY: McGraw-Hill, 2007.

Lesly, Philip. Lesly's Handbook of Public Relations and Communications. 5th ed. Lincolnwood, Ill: Contemporary Books, 1998.

Lodingham, John. Public Relations as Relationship Management: A Relational Approach to the Study and Practice of Public Relations. L. Erlbaum Associates, 2000.

Marston, John. Modern Public Relations. N.Y.: McGraw-Hill, 1979.

Matera, Fran / Artigue, Ray. Public Relations Campaigns and Techniques: Building Bridges into the 21st Century. Boston: Allyn and Bacon, 2000.

McElreath, Mark. Managing Systematic and Ethical Public Relations. Madison, Wis.: WCB Brown & Benchmark Publishers, 1993.

Mogel, Leonard. *Making It in Public Relations: An Insider's Guide to Career Opportunities.* L. Erlbaum Associates, 2002.

Moss, Danny. *Perspectives on Public Relations Research.* NY: Routledge, 2000.

Nager, Norman. *Public Relations Management by Objectives.* N.Y.: Longman, 1984.

Nager, Norman. *Strategic Public Relations Counseling: Models from the Counselors Academy.* N.Y.: Longman, 1987.

Newsom, Doug / Turk, Judy Vanslyke / Kruckeberg, Deam. *This is PR: The Realities of Public Relations.* 10th ed. Wadsworth, 2009.

Public Relations Education for the 21st Century: A Port of Entry. PRSA, 2002.

Public Relations on the Net: Winning Strategies to Inform and Influence the Media, the Investment Community, the Government, the Public and More! NY: AMACOM, 1999.

Roberts, Anne. *Public Relations for Librarians.* Englewood, Colo.: Libraries Unlimited, 1989.

Seitel, Fraser. *The Practice of Public Relations.* 11th ed. Prentice-Hall, 2011.

Stacks, Don. *Primer of Public Relations Research.* 2nd ed. NY: Guilford Press, 2011.

Swann, Patrica. *Case in Public Relations Management.* NY: Routledge, 2010.

Theaker, Alison. *The Public Relations Handbook.* NY: Routledge, 2008.

Weirer, Mark. *Unleashing the Power of PR.* San Francisco: Jossey-Bass, 2006.

Wilcox, Dennis. *Public Relations Writing and Media Techniques.* Longman, 2002.

Wilcox, Dennis / Ault, Philip / Agee, Warren. *Public Relations: Strategies and tactics.* 9th ed. Allyn & Bacon, 2008.

387

國家圖書館出版品預行編目資料

策略公共關係:理論與實務/李湘君著. ――
初版. ――臺北市:五南, 2013.09
　面;　公分
ISBN 978-957-11-7236-1 (平裝)

1.公共關係

541.84　　　　　　　　　　　102014388

1ZED

策略公共關係:理論與實務

作　　　者 ― 李湘君 (81.5)

發 行 人 ― 楊榮川

總 編 輯 ― 王翠華

主　　　編 ― 陳念祖

責任編輯 ― 劉芸蓁　李敏華

封面設計 ― 童安安

出 版 者 ― 五南圖書出版股份有限公司

地　　　址:106台北市大安區和平東路二段339號4樓

電　　　話:(02)2705-5066　傳　　　真:(02)2706-6100

網　　　址:http://www.wunan.com.tw

電子郵件:wunan@wunan.com.tw

劃撥帳號:01068953

戶　　　名:五南圖書出版股份有限公司

台中市駐區辦公室/台中市中區中山路6號

電　　　話:(04)2223-0891　傳　　　真:(04)2223-3549

高雄市駐區辦公室/高雄市新興區中山一路290號

電　　　話:(07)2358-702　傳　　　真:(07)2350-236

法律顧問　林勝安律師事務所　林勝安律師

出版日期　2013年9月初版一刷

定　　　價　新臺幣490元